Jens Glüsing
Brasilien

Inhalt

Einführung: In die Tropen geworfen   7

**Brasiliens (erstaunliche) Geschichte:
von der Sklaverei zur Massendemokratie**
Kaffee, Kaiser und Diktatoren – das koloniale Erbe   17
Auf dem Weg in die Unabhängigkeit   22
»Politik des Milchkaffees«   25
Die lange Diktatur   33
Diretas já – direkte Wahlen sofort   41
Von Collor zu Cardoso –
die Mühen der Demokratisierung   46
Der Triumph des Menschenfischers –
Brasilien unter Lula   56
Dilma Rousseff und die Herrschaft der Frauen   82
Die Rebellion der Bürgerkinder –
Brasilien in der Modernisierungskrise   86

Brasilianische Wirklichkeiten
Die Illusion von der Rassendemokratie   96
Zwischen Boom und Blues –
das Auf und Ab der brasilianischen Wirtschaft   101
Brennende Wälder und streitbare Priester –
das Drama am Amazonas   109
Zwischen Urwald und Konsumgesellschaft –
die Crux der brasilianischen Indianer   120
Lebensraum Favela – wie Brasiliens Arme wohnen   131

Mörderisches Brasilien – der Krieg in den Favelas 135
Von Göttern, Entertainern und Wunderheilern –
Brasiliens Supermarkt der Religionen 145
Fußball und Rodeo – Brasiliens Massensport 160
Bossa Nova, Country und MPB – Brasiliens Musikszene 175

Brasilianischer Alltag – Überleben in den Tropen

Die Republik des Benjamin 180
A Família – das Herz der brasilianischen Gesellschaft 185
Kulturschock Karneval – als Hamburger im Sambafieber 188
Trautes Heim und wilde Straße –
warum das mit dem Gemeinwohl so schwierig ist 195

Anhang

Übersichtskarte 202
Basisdaten 204
Lesetipps und Internetseiten 205
Danksagung 206

Einführung: In die Tropen geworfen

Ich wollte nie nach Brasilien. Als mein Chef beim *Spiegel* mich Anfang 1991 fragte, ob ich Lateinamerikakorrespondent werden wolle, war meine Antwort: »Sofort – aber in Buenos Aires.« Dort saßen die meisten Korrespondenten deutscher Medien, dort kannte ich mich aus, dort beherrschte ich die Sprache. Alles Argumente, die der kluge Mann sofort gegen mich verwendete: »Na prima, dann müssen Sie nach Brasilien, das kennen Sie ja noch nicht, außerdem ist es das wichtigste Land Südamerikas. Gehen Sie für ein Jahr nach Rio, dann sehen wir weiter.«

Ich wollte unbedingt nach Lateinamerika, an der Standortfrage sollte mein Traum nicht scheitern, also willigte ich ein. Ein Jahr Rio war ja wohl auszuhalten, danach würde ich nach Argentinien übersiedeln, so stellte ich mir das vor.

Es stimmte übrigens nicht, dass ich Brasilien nicht kannte, ich war 1985 als Student sieben Monate mit dem Rucksack durch Südamerika gereist, davon vier Wochen durch Brasilien. Die ersten Tage hatte ich während des Karnevals in Rio verbracht.

Gleich am ersten Abend machte ich Erfahrungen mit der Kriminalität: Als ich an einem Imbiss meine Geldbörse zückte, rempelte mich ein junger Mann an, riss mir das Portemonnaie aus der Hand und lief davon. Drei Tage später zogen gewiefte Taschendiebe meinem Reisegefährten die Geldbörse aus der Hosentasche, als wir einem Karnevalsumzug in Copacabana hinterherliefen. Er war abgelenkt, weil eine hübsche Dame ihm beherzt zwischen die Beine gegriffen hatte, während ihre Kollegin an seiner Hosentasche nestelte.

Die Lage der Stadt fand ich traumhaft – solange man sie aus der luftigen Höhe der Christusstatue betrachtete. Aus der Nähe erschien sie dagegen dekadent: Die wenigen Gebäude der Kolonialzeit, die den Modernisierungswahn fortschrittsbesoffener Bürgermeister überlebt hatten, verfielen; die Apartmentburgen neueren Datums fand ich einfach nur hässlich. Das Schönste an Rio waren für mich die Natur, die sich dem Zerstörungsdrang der Menschen tapfer widersetzte, der Dschungel und natürlich die Strände. Ich genoss den Geruch der Tropen, die feuchte, duftende Luft nach einem Gewitter, die üppige Vegetation.

Am 13. Oktober 1991 stand ich wieder in Rio, diesmal als frischgebackener Korrespondent des *Spiegel*. Heloísa Leuzinger, meine Mitarbeiterin im Büro, hatte mir eine Wohnung besorgt, sie lag nur hundert Meter vom Büro entfernt in Urca, einem idyllischen Viertel am Fuß des Zuckerhuts. Die Lage allein war allerdings nicht ausschlaggebend, sondern ein anderes Detail: Die Wohnung hatte einen Telefonanschluss.

Ein Telefon zu besitzen war damals keine Selbstverständlichkeit, sondern ein teuer erkauftes Privileg: Es gab nur eine Telefonfirma, und die war staatlich. Sie war nicht in der Lage, alle Antragsteller mit Anschlüssen auszustatten, so dass Telefonleitungen ein rares und begehrtes Gut waren. Die Folge: Der Schwarzmarkt mit Telefonleitungen blühte. Am Wochenende waren die Zeitungen voll mit Anzeigen von Leuten, die Telefonleitungen vermieteten oder verkauften. Ein Anschluss in Urca kostete 3000 US-Dollar. Das Geschäft wurde unter konspirativen Bedingungen in schummrigen Bars oder Restaurants abgewickelt.

Man konnte eine Nummer auch mieten. Dieses System führte dazu, dass die Telefongesellschaft seit Jahren kein neues Telefonbuch herausgegeben hatte – die meisten Nummern waren untervermietet. Die Chance, dass man unter einer bestimmten Nummer tatsächlich den Menschen erreichte, unter dem sie registriert war, war gleich null.

Rätselhafter brasilianischer Alltag! Die nächste Überraschung erlebte ich, als ich meine erste Portugiesischstunde nahm. Die Sprachlehrerin, eine Dame der Mittelschicht, brachte mir als Erstes bei, wie man Zahlen ausschreibt – um einen Scheck auszufüllen.

Die Brasilianer bezahlten damals fast alles mit Schecks, selbst ein Eis am Strand. Schecks waren sicherer als Bargeld, das konnte ich ja noch verstehen. Aber warum stellte man Schecks über einen

Gegenwert von zwei oder drei Euro aus? Meine Assistentin Heloisa klärte mich auf: Ein Scheckheft, ein Konto, ein cleverer Bankberater und ein gewiefter Cambista, wie die zumeist illegalen Geldwechsler genannt werden, waren unerlässlich, um sich gegen den Feind Nummer eins im brasilianischen Alltag zu behaupten: die galoppierende Inflation.

Anfang der 1990er Jahre stiegen die Preise praktisch täglich, ebenso wie der Wechselkurs für den Dollar. Das Gehalt, das am Monatsende überwiesen wurde, war zwei Wochen später nur noch die Hälfte wert. Schecks hatten den Vorteil, dass man sie vordatieren konnte, wenn der Verkäufer das akzeptierte: Wenn sie fällig wurden, war der Gegenwert in harter Währung geringer als am Tag des Kaufes. Wer es sich leisten konnte, wechselte also sein Gehalt am Monatsanfang in US-Dollar, die er dann im Laufe des Monats nach und nach wieder zurückwechselte, um die fälligen Rechnungen zu bezahlen. Kreditkarten in nationaler Währung wurden gestaffelt nach dem Fälligkeitsdatum eingesetzt, so ließ sich ebenfalls Geld sparen. Jeder Brasilianer war ein kleiner Finanzexperte, man investierte sein Geld in »Overnight«-Anlagen, weil die Zinsen täglich stiegen.

Erstmals konnte ich vor Ort beobachten, wie die Inflation Wirtschaft und Gesellschaft einer Nation zersetzt. Für Ausländer, die in Devisen verdienten, waren es goldene Zeiten: Ich gab bei dem Inhaber meiner Wechselstube Eurocheques ab, ein Officeboy brachte mir dafür zweimal die Woche Plastiktüten voller Cruzeiros oder Cruzados ins Haus, der Name der Währung änderte sich alle paar Monate. Die Brasilianer dagegen kämpften jeden Tag ums finanzielle Überleben. Voller Neid sahen sie auf die Ausländer mit ihren Dollars oder D-Mark. Die Legende, dass Gringos grundsätzlich reich sind, stammt aus dieser Zeit, sie hält sich bis heute. Dabei verdienen viele Mittelschichtsbrasilianer inzwischen weitaus mehr als vergleichbare Mitteleuropäer.

Brasilien litt Anfang der 1990er Jahre nicht nur unter Hyperinflation, es war auch eine weitgehend abgeschottete Volkswirtschaft. Das erklärte ein weiteres Rätsel des brasilianischen Alltags: Gebrauchte Autos waren teurer als Neuwagen. Die vier großen Autofirmen VW, Ford, General Motors und Fiat hatten den Markt unter sich aufgeteilt. Konkurrenz brauchten sie nicht zu fürchten:

Der Import von Autos war entweder verboten oder mit absurd hohen Einfuhrzöllen belegt. Zugleich war die Nachfrage größer als das Angebot: Wegen der Hyperinflation flüchtete die Mittelschicht in Sachwerte, vor allem Immobilien und Autos waren gefragt. Auf einen Neuwagen musste man daher monatelang warten.

Meine Sprachlehrerin brauchte Geld, sie bot mir an, ihr Auto zu kaufen. Der zwei Jahre alte VW sollte fast doppelt so viel kosten wie ein neuer. Aus ihrer Sicht war das Angebot ein Schnäppchen.

Ich verzichtete dennoch und entschied mich für einen gebrauchten VW Passat bei einem Händler. Der hatte nämlich eine Klimaanlage, das war damals ein seltener Luxus. Außerdem war er mit vier Türen und weinroten Plüschpolstern ausgestattet, das war absolut ungewöhnlich für ein brasilianisches Automodell.

Das Auto war ein »Iraker-Passat«, so hieß das Modell im Volksmund. Volkswagen do Brasil hatte Mitte der 1980er Jahre einige zehntausend speziell ausgerüstete Passats für Saddam Husseins Irak gebaut, sie waren Teil eines Tauschgeschäfts der Militärregierung: Autos gegen Öl. Aus irgendeinem Grund konnten die Iraker die letzte Tranche nicht bezahlen, die Schiffe mit den Autos kehrten auf hoher See um, und die Passats wurden kurzerhand an die Einheimischen verkauft.

Das war eine meiner ersten Lektionen: In Brasilien regelt nicht der Markt Angebot und Nachfrage, sondern die Regierung. Der Bürger wurschtelt sich irgendwie durch. Man muss kreativ sein und improvisieren können, wenn man im Kampf gegen Inflation, Behördenwillkür und unsinnige Gesetze bestehen will.

Das Leben ließ sich nicht planen, wie ich es in Deutschland gelernt hatte, die Gegenwart zählte mehr als die Zukunft oder die Vergangenheit. Das war eine neue Erfahrung für einen Europäer, der über tausend Jahre Geschichte mit sich herumschleppt und es gewohnt war, schon in jungen Jahren für seine Rente zu sparen. Vielleicht strahlt Brasilien – seine Größe, seine Generosität, seine Lebensfreude – heute deshalb heller als andere Nationen. Es söhnt uns aus mit dem Chaos und der Unvorhersehbarkeit unserer Existenz.

Ich war nach einigen Wochen in Rio in ein schönes altes Haus in Urca umgezogen, hatte ein Telefon und ein Auto. Jetzt fehlte mir zur Vervollkommnung meiner brasilianischen Existenz nur noch eine Empregada, wie die Dienstmädchen heißen. Brasilianer der

Mittel- und Oberschicht, aber auch manche meiner ausländischen Kollegen beschäftigten damals ganze Heerscharen von Hausangestellten. Die Löhne waren, vor allem wenn man in Devisen verdiente, so gering, dass sich ein normaler Mittelschichteuropäer wie ein Fürst fühlen konnte. Einer meiner Vorgänger hatte einen Chauffeur, ein Kindermädchen, eine Köchin, einen Gärtner und eine Putzfrau.

Ich war ledig, kinderlos, unabhängig und würde sowieso die meiste Zeit unterwegs sein. Autofahren tat ich selbst, bekochen lassen wollte ich mich auch nicht. Außerdem verspürte ich schon bei dem bloßen Gedanken an Diener im Haus Schuldgefühle. Andererseits konnte ich mein Haus nicht allein lassen, wenn ich auf Reisen ging, jemand musste nach dem Rechten sehen, und Saubermachen war auch nicht gerade meine Lieblingsbeschäftigung.

Wieder rettete mich Heloisa, meine Assistentin. Die Tochter der Köchin ihrer Eltern suche Arbeit, sie sei ehrlich und absolut zuverlässig. Sie habe zwei kleine Kinder und einen Mann, der könne sich bei mir als Hausmeister verdingen.

Wenige Tage später kam die junge Frau zu mir ins Büro, um sich vorzustellen. Neusa, so ihr Name, war scheu und schüchtern, den Blick hielt sie gesenkt. Lesen konnte sie, Schreiben fiel ihr schwer, bislang hatte sie für einen Hungerlohn als Wäscherin gearbeitet. Ohne abgeschlossene Schulbildung gab es für sie keinen anderen Job als den einer Hausangestellten. Schon ihre Mutter und Großmutter hatten als Empregada gearbeitet, sie kamen aus dem Landesinneren und stammten von Sklaven ab.

Mit ihrem Mann Edmilson, ihrer Tochter Marília und Sohn Maurício, beide aus einer früheren Ehe, zog sie in das Untergeschoss meines Hauses ein. Ihr Mann kümmerte sich um den Garten, wusch das Auto und nahm kleine Reparaturen am Haus vor. Ich war über Nacht zum Patrão geworden, zum Chef und Arbeitgeber. Aber wie immer in Brasilien, war das nicht einfach ein Arbeitsverhältnis. Die Familie meiner Hausangestellten war ständig präsent, ihre Probleme wurden auch zu meinen. Wenn Neusas Mann fremdging oder sie sich zu sehr verschuldete, war das automatisch auch mein Problem: Als Patrão war ich auch Anlaufstelle für private Sorgen aller Art.

Das war meine zweite brasilianische Erfahrung: Das Menschliche ist wichtiger als Hierarchien oder Geld. Brasilianer vermischen Privates und Öffentliches. Die Familie steht grundsätzlich über abstrakten gesellschaftlichen oder staatlichen Strukturen. Sie ist die einzige Institution, der man wirklich vertraut. Das macht den Umgang miteinander menschlicher, aber es führt auch zu Korruption und Nepotismus.

Nicht die großen Dinge erschweren den Einstieg in dieses große und widersprüchliche Land, sondern die Tücken des Alltags. Bierkaufen zum Beispiel: Wenige Tage nach meiner Ankunft ging ich in einen Supermarkt in meiner Nachbarschaft, stellte einige Bierflaschen in den Einkaufswagen und ging zur Kasse. Die Verkäuferin sah mich fragend an: »Wo ist das Leergut?« In gebrochenem Portugiesisch machte ich ihr klar, dass ich neu im Land war und noch nie Bier gekauft hatte, folglich besaß ich auch kein Leergut. Ich wäre aber gern bereit, Pfand zu zahlen. Sie war nicht zu erweichen: ohne Leergut keine neuen Flaschen, jedenfalls nicht im Supermarkt. Bierflaschen waren Mangelware, Einwegflaschen oder Dosenbier gab es noch nicht.

Der Geschäftsführer des Supermarkts hatte Mitleid mit dem durstigen Deutschen, er gab mir einen Tipp: Ich sollte die Flaschen direkt an der Quelle kaufen, sprich in der Brauerei. Dort musste ich eine halbe Stunde vor einem schwerbewachten Eisentor warten, bevor ein Angestellter mir in einem Hinterzimmer 24 neue Flaschen verkaufte – zu einem Wucherpreis, versteht sich. Die Kisten gab es dort nicht, die musste ich in einem anderen Geschäft irgendwo in einem Vorort erstehen.

Was war das für ein Land, wo man sich Dienstpersonal leisten konnte, aber leere Bierflaschen Mangelware waren? Wo sich jeder Durchschnittsbürger mit »Overnight«-Finanzanlagen auskannte, aber ein Telefonanschluss 3000 Dollar kostete? Brasilien kam mir vor wie eine Sowjetunion unter Palmen.

Heute habe ich Wifi und Kabelfernsehen im Haus, in der Küche läuft der Geschirrspüler, im Kühlschrank steht Bier in Einwegflaschen. Fünf oder sechs verschiedene Telefongesellschaften bombardieren mich täglich mit Werbeanrufen, sie wollen mir ein Handy oder einen Festnetzanschluss mit Breitbandnetz verkaufen. Brasilien hat mehr Mobiltelefone als Einwohner, viele haben nie einen Festnetzanschluss besessen.

Meine brasilianische Bank bucht Überweisungen schneller als mein behäbiges deutsches Finanzinstitut, Internetbanking gab es hier früher als in Deutschland. Draußen kurvt ein schwerer japanischer Geländewagen um den Block; er sucht seit einer halben Stunde einen Parkplatz. Zum Strand von Ipanema habe ich früher mit dem Auto nicht länger als 20 Minuten gebraucht, heute stehe ich oft eine Stunde im Stau.

Das Durchschnittsalter der Autos auf Brasiliens Straßen ist niedriger als in Deutschland, Alkohol- und Geschwindigkeitskontrollen sind strenger. Wer nach dem Genuss von einem Glas Bier am Steuer erwischt wird, muss zusehen, wie sein Auto abgeschleppt wird, und sich zum psychologischen Eignungstest bei der Führerscheinstelle begeben. Wehe, er versucht den Polizisten zu bestechen: Eine weitere Strafe und Anzeige ist ihm sicher.

Brasilien hat in den vergangenen 20 Jahren einen riesigen Sprung gemacht. Über 20 Millionen Menschen sind in die Mittelschicht aufgestiegen, der Abgrund zwischen Arm und Reich hat sich erstmals seit Jahrzehnten verringert. Früher sah man Schwarze in den Shoppingmalls allenfalls als Putzfrauen, Kindermädchen oder Handwerker, heute bummeln sie selbst durch die Einkaufszentren. Und sie schauen nicht nur, sondern kaufen. Brasilien ist auf dem Weg zu einer konsumgetriebenen Massendemokratie, den USA ist es ähnlicher als Europa.

Rio galt früher unter Korrespondenten als Urwald- und Abenteurerposten. Heute schreibe ich öfter über Wirtschaft und Politik als über Straßenkinder und Kriminalität. Früher stand die Metropole im Ruf einer der gefährlichsten Städte des Erdballs, jetzt wurde sie von der *New York Times* zum Reiseziel Nummer eins in der Welt erklärt. Zehn Jahre lang hat mich kein einziger Kollege besucht, heute kommen sie alle paar Wochen. Ich genieße das Privileg, eine der großen politischen, sozialen und wirtschaftlichen Erfolgsgeschichten aus der Nähe zu verfolgen.

Oder war der Boom womöglich ein Strohfeuer? Haben wir uns blenden lassen vom schönen Schein? Hat uns unser Wunschdenken verführt?

Alle möchten ja, dass Brasilien Erfolg hat. Kaum ein anderes Land genießt einen so positiven Ruf in der Welt. Aber sind die Zeiten der Inflation wirklich vorbei? Oder folgt auf den Boom wieder ein Absturz? Gilt immer noch das böse alte Bonmot: Brasilien ist das Land der Zukunft – und wird es immer bleiben?

Als Journalist ist man versucht, Länder »rauf- oder runterzuschreiben«. Gestern war Brasilien der Liebling, heute ist es Mexiko, morgen Indonesien. Staaten werden gefeiert wie Popstars. Wenn sie die Erwartungen nicht erfüllen, werden sie schnell fallengelassen. Die angesehene Zeitschrift *The Economist* hat die Christusstatue von Rio vor einigen Jahren als Rakete auf dem Cover gezeigt. Die Botschaft: Brasilien hebt ab. Heute lamentiert dasselbe Blatt über die versäumten Reformen, die endemische Korruption, die verkommene politische Klasse. Die Wahrnehmung Brasiliens gleicht einer Achterbahnfahrt. Vielleicht liegt es daran, dass dieses Einwandererland mehr als jedes andere ein Projektionsraum für unsere Sehnsüchte ist.

China ist kalt und fern, wir bewundern es oder fürchten uns vor ihm, aber es bleibt uns fremd. Brasilien ist zwar auch fern, aber es gehört zu unserem Kulturkreis. Zugleich erscheint es menschlicher, bunter, wärmer und sinnlicher als die USA oder Europa. Deshalb nehmen wir es persönlich, wenn es seine Versprechen nicht erfüllt.

Wenn dieses Buch erscheint, wachsen wieder die Zweifel, ob der Riese wirklich seine Fesseln abgelegt hat. Anleger, die ihre Euros oder Dollars auf das Öl- und Rohstoffparadies Brasilien gewettet haben, ziehen ihr Geld ab, der Brazil-Blues geht um. Die Euphorie der Lula-Jahre ist verflogen.

Das Wachstum betrug im Jahr 2012 weniger als ein Prozent, Brasilien bildet damit das Schlusslicht unter den Schwellenländern. Die Inflation nimmt wieder an Fahrt auf, die politische Klasse erscheint um keinen Deut besser als vor 20 Jahren. Vor allem im Senat sitzen Gauner und Gangster, dank ihres Mandats erfreuen sie sich parlamentarischer Immunität, die Korruption ist gigantisch.

Als ich im Jahr 1992 über die Absetzung des korrupten Präsidenten Fernando Collor de Mello schrieb, warnte mich meine Assistentin Heloísa: »Warte nur ab, in ein paar Jahren ist er zurück.« Ich habe sie damals ausgelacht. Heute sitzt das Gruselkabinett der 1980er und 1990er Jahre wieder an den Pfründen der Macht: Collor wurde zum Senator gewählt, sein berüchtigter Helfershelfer Renan Calheiros ist als Senatspräsident einer der wichtigsten Verbündeten von Präsidentin Dilma Rousseff. Die überfällige Reform des politischen Systems hat die Präsidentin auf die lange Bank geschoben, so wie ihre Vorgänger.

Das alte Brasilien ist nicht einfach verschwunden, es hat sich nur angepasst. Unter der glänzenden Oberfläche des Wirtschaftswunderstaates lauern die alten Probleme: Gewalt, Ungleichheit, Korruption.

Ernst Blochs Begriff von der »Gleichzeitigkeit des Ungleichzeitigen« gilt für Brasilien wie für kaum ein anderes Schwellenland: Feudalismus und Moderne, kapitalistische und sozialistische Strukturen existieren nebeneinander. Von einer freien Marktwirtschaft ist Brasilien weit entfernt, der Staat ist immer noch der wichtigste Akteur. Er hat sogar noch an Bedeutung gewonnen: Unter den Präsidenten Lula und Dilma Rousseff mischt sich die Regierung auf die eine oder andere Weise in fast alle Bereiche der Volkswirtschaft ein, nicht immer zu deren Vorteil.

Reformen kamen in Brasilien meistens von oben, die Zivilgesellschaft galt bislang als unterentwickelt. Brasilien sei kein Land für Revolutionen, hieß es.

Wirklich? Einige scheinbar eherne Wahrheiten sind ins Wanken gekommen. Während des Confederations-Cup im Juni 2013 gingen Millionen Menschen gegen die Korruption der politischen Klasse auf die Straße. Sie protestierten gegen die überteuerten Stadien für die WM 2014 und forderten eine umfassende Reform des politischen Systems. Die Herrschenden fürchten einen Volksaufstand, ausgerechnet das als Fußballland gefeierte Brasilien gilt bei der Fifa plötzlich als Problemfall.

Der Koloss ist in Bewegung, langsam, aber stetig. Zurückdrehen lässt sich der Wandel nicht mehr, allenfalls verzögern. Anders als vor 20 Jahren stehen die Brasilianer allerdings heute unter Beobachtung: Sie werden gehört in der Welt, sie müssen aber auch Rechenschaft ablegen und Verantwortung übernehmen. Die Augen der Welt sind auf Brasilien gerichtet, nicht nur wegen der Fußballweltmeisterschaft 2014 und der Olympischen Spiele zwei Jahre später. Das Modell Brasilien steht auf dem Prüfstand.

Ich lebe jetzt seit 1991 in diesem Land und bin mit einer Brasilianerin verheiratet, aber es bringt mich immer wieder zum Staunen. Das Leben unterm Zuckerhut gleicht einer ständigen Achterbahnfahrt zwischen Euphorie und Frustration. Nur eines ist es nie: langweilig.

Nach Buenos Aires fahre ich immer noch gern, nirgendwo auf diesem Kontinent gibt es so nette Cafés, Kinos und Buchhandlungen. Aber spätestens nach drei oder vier Tagen zieht es mich zurück in das quirlige Chaos Brasiliens. Meinem Chef, der mich damals gezwungen hat, nach Rio zu gehen, bin ich heute dankbar.

Brasiliens (erstaunliche) Geschichte: von der Sklaverei zur Massendemokratie

Kaffee, Kaiser und Diktatoren – das koloniale Erbe

Brasilien beliefert die Welt seit Jahrhunderten mit Rohstoffen. Dieses Schicksal prägt die Geschichte des größten südamerikanischen Landes, ihm verdankt es auch seinen Namen.

Als am 22. April 1500 der portugiesische Seefahrer Pedro Alvares Cabral im Süden des heutigen Bundesstaats Bahia an Land ging, wurden er und seine Mitstreiter von Indianern begrüßt; diese hatten ihre Haut mit einem rötlichen Farbstoff bemalt, den sie aus dem Holz des Brasilbaumes gewannen. Die Portugiesen benannten ihre neue Kolonie nach dem Rohstoff; sie entdeckten, dass er sich hervorragend als Färbemittel für Textilien eignete. Händler brachten das Holz nach Europa, wo die Textilindustrie blühte.

In den Jahrzehnten nach der Ankunft der Eroberer war Brasilholz das wichtigste Ausfuhrprodukt der neuen Kolonie, es eignete sich auch als Baumaterial. Die Portugiesen fällten praktisch den gesamten Küstenurwald, heute ist der Baum in der freien Natur nahezu ausgestorben. Seine Ausrottung ist ein historisches Vorspiel für die Verwüstung des Amazonasurwalds: Auch der tropische Regenwald wird abgeholzt, weil die Gier nach Rohstoffen mächtiger ist als Regierung, Umweltschützer und Justiz.

Schier unbegrenzt erschien Brasiliens Reichtum an Mineralien, Edelsteinen, Holz und landwirtschaftlichen Produkten. Ihre Ausbeutung prägt das Verhältnis vieler Brasilianer zu ihrem Land und sein Wirtschaftsmodell: Nicht die Produktion von Gütern und nicht Wissen ist die Triebfeder der Wirtschaft, sondern die möglichst lukrative Ausbeutung bestehender Ressourcen. Wirtschaftlicher Erfolg gilt nicht so sehr als Ergebnis individueller Anstrengung, wichtiger sind familiäre Beziehungen, Glück und Gewitztheit. Die portugiesischen Eroberer wollten die neue Welt nicht erschließen und besiedeln wie die Engländer im Norden des Kontinents. Sie wollten sich möglichst schnell bereichern.

Allerdings standen sie vor einem Dilemma: Ihnen fehlten Arbeitskräfte. Bei der Ankunft Cabrals lebten einige Millionen Indianer in Brasilien (die Schätzungen schwanken zwischen drei und acht Millionen), doch sie waren nicht in Hochkulturen organisiert wie die Inkas, Mayas oder Azteken in den spanischen Kolonien. Die meisten lebten verstreut als Jäger und Sammler, bauten Maniok an und fischten. Sie leisteten zwar keinen großen Widerstand gegen die Eroberer, aber sie eigneten sich nicht als Arbeitssklaven.

Die Ureinwohner dienten den weißen Invasoren auf andere Weise bei der Kolonialisierung: Unter den portugiesischen Eroberern herrschte Frauenmangel; sie zeugten daher Nachkommen mit den Töchtern indianischer Kaziken, um ihre Herrschaft abzusichern. Die Rassenmischung hat die Identität und das Selbstverständnis der Brasilianer stärker geprägt als jeder andere Faktor, sie sind stolz auf die bunte Palette an Hautfarben und Physiognomien in ihrem Land. Wenn es eine Regenbogengesellschaft gibt, dann ist es Brasilien.

Aus eigener Kraft war die Krone des kleinen Portugals nicht in der Lage, die Erschließung seiner riesigen Kolonie zu organisieren. Der König überließ die Ausbeutung der Rohstoffe deshalb weitgehend Privatleuten, er übertrug ihnen Ländereien zur Ausbeutung. Brasilien wurde in insgesamt zwölf Verwaltungsbezirke aufgeteilt, die der Krone unterstanden, sogenannte Capitanías. Diese Handelsposten waren militärisch befestigt, sie bildeten das Rückgrat der Kolonisierung. Zwei von ihnen erlangten herausragende Bedeutung bei der Besiedlung und Erschließung des Landes: Pernambuco im Nordosten und São Vicente im Südosten, das Kerngebiet des späteren Bundesstaats São Paulo.

Weil in Brasilien Arbeiter fehlten, knüpften die Kolonisatoren Kontakte nach Afrika. Ab Mitte des 16. Jahrhunderts gingen portugiesische Geschäftsleute vor allem in Westafrika auf Sklavenjagd. 1538 wurde die erste Schiffsladung afrikanischer Sklaven in Brasilien registriert. Der Menschenhandel entwickelte sich in den kommenden Jahrhunderten zu einem riesigen Geschäft: Über drei Millionen Afrikaner wurde nach Brasilien verschleppt, die meisten kamen aus Benin, Nigeria und Angola.

Das Trauma dieser gigantischen Völkerverschleppung durchwirkt alle Bereiche des öffentlichen und privaten Lebens, es prägt Brasiliens Gesellschaft bis heute. Rassismus, Elend, Gewalt und soziale Diskriminierung wurzeln zu großen Teilen in der Sklavengesellschaft der Vergangenheit. Ohne die Sklaverei hätte die wirtschaftliche und gesellschaftliche Entwicklung Brasiliens einen anderen Verlauf genommen. Zwangsarbeit trieb die Rohstoffzyklen an, die die Kolonialwirtschaft bis ins 20. Jahrhundert beherrschten.

Ende des 16. Jahrhunderts waren die Vorkommen an Brasilholz weitgehend erschöpft, ein neuer Rohstoff weckte jetzt das Interesse der Europäer: Zucker. Der Nordosten, vor allem Pernambuco, erwies sich als ideales Anbaugebiet für Zuckerrohr. Die portugiesischen Großgrundbesitzer ließen riesige Flächen Küstenurwalds abholzen und mit Zuckerrohr bepflanzen. Sklaven schufteten auf den Plantagen.

Fazendas, wie die Großfarmen heißen, prägen die Wirtschafts- und Sozialstruktur Brasiliens immer noch. Nur die Produktpalette der Großbauern hat sich im Laufe der Jahrhunderte vergrößert, sie variiert je nach Region und Klimazone. Anbau und Ernte wurden außerdem weitgehend industrialisiert. Neben Zuckerrohr baut Brasiliens Agroindustrie heute auch Soja, Zitrusfrüchte und Kaffee an, zudem ist das Land zu einem der größten Rindfleischproduzenten der Welt aufgestiegen.

An den sozialen Verhältnissen auf dem Land hat sich seit der Kolonialzeit indes wenig geändert. Großgrundbesitzer, sogenannte Coroneis, herrschen vor allem im Norden und Nordosten immer noch wie Feudalherren, viele haben beste Verbindungen in die Politik oder sind selbst Politiker. Zahlreiche Minister, Abgeordnete und Senatoren besitzen Farmen in ihren heimatlichen Bundesstaaten, sie legen ihr oftmals illegal erlangtes Vermögen zumeist in Land an. Der Streit um Landbesitz, soziale Ungleichheit und das Elitenbewusstsein vieler Herrschender wurzeln in der Feudalstruktur der Fazendawirtschaft.

Immer wieder entdecken Inspekteure des Arbeitsministeriums auf den Farmen bekannter Politiker Landarbeiter, die unter sklavenähnlichen Bedingungen schuften. Ihr Lohn reicht kaum fürs Existenzminimum, sie hausen in menschenunwürdigen Unterständen auf den Farmen.

Die Eigentümer werden meist mit eindrucksvollen Geldstrafen belegt. In den seltensten Fällen werden diese jedoch bezahlt: Die Farmer verfügen über eine starke Lobby im Kongress, viele Politiker genießen parlamentarische Immunität und sind somit praktisch unantastbar. Vor allem ärmere Bundesstaaten im Nordosten wie Maranhão oder Alagoas werden immer noch von Familienclans beherrscht, deren Macht zumeist auf Landbesitz beruht. Sie dominieren Justiz, Medien, lokale Parlamente und oft auch die Polizei. Diese Feudalstrukturen sind mitverantwortlich für die grassierende Straflosigkeit: Wer Geld und Einfluss hat, findet immer ein Schlupfloch im brasilianischen Gesetzesdschungel.

Brasiliens Gesetze sehen Erleichterungen für Häftlinge vor, die studiert haben; wer sich einen guten Anwalt leisten kann, hat eine gute Chance, seine Strafe zu reduzieren. Die Legislative hat ein unüberschaubares Instrumentarium an Einspruchsmöglichkeiten und Berufungen geschaffen, das vor allem die Reichen und Cleveren zu ihrem Vorteil nutzen.

Der Rohstoffreichtum der portugiesischen Kolonie weckte auch die Begehrlichkeit anderer europäischer Mächte. Vor allem Frankreich versuchte immer wieder, den Portugiesen ein Stück ihres Kolonialreiches zu entreißen. 1555 landeten zwei Schiffe mit 600 Soldaten und hugenottischen Siedlern an der Guanabara-Bucht im Südosten, die einen riesigen natürlichen Hafen bildete. Sie errichteten einen militärischen Stützpunkt; es dauerte zwölf Jahre, bis die Portugiesen sie vertrieben hatten. Das portugiesische Königshaus gründete an dieser Stelle die Stadt Rio de Janeiro; zugleich beschleunigte es die Errichtung neuer Städte entlang der Küste, um weiteren Invasionen vorzubeugen.

Bereits 1494 hatten Spanien und Portugal auf Betreiben des Papstes ihre Kolonialgrenzen in Südamerika festgelegt: Alle Ländereien östlich der Kapverdischen Inseln wurden Portugal zugeschlagen, das Territorium westlich davon den Spaniern. Doch die Portugiesen hielten sich nicht an den Vertrag von Tordesillas, sie stießen immer tiefer ins Landesinnere von Südamerika vor und dehnten ihren Herrschaftsbereich weit nach Westen aus.

Im Jahr 1580 wurde unter der Herrschaft der Habsburger der König von Spanien auch zum König von Portugal, bis 1640 stand Brasilien damit nominell unter spanischer Herrschaft. Jetzt war es das mit Spanien verfeindete Holland, das versuchte, am portugiesischen Kolonialreich zu knabbern. Holländer eroberten und besiedelten weite Teile des Nordostens, vor allem Pernambuco und Salvador, ihr Einfluss ist dort noch heute zu spüren.

Erst nach dem Ende des spanischen Interregnums erlangten die Portugiesen ihre Hoheit über die holländischen Herrschaftsgebiete zurück. Die Holländer pflanzten daraufhin Zuckerrohr in Surinam, das damals holländische Kolonie war, auch die Engländer bauten in ihren Kolonien in der Karibik Zuckerrohr an. Diese Konkurrenz machte den brasilianischen Pflanzern schwer zu schaffen, der gesamte Wirtschaftssektor rutschte in die Krise. Sein Niedergang bewirkte die Verschiebung des Machtzentrums vom Nordosten in den Südosten. 1763 wurde die Hauptstadt des Kolonialreichs von Salvador da Bahia nach Rio de Janeiro verlegt.

Denn im Hinterland von Rio, dem heutigen Bundesstaat Minas Gerais, hatte ein neuer Rohstoffboom eingesetzt: Abenteurer hatten auf dem hügeligen Hochplateau gewaltige Vorkommen an Edelsteinen und Gold entdeckt. Sklaven bauten auf Geheiß des Königs einen über 1000 Kilometer langen Weg von den Minen bis in die Hafenstadt Paraty 250 Kilometer westlich von Rio de Janeiro, und so schaffte man die Schätze außer Landes.

Der Reichtum aus den Minen ließ die Städte in Minas Gerais aufblühen. Das 17. Jahrhundert gilt als Blütezeit des brasilianischen Barocks. Sein bekanntester Vertreter war der Bildhauer Antonio Francisco Lisboa, genannt »Aleijadinho« (Der Verkrüppelte). Er litt an einer lepraähnlichen Krankheit, die nach und nach seinen gesamten Körper erfasste. Obwohl er unvorstellbare Qualen gelitten haben muss, arbeitete er unermüdlich. Seine religiösen Holzschnitzereien schmücken zahlreiche Kirchen in Minas Gerais. Die prachtvolle Kolonialarchitektur von Städten wie Ouro Preto, Tiradentes, Diamantina und São João del Rei zeugt von dieser Epoche.

Der Gold- und Diamantenrausch löste einen Bevölkerungsboom in den Minenstädten aus. 1710 lebten nur 30 000 Menschen in Minas Gerais, das etwa so groß wie Frankreich ist. Ende des Jahrhunderts hatte sich ihre Anzahl verzehnfacht. Die Region wurde zum wirtschaftlichen Motor des Kolonialreichs.

Es dauerte nicht lange, bis die Herrschaftselite von Minas Gerais auch politische Ansprüche anmeldete. Die Krone versuchte, den

Schmuggel von Gold und Edelsteinen in die spanischen Kolonien zu unterbinden. Das traf vor allem die reichen »Mineiros«, denn sie profitierten am meisten von dem illegalen Handel.

1789 schlossen sich die einflussreichsten Männer von Minas Gerais in einem Komplott gegen die Kolonialmacht zusammen, sie waren von der französischen Revolution inspiriert. Gemeinsam mit Rio de Janeiro und São Paulo wollten sie einen unabhängigen Staat mit einem eigenen Parlament gründen. Sie wollten die Sklaven befreien, traten für die Unabhängigkeit der Minen und Fabriken ein und schlugen die Gründung einer unabhängigen Universität vor.

Die »Inconfidência Mineira«, wie die Verschwörung genannt wurde, war der erste Versuch, den Kolonialstatus Brasiliens in Frage zu stellen. Die Krone entdeckte das Komplott jedoch und ließ die Aufständischen brutal verfolgen und hinrichten.

Auf dem Weg in die Unabhängigkeit

Auch in den spanischen und französischen Kolonien des Subkontinents begehrten lokale Herrscher gegen die Krone auf. In Haiti entstand 1804 nach einem Sklavenaufstand die erste freie Republik auf amerikanischem Boden, bald darauf riefen eine Reihe spanischer Kolonien ihre Unabhängigkeit aus. General San Martín im Süden und Simón Bolívar im Norden des Subkontinents führten die Befreiungsbewegungen im spanischen Südamerika an.

Brasilien ging einen anderen Weg: Hier mündeten die Rebellionen regionaler Eliten nicht in einen Unabhängigkeitskrieg wie in den spanischen und französischen Kolonien. Schuld war Napoleon: Im Jahr 1808, kurz bevor der französische Feldherr Lissabon besetzte, war der portugiesische König mit seinem Hof nach Brasilien geflüchtet. Er ließ sich in Rio de Janeiro nieder. Unter anderem brachte er seine prachtvolle Bibliothek mit, eine der umfangreichsten und bestsortierten Büchersammlungen der Epoche. Sie bildete den Grundstock für die brasilianische Nationalbibliothek; man kann sie in Rio besichtigen.

Die lokalen Eliten waren von dem Umzug der königlichen Familie nicht besonders begeistert, sie mussten Privilegien und Liegenschaften an die Krone abtreten. Andererseits wurde Brasilien plötzlich zum Zentrum eines Kolonialreiches, das von Südamerika bis nach Ostasien reichte. Der König ließ die Häfen für den Welthandel öffnen, die Geschäfte blühten auf, die Krone investierte kräftig in die Kolonie.

Nach der Niederlage Napoleons kehrten König João VI. und seine Familie nach Portugal zurück. Doch der Sohn des Monarchen, Pedro, fällte eine folgenreiche Entscheidung: Er blieb in Rio de Janeiro. Im Jahr 1822 orderte das Parlament in Lissabon den Monarchen per Dekret zurück. Er reagierte mit einem Ausruf, der Brasilien zur Unabhängigkeit verhalf, zugleich aber die Monarchie verlängerte: »Ich bleibe!« Dieser Moment ging als Geburtsstunde der Nation in die Geschichte ein.

Pedro wurde zum Kaiser von Brasilien gekrönt. Er galt als aufgeklärter Monarch, war gegen die Sklaverei und ließ eine Verfassung und ein Parlament zu. Dennoch wurde die Sklaverei erst 1888 abgeschafft. Im Parlament hatten die Fazendabesitzer und Sklavenhalter das Sagen, die Demokratie war nur Fassade, die Verfassung ein Lippenbekenntnis der herrschenden Eliten.

Nach dem Tod des portugiesischen Königs Joao VI. im Jahr 1826 streuten die Gegner von Dom Pedro I. das Gerücht, dieser strebe eine Vereinigung Brasiliens mit Portugal an. Das schwächte die Stellung des brasilianischen Monarchen so sehr, dass er 1831 vorzeitig abdankte. Sein erst fünfjähriger gleichnamiger Sohn wurde zum neuen König ausgerufen.

Dom Pedro II. herrschte mehr als 50 Jahre. Er interessierte sich für Forschung und Technik, ließ Telegrafenleitungen und Eisenbahnen bauen, förderte Wissenschaft und Kultur. Wirtschaftlich lebte das Land auf: Die Nachfrage nach Kaffee hatte im Südosten einen neuen Rohstoffzyklus ausgelöst. Vor allem São Paulo blühte dank des Kaffeebooms auf.

Im Amazonasgebiet setzte ein anderer Rohstoffzyklus ein: der Kautschukboom. Die Nachfrage aus den USA und Europa ließ das verschlafene Urwaldstädtchen Manaus am Rio Negro aufblühen, es wurde zum wichtigsten Umschlagplatz für das Naturgummi. Die herrschenden Familien verdienten so viel Geld, dass sie sich leisten konnten, ihre Villen mit Möbeln, Geschirr und Tüchern aus Frankreich auszustatten. Sie errichteten mitten im Amazonasdschungel sogar ein Opernhaus. 1897 wurde der prachtvolle Kuppelbau mit der Premiere von »La Gioconda« von Amilcare Poncielli eingeweiht, er ist immer noch das Wahrzeichen von Manaus. Die Oper der Amazonasstadt inspirierte den deutschen Filmregisseur Werner Herzog zu seinem berühmten Urwald-Film »Fitzcarraldo« mit Klaus Kinski in der Hauptrolle.

Der Boom im Dschungel endete, als englische Händler Setzlinge des Kautschukbaums nach Südostasien schmuggelten und dort eigene Plantagen aufbauten. Die brasilianischen Pflanzer waren der Konkurrenz nicht gewachsen. Anfang des 20. Jahrhunderts produzierten die Industriestaaten erstmals in größeren Mengen synthetisches Gummi, damit beschleunigte sich der Niedergang der Plantagen.

Im Südosten bildeten Kaffeebarone die neue Oligarchie. Sie waren erzkonservativ, die feudalistischen Verhältnisse im Landesinneren blieben bestehen, auf den Plantagen schufteten Sklaven. Die mächtigen Landherren knüpften ein enges Netz an Kontakten zur Regierung. Bürokraten waren für die Erteilung wirtschaftlicher Privilegien zuständig, die Kungelei zwischen Regierungsfunktionären und Großbauern blühte.

Wer über einen Schutzpatron bei Hofe verfügte, konnte sich fast alles erlauben. Allerdings erwartete der Mächtige als Gegenleistung Gefallen und Geschenke. Dieses mafiöse Interessensgeflecht prägt Brasiliens Gesellschaft bis heute. »Tráfico de Influencia«, »Handel mit Einfluss« nennt sich das Geschacher mit Gefallen und Privilegien. Wer es schafft, einem Mächtigen einen Gefallen abzuringen, steht in seiner Schuld – und die wird abbezahlt, indem man dem anderen einen Gefallen erweist, wenn dieser darum bittet. Im Kongress ist dieses System der gegenseitigen Vorteilsannahme praktisch institutionalisiert. Das Dickicht aus Privilegien und persönlichen Beziehungen ist undurchschaubar, es bildet den Humus für die weit verbreitete Korruption.

Während die Kungelei mit dem brasilianischen Hofe blühte, erwies sich die Sklaverei im Verlauf des 19. Jahrhunderts zunehmend als Belastung. Die Engländer, die 1833 in ihren Kolonien die Sklaverei abgeschafft hatten, machten Druck auf Brasilien, ihrem Beispiel zu folgen. 1850 sah sich der Hof gezwungen, die Einfuhr von Sklaven aus Afrika praktisch zu verbieten.

Einzelne Landherren versuchten daraufhin, »Sklaven zu züchten«. In dem Städtchen Santa Rita im Hinterland von Rio habe ich vor einigen Jahren eine ehemalige Kaffeefazenda besucht, deren Eigentümer sich zur Kolonialzeit der »Sklavenzucht« widmete. Neben dem Folterkeller, wo aufsässige Sklaven angekettet und gemartert wurden, lagen Verliese, in denen die zur »Zucht« ausgewählten Frauen ihre Kinder zur Welt brachten. Heute dient das Anwesen als Hotel und Kulisse für Film und Fernsehen.

Doch diese bizarren Menschenversuche blieben eine Ausnahme. Das Einfuhrverbot bewirkte einen drastischen Preisanstieg für die in Brasilien geborenen Sklaven, gleichzeitig kurbelte der Kaffeeboom die Nachfrage nach Arbeitskräften an. Im Jahr 1888 verkündete Prinzessin Isabel, die Tochter des Königs, schließlich die Aufhebung der Sklaverei.

Das Ende der Leibeigenschaft hatte allerdings nicht automatisch auch bessere Lebensbedingungen für die ehemaligen Sklaven zur Folge. Es stärkte im Gegenteil die Oligarchien der Großgrundbesitzer. Die Sklaverei war vor der Aufhebung schon so teuer geworden, dass sie sich kaum noch lohnte. Jetzt stand eine neue Masse an billigen Arbeitskräften zur Verfügung: Zehntausende arme Immigranten aus Europa und Japan drängten nach Brasilien, sie flüchteten vor Hungersnot, Krieg und Elend. Der Zustrom führte dazu, dass die feudalen Herrschaftsstrukturen auf dem Land auch nach dem Ende der Sklaverei weiterbestanden. In Rio de Janeiro ließen sich viele ehemalige Sklaven auf den unbesiedelten Hügeln im Stadtgebiet nieder – so entstanden die ersten Favelas.

Unter den republikanisch gesinnten Kräften im Land wuchs der Unmut über das Beharrungsvermögen der Oligarchie und der Krone. Im Jahr 1889 lehnte sich eine Gruppe junger Offiziere gegen die Regierung auf, ihr Aufstand führte zur Absetzung des Kaisers. Pedro II. ging zusammen mit seiner Familie ins Exil.

»Politik des Milchkaffees«

Die Jahre von 1889 bis 1930 sind in Brasilien als Epoche der »Alten Republik« bekannt. Doch die Aufbruchstimmung schlug rasch in Frust um: Die Militärs waren sich nicht einig, welche Art von Regierung sie wollten, sie setzten auch keine Wahlen an. Von der politischen Instabilität profitierten die Oligarchien im Landesinneren: Überall im Land kam es zu Aufständen, die lokalen Herrschaftseliten kämpften erfolgreich für mehr Autonomie. São Paulo und Minas Gerais waren jetzt die heimlichen Machtzentren, die wichtigsten Familienclans der beiden Bundesstaaten wechselten sich an der Macht ab und setzten Präsidenten nach Belieben ein. Dieses Herrschaftsmodell wurde in Brasilien als »Politik des Milchkaffees« (Política do Café com Leite) bekannt: São Paulo stand für die Kaffeebarone, Minas Gerais war bekannt für seine Milchwirtschaft.

Die beiden Bundesstaaten bauten auch ihre Polizeieinheiten aus. Diese wurden fast so mächtig wie die nationalen Streitkräfte und untermauerten den Machtanspruch der Gouverneure. Bis heute ist Brasiliens Polizei militärisch organisiert, nur die Kriminalpolizei (Polícia Civil) und die Bundespolizei (Polícia Federal) unterstehen keiner militärischen Hierarchie. Die Militärpolizei von Minas Gerais und São Paulo ist dagegen für ihren Korpsgeist berüchtigt, sie gilt als besonders brutal.

Die Kaffeebarone investierten ihr Geld nicht nur in ihre Plantagen, sie halfen auch beim Aufbau einer nationalen Industrie. Sie kauften oder gründeten Textilfabriken und Produktionsstätten für Waren des täglichen Bedarfs. Während der internationale Handel infolge des Ersten Weltkriegs weitgehend zusammenbrach, entstand in Brasilien ein robuster Binnenmarkt. Die Nachfrage nach Arbeitskräften löste neue Einwanderungswellen aus. Zwischen 1890 und 1930 wuchs die Bevölkerung Brasiliens über 160 Prozent auf 34 Millionen an.

Erst die weltweite Wirtschaftskrise Ende der 1920er Jahre stoppte den Aufschwung. Der Kaffeeexport brach zusammen, weil die Käufer aus Europa und den USA ausblieben. Zugleich nahmen die politischen Spannungen zu, nachdem die Elite von São Paulo den Pakt mit Minas Gerais aufgebrochen hatte: Präsident Washington Luíz versuchte, einen weiteren »Paulista« als Nachfolger einzusetzen, der den Kaffeebaronen freundlich gesinnt war. Minas Gerais schloss daraufhin ein Bündnis mit anderen Bundesstaaten, die gegen die Vorherrschaft von São Paulo waren. Diese »Liberale Allianz« unterstützte Getúlio Vargas als Präsidentschaftskandidat, den Gouverneur des südlichen Bundesstaats Rio Grande do Sul.

Bei den Wahlen im April 1930 unterlag Vargas, der Urnengang

war von Fälschungen und Unregelmäßigkeiten gekennzeichnet. Seine Anhänger fanden sich mit der Niederlage nicht ab, sie gingen auf die Straße. Schließlich griff das Militär ein. Die Streitkräfte setzten Washington Luíz ab und übertrugen die Macht einer provisorischen Junta, die kurz darauf Vargas die Präsidentschaft anbot. Der Mann aus dem Süden regierte bis 1945 als Diktator.

Vargas begründete 1937 den »Estado Novo«, der die alte Republik ablöste. Er löste den Kongress auf und führte die Pressezensur ein. Gegen Regimegegner ging er brutal vor. Sein berüchtigter Polizeichef Filinto Müller ließ über 20 000 Menschen verhaften, denen regierungsfeindliches Verhalten vorgeworfen wurde, viele wurden außer Landes getrieben.

Gleichzeitig gewann in den 1930er Jahren eine faschistische Gruppierung an Zulauf, die sogenannten Integralisten. Ihr Begründer Plínio Salgado strebte einen korporatistischen Staat nach dem Vorbild Mussolinis und Hitlers an, er war von Hitlers *Mein Kampf* fasziniert. Statt brauner trugen Brasiliens Faschisten grüne Hemden, den Hitlergruß »Sieg Heil« ersetzten sie durch das indianische »Anaué«, das heißt etwa »Seid gegrüßt«.

Am stärksten waren die Integralisten im Süden des Landes, wo sich viele deutsche und italienische Einwanderer niedergelassen hatten. In Santa Catarina und Rio Grande do Sul teilten sie sich ihre Parteibüros mit der NSDAP, deren Auslandsorganisation in Brasilien sehr aktiv war. 1938 versuchten die Integralisten Vargas zu stürzen, er schlug den Aufstand nieder. Auch ein Putschversuch der Kommunisten im Jahr 1935 war erfolglos geblieben, er löste allerdings eine gnadenlose Hatz auf alle Linken aus. Olga Benário, die jüdische Ehefrau des Kommunistenführers Luiz Carlos Prestes, wurde 1936 auf Befehl von Filinto Müller in ihre deutsche Heimat deportiert, sie starb in den Gaskammern von Auschwitz.

Der großbürgerliche jüdische Schriftsteller Stefan Zweig wurde von Vargas dagegen mit allen Ehren empfangen und unterstützt. Zweigs Buch *Brasilien: ein Land der Zukunft,* eine euphorische und stellenweise naive Huldigung an die brasilianische »Rassendemokratie«, wurde an den diplomatischen Vertretungen als Propagandamaterial verteilt.

Vargas war kein Faschist, aber seine Politik hatte antisemitische und rassistische Züge. Bei der Visavergabe für Einwanderer wurden Juden oft zurückgewiesen, zugleich strebte die Vargas-Regierung die »Aufhellung« des brasilianischen Volkes an, sie warb gezielt weiße europäische Einwanderer an. Auch Vargas strebte einen korporatistischen Staat an: Freie Gewerkschaften waren verboten, alle Massenorganisationen wurden in den Staat eingebunden.

Außenpolitisch sympathisierte Vargas zunächst mit den Achsenmächten. Aber er war auch ein Pragmatiker und Opportunist: Als deutlich wurde, dass die Alliierten den Krieg gewinnen würden, näherte er sich den USA an. Nach dem Kriegseintritt der USA 1942 machte Washington verstärkt Druck auf Brasilien, seine Neutralität aufzugeben.

Nachdem Brasilien in den Krieg eingetreten war, schwenkte die Regierung auch in ihrer Haltung gegenüber den deutschen und japanischen Einwanderern um. Tausende Deutsche und Japaner wurden verhaftet und in Gefangenenlager deportiert. Die großen deutschen Einwanderergemeinden durften nicht länger ihre Muttersprache sprechen. Deutsche Restaurants, Clubs und andere Institutionen mussten ihren Namen ändern. Aus der »Bar Adolf« in Rio wurde die »Bar Brasil«. Deutsche durften aus militärstrategischen Gründen nicht an der Küste siedeln, viele wurden als Spione verhaftet.

Im Volk wird Vargas bis heute als »Vater der Armen« verehrt. Er schob eine Reihe von Sozialreformen an: Er führte die »Carteira de Trabalho« ein, ein kleines blaues Heft, das den Arbeitsvertrag ersetzt. Erstmals wurde die Arbeitszeit geregelt und ein Mindestlohn eingeführt, auch eine Sozial- und Krankenversicherung und Urlaubsanspruch für die Arbeiter setzte er durch.

Die »Carteira de Trabalho« existiert immer noch: In dem Heft trägt der Arbeitgeber den Lohn und die Dauer des Arbeitsverhältnisses ein, anhand dieser Daten weist man später seine Lebensarbeitszeit und seinen Rentenanspruch nach. Allerdings werden die Eintragungen oft gefälscht: Der Arbeitnehmer drückt sich meist ebenso wie sein Chef um die Abführung der Sozialabgaben, der wahre Lohn ist meist viel höher als die in der »Carteira de Trabalho« eingetragene Summe.

Mit der Rückkehr der brasilianischen Soldaten aus dem Krieg nahte auch das Ende der Vargas-Diktatur. Sie hatten in Europa gegen einen Diktator gekämpft; es war schwer zu vermitteln, dass die

Diktatur in ihrer Heimat weiterbestand. Vargas verfügte über ein untrügliches politisches Gespür, er erkannte diesen Widerspruch. Im Jahr 1945 rief er Wahlen aus und versprach, selbst nicht anzutreten.

Der Urnengang von 1945 gilt als erste echte demokratische Wahl der brasilianischen Geschichte. Als Sieger ging Eurico Gaspar Dutra hervor, ein Exminister der Regierung Vargas. Er regierte bis 1950, dann kehrte der beliebte Exdiktator an die Macht zurück, diesmal allerdings auf demokratischem Weg. Er wurde mit großer Mehrheit ins Amt gewählt.

Unter Vargas vollzog sich in Brasilien eine Zeitenwende: Erstmals hatten nicht mehr die ländlichen Oligarchien das Sagen, sondern die städtischen Massen. Vargas förderte die Industrialisierung, Millionen strömten in die Städte. Zugleich fachte er den Nationalismus an: Unter dem Schlachtruf »O Petróleo é nosso« (Das Öl gehört uns!) verstaatlichte er die Ölindustrie. Die meisten Staatskonzerne Brasiliens sind in der Vargas-Ära entstanden. Er trieb einen Staatskapitalismus voran, der das Land bis heute prägt: Nicht Wettbewerb und Marktwirtschaft entscheiden oft über das Wohl und Wehe von Firmen und Unternehmern, sondern ihre Nähe zur Regierung. Ausländische Unternehmen, die sich in Brasilien ansiedeln wollen, unterschätzen oft, wie wichtig ein guter Draht zur Regierungsbürokratie ist. Die großen brasilianischen Unternehmen beschäftigen ganze Heerscharen von Anwälten und Lobbyisten, die die Beziehungen zur Regierung pflegen – nicht immer mit legalen Mitteln.

Die zweite Regierungszeit Vargas' war von politischen Intrigen und Korruption gekennzeichnet. Der Präsident konspirierte gegen seinen Widersacher Carlos Lacerda, einen Journalisten und ehemaligen Abgeordneten, schließlich verübte der Chef von Vargas' Leibwache ein Attentat auf den Politiker, bei dem ein Soldat der Luftwaffe ums Leben kam und Lacerda verletzt wurde. Die politische Krise spitzte sich zu, schließlich forderten die Streitkräfte Vargas zum Rücktritt auf. Er kam seiner Absetzung zuvor: Am Morgen des 24. August 1954 erschoss er sich in seiner Wohnung im Regierungspalast. In einem handgeschriebenen Abschiedsbrief orakelte er, dass »mächtige Interessen« für seinen Selbstmord verantwortlich seien.

Vargas erhielt ein Staatsbegräbnis, Zehntausende gewährten ihm das letzte Geleit. Der Linkspolitiker João Goulart, der Jahre später selbst zum Präsidenten gewählt wurde, verlas eine erweiterte Fassung von Vargas' Abschiedsbrief an seinem Grab. Sie endete mit dem berühmt gewordenen Ausruf: »Ich gebe das Leben auf, um in die Geschichte einzugehen!« Über die Authentizität dieses maschinengeschriebenen Dokuments streiten sich die Experten bis heute.

Kein anderer Präsident des 20. Jahrhunderts hat Brasilien so nachhaltig geprägt wie Getúlio Vargas. Der »Vater der Armen« leitete die Modernisierung ein, er begleitete die Verwandlung Brasiliens von einem feudalistischen Agrarstaat zu einer urbanen Industriegesellschaft. Er begründete einen nationalistischen Populismus, der Brasiliens Linke bis heute prägt. Arbeiterpräsident Luíz Inácio Lula da Silva, der von 2002 bis 2010 regierte, erklärte Vargas zu seinem Vorbild, sein Name schmückt Straßen, Plätze und staatliche Institutionen.

Für Brasilien hatte Vargas dieselbe Bedeutung wie der Caudillo Juan Domingo Perón in Argentinien, und wie Perón war er eine ambivalente und widersprüchliche Persönlichkeit: Er repräsentierte den Aufstieg der urbanen Massen, der Armen aus den Vororten, aber er war auch ein Autokrat, der seine Gegner verfolgte und die Meinungsfreiheit unterdrückte. Er stillte die Sehnsucht nach dem starken Mann, aber er verhinderte auch eine echte Demokratisierung.

Auf die dunklen, von Intrigen gezeichneten Jahre der zweiten Vargas-Regierung folgte ein Präsident, der in vielerlei Hinsicht sein Gegenbild verkörperte: Bei den Wahlen 1955 siegte der Arzt Juscelino Kubitschek, ein Sohn tschechischer Einwanderer aus Minas Gerais, der es zum Bürgermeister von Belo Horizonte und Gouverneur seines Heimatstaats gebracht hatte.

Kubitschek war ein charmanter Lebemann, seine Amtszeit war von wirtschaftlichem Aufschwung, Optimismus und politischer Stabilität gekennzeichnet. Er läutete die »Anos dourados« ein, die »Goldenen Jahre« des Bossa Nova, der Niemeyer-Bauten und der politischen Öffnung. Brasilien gewann neues Selbstvertrauen als aufstrebende Großmacht. Kubitschek verbesserte das Verhältnis zu den USA und stärkte Brasiliens Rolle in regionalen und internationalen Organisationen.

Er förderte den Aufbau einer eigenen Automobilindustrie; ein berühmtes Foto zeigt ihn bei der Einweihung des Volkswagenwerks in São Paulo am Steuer eines VW Käfers. Er ließ zahlreiche neue Straßen bauen und trieb so die Integration des riesigen Landes voran. Im Jahr 1958 wurde Brasilien zum ersten Mal Fußballweltmeister, das Land explodierte vor Optimismus. Vor allem aber ist Kubitscheks Name untrennbar mit dem Bau der neuen Hauptstadt Brasília verbunden.

Die Verlegung der Hauptstadt ins Landesinnere war in allen Verfassungen seit 1891 festgeschrieben, aber die früheren Regierungen waren vor der pharaonischen Aufgabe zurückgeschreckt. Kubitschek beauftragte den Städteplaner Lúcio Costa und den kommunistischen Architekten Oscar Niemeyer mit dem Projekt. Im Februar 1957 war Spatenstich. Nur drei Jahre später, am 21. April 1960, eröffnete der Präsident die neue Hauptstadt, mehrere Monate früher als geplant. Es war vermutlich das einzige Mal in der brasilianischen Geschichte, dass ein staatliches Mammutprojekt vor Ablauf der Frist fertig wurde – in der Regel verspäten sich alle Bauten um Monate oder Jahre.

Unter Kubitschek blühte allerdings auch ein altes brasilianisches Übel auf: die Korruption. Beim Bau der neuen Hauptstadt sollen Millionen abgezweigt worden sein. Ob der Präsident sich auch persönlich bereicherte, wurde nie geklärt, bei der Öffnung seines Testaments erwies sich sein Vermögen als vergleichsweise bescheiden. Für den Bau der neuen Hauptstadt hatte die Regierung einen riesigen Schuldenberg angehäuft, die Auslandsschulden stiegen von 87 Millionen Dollar im Jahr 1955 auf 297 Millionen Dollar 1959, auch die inländische Verschuldung explodierte. Kubitschek hinterließ seinen Nachfolgern außerdem ein Problem, das die wirtschaftliche Entwicklung für Jahrzehnte behindern sollte: eine hohe Inflation.

Kubitscheks Amtszeit endete 1961, eine Wiederwahl verbot die Verfassung. Sie sah außerdem vor, dass die Wähler getrennt für Präsident und Vizepräsident stimmten. Zum Nachfolger Kubitscheks wurde Jânio Quadros gewählt, der Gouverneur von São Paulo. Ausgerechnet sein Rivale, der Linkspopulist João Goulart, wurde Vizepräsident. Goulart war unter Vargas Arbeitsminister gewesen, er sah sich als sein wahrer politischer Erbe. Den Streitkräften war Goulart suspekt: Sie sahen in ihm einen verkappten Kommunisten.

Im August 1961, weniger als acht Monate nach seinem Amtsantritt, trat Jânio Quadros überraschend zurück. Das Motiv ist bis heute unklar. Quadros war berüchtigt für seine Trinkgelage, womöglich war er betrunken, als er den Rücktritt erklärte. Möglich ist auch, dass er desillusioniert war, weil er wenig Rückhalt im Kongress hatte. Seine Entscheidung trieb das Land in eine schwere politische Krise: Die Militärs verhinderten die sofortige Rückkehr von Vizepräsident Goulart, der während des Rücktritts auf Staatsbesuch in China weilte. Er musste in Uruguay warten, bis die Parteien im Kongress ein politisches Abkommen ausgehandelt hatten, dem auch die Opposition und die Streitkräfte zustimmen konnten. Dieser Pakt sah vor, dass Brasiliens Präsidentialsystem in ein parlamentarisches System umgewandelt würde. Wichtige Kompetenzen des Präsidenten sollten einem Premierminister übertragen werden. Der Oppositionspolitiker Tancredo Neves, ein gemäßigter Konservativer, sollte dieses Amt übernehmen.

Das Abkommen hielt nicht lange. Goulart versuchte, seine Machtbefugnisse als Präsident zurückzuerlangen, während die Opposition alles daran setzte, ihn zu schwächen. Die Folge war, dass sich das Land immer mehr polarisierte. Goulart näherte sich noch stärker der Linken an. Er verkündete einen Dreijahresplan, der eine umfassende Agrarreform, Auflagen für ausländische Unternehmen und das Wahlrecht für Analphabeten vorsah. Die konservativen Kräfte scharten sich um die ultrareaktionäre Bewegung Família com Deus pela Liberdade (Familie mit Gott für die Freiheit).

Jetzt traten auch die USA in Aktion. Nach der kubanischen Revolution 1959 und der Raketenkrise 1962 war Lateinamerika zu einem Schauplatz des Kalten Kriegs geworden. Überall auf dem Kontinent entstanden linke Aufstandsbewegungen nach kubanischem Vorbild. Die US-Regierung kämpfte mit allen Mitteln dagegen, auch mit illegalen. Washington sah in Goulart einen verkappten Kommunisten, der das größte Land Südamerikas der Sowjetunion in die Arme treiben würde. Ihr Militärattaché, der spätere CIA-Chef Vernon Walters, nahm Kontakt zu brasilianischen Offizieren auf, die Goulart stürzen wollten.

Im März 1964 spitzte sich die Krise zu. Goulart verkündete vor Hunderttausenden Anhängern in Rio de Janeiro, dass er eine neue Verfassung anstrebe. Die Opposition reagierte mit einem Protestmarsch in São Paulo.

Die lange Diktatur

In der Nacht des 31. März kam es mit Unterstützung der Amerikaner zum Putsch. Militäreinheiten aus Minas Gerais und São Paulo bewegten sich Richtung Rio, Goulart setzte sich nach Uruguay ab. In Brasília übernahm General Humberto Castelo Branco die Macht. Washington applaudierte dem Staatsstreich und erkannte die Militärherrscher sofort an.

Viele Brasilianer unterstützten die Putschisten. Allerdings gingen sie davon aus, dass die Militärs nur bis zu den für 1965 angesetzten Wahlen an der Macht bleiben würden. Sie rechneten damit, dass dann der immer noch beliebte Juscelino Kubitschek ins Amt zurückkehren würde. Das war eine folgenschwere Fehleinschätzung: Die Generäle fürchteten den Vormarsch der Linken, die nach der kubanischen Revolution immer mehr Anhänger gewann. Sie sprachen Kubitschek wie Goulart alle politischen Rechte ab und verschärften die Repression. Die Diktatur sollte bis Mitte der 1980er Jahre dauern, länger als in jedem anderen lateinamerikanischen Land.

1967 wurde Castelo Branco von dem General Artur da Costa e Silva abgelöst. Ein Jahr später verkündete er das berüchtigte »Verfassungsdekret Nr. 5« (AI5): Die Militärs lösten den Kongress und die Landesparlamente auf, setzten die Verfassung außer Kraft und führten eine strenge Zensur ein. Jetzt war klar, dass sie nicht so schnell von der Macht lassen würden.

Nach der Verkündung des AI5 gingen Tausende Brasilianer in den Untergrund oder ins Exil. Anhänger der Kommunistischen Partei schlossen sich zu einer Guerilla zusammen. Sie zogen in eine abgelegene Region am Rio Araguaia im Amazonasgebiet, dort versuchten sie die Landbevölkerung für sich zu gewinnen. Vom Landesinneren aus wollten sie nach dem Vorbild Maos die Städte erobern.

Überall im Land entstanden kleine Widerstandsgruppen. Urbane Guerillakommandos überfielen Banken und entführten ausländische Diplomaten und Geschäftsleute. Mit dem erbeuteten Geld kauften sie Waffen und finanzierten den Kampf im Untergrund.

Eine dieser linken Splittergruppen nannte sich Colina. Unter ihren Kämpfern war eine junge Frau, die Jahrzehnte später zur Staatspräsidentin gewählt wurde: Dilma Vana Rousseff.

Rousseff war die Tochter eines bulgarischen Einwanderers, der es in Belo Horizonte zu Ansehen und einigem Wohlstand gebracht hatte. Sie begann ein Studium der Wirtschaftswissenschaften, das sie aber 1967 abbrach, um in den Untergrund zu gehen. Sie nahm nicht direkt an Überfällen oder Attentaten teil, aber sie versteckte Geld und Waffen ihrer Kampfgenossen, reiste mit gefälschten Dokumenten, lernte schießen, erteilte ihren Mitkämpfern Lektionen in Marxismus. Wie viele ihrer Altersgenossen träumte sie von einer Revolution nach kubanischem Vorbild.

Die Militärherrscher verfolgten die Aufständischen mit brutaler Gewalt. Unter der Herrschaft des Generals Emílio Garrastazu Médici Anfang der 1970er Jahre eskalierte der schmutzige Krieg gegen die Rebellen. Im Amazonasgebiet entfesselte die Armee einen regelrechten Vernichtungskrieg gegen die Guerilla: 2500 Soldaten jagten etwa 60 schlecht bewaffnete Rebellen. Sie hatten Order, alle Guerilleros zu töten; ihre Leichen verscharrten sie im Wald. Dreimal bombardierten sie Guerilla-Stellungen mit dem aus dem Vietnamkrieg berüchtigten Brandmittel Napalm.

Einer der Offiziere, die den Kampf gegen die Guerilla anführten, war Major Sebastião de Moura, genannt Major Curió – so heißt ein Vogel in Brasilien, der wegen seiner melodischen Stimme gern als Singvogel im Käfig gehalten wird. Der Militär, der in seiner Jugend als Preisboxer gearbeitet hatte, wurde zu einer Symbolfigur der brasilianischen Militärdiktatur.

Curió reiste Ende der 1960er Jahre im Auftrag der Regierung unter falschem Namen ins Amazonasgebiet, um Informationen über die Guerilla zu sammeln. Er war berüchtigt für seine Brutalität: »Gefangene wurden hingerichtet und dann enthauptet, sie schnitten ihnen noch die Hände ab«, berichtete mir Crimeia Schmidt de Almeida, eine der wenigen Überlebenden, bei einem Interview Ende 2010 in São Paulo.

Anwohner der Region wurden gezwungen, mit den Soldaten zusammenzuarbeiten; wer sich weigerte, wurde gefoltert oder erschossen. Eine gefangene Rebellin richtete Curió mit einem Kopfschuss hin, weil sie sich weigerte, ihren Namen preiszugeben.

Als die Guerilla ausgelöscht war, schickte die Regierung ihren Säuberungsspezialisten auf eine neue Mission: Curió sollte in der Goldmine Serra Pelada Ordnung schaffen. In der Nähe des Rio Araguaia hatte ein Farmbesitzer auf einem Berg, der auf seinem Anwesen lag, Gold entdeckt. Der Fund erwies sich als eine der ertragreichsten Minen aller Zeiten, einige Klumpen waren über ein Kilo schwer. Rasch sprach sich die Nachricht im ganzen Land herum. Zehntausende Brasilianer aus allen Landesteilen strömten zu dem Kahlen Bergzug, so heißt »Serra Pelada« auf Deutsch. Über halsbrecherische Holzleitern und steile Pfade drangen die Garimpeiros, wie die illegalen Goldsucher genannt werden, immer weiter in den Berg ein. Der brasilianische Starfotograf Sebastião Salgado verewigte das ameisenähnliche Gewimmel in epischen Schwarz-Weiß-Bildern.

Die Garimpeiros brachten Prostitution, Alkohol und Waffen in das abgelegene Urwaldkaff. Täglich kam es zu Schlägereien, Morden und Schießereien. Curió räumte mit eiserner Hand auf: Dieben drohte er die Erschießung an, Alkohol wurde verboten, die Prostituierten zwang er, die Mine zu verlassen, sie verlegten die Bordelle in einen 20 Kilometer entfernten neuen Ort. Das Städtchen, das rund um die Nachtclubs entstand, wurde zu seinen Ehren Curionópolis genannt.

Curió zog nach dem Ende der Diktatur als Abgeordneter in den Kongress ein, zweimal wurde er zum Bürgermeister von Curionópolis gewählt. Für seine Verbrechen wurde er wie alle Folterknechte der Diktatur nie zur Rechenschaft gezogen. Heute lebt er von einer stattlichen Pension in einem Mittelschichtsviertel von Brasília. Die Überlebenden seiner Gewaltherrschaft wohnen verstreut in Urwaldstädtchen im Amazonasgebiet. Noch über 40 Jahre nach dem schmutzigen Krieg gegen die Guerilla brach ein ehemaliger Waldläufer, der als Führer für Curió gearbeitet hatte, in Tränen aus, als er mir von den Foltersitzungen erzählte. Curió bedrohte ihn und seine Familie, er zwang ihn per Folter, für ihn zu arbeiten. Viele Anwohner der Region reden nur im Flüsterton über den

Gefürchteten, sie haben immer noch Angst. Er habe Spitzel in der Gegend, eines Tages werde er womöglich zurückkehren.

Während Curió die Guerilla im Urwald jagte, richtete die Regierung in den großen Städten des Landes Folterstätten ein, in denen gefangene Regimegegner oft monatelang gequält wurden. In Petrópolis, der alten Kaiserstadt in den Bergen bei Rio de Janeiro, vermietete ein deutscher Einwanderer sein Haus an die Folterknechte der Militärs; dort wurden mehrere Regimegegner zu Tode gequält. Heute ist das »Haus des Todes«, wie der Fachwerkbau genannt wird, ein Mahnmal für die Opfer der Diktatur.

In São Paulo stellte die politische Polizei DOPS den Aufständischen nach, eine direkte Nachfolgeorganisation der Ordnungspolizei DEOPS der Vargas-Diktatur, die von Filinto Müller geleitet wurde. Die meisten Gefangenen wurden im Gefängnis Tiradentes inhaftiert, einer riesigen Anlage mitten in der Stadt. Dort wurde im Februar 1970 in Zelle 6 eine junge Frau eingeliefert: Dilma Rousseff. Auf dem Weg zu einem konspirativen Treff in São Paulo hatten Häscher des Regimes sie gefangen genommen. Jetzt kam sie direkt von der »Oban«, der »Operação Bandeirantes«, dem berüchtigten Folterzentrum der Stadt.

Sie sprach nicht über die Qualen, die sie durchgemacht hatte. Das war auch nicht nötig, ihre Mithäftlinge hatten die Foltermethoden der Diktatur am eigenen Leib erlebt. Sie alle hatten an der »Papageienschaukel« gehangen. So nannten sie die Eisenstange, an der die Opfer wie ein Stück Fleisch stundenlang nackt aufgehängt und dann verprügelt wurden. Viele hatten auch auf dem »Drachenstuhl« gelitten; wer auf ihm saß, bekam Elektrokabel an Brustwarzen und Gebärmutter angeschlossen.

»Dilma war abgemagert und körperlich mitgenommen, aber ihr Wille war ungebrochen«, erinnerte sich Cida Costa, die Rousseff in der Zelle empfing, Ende 2010 während eines Interviews, das ich mit ihr in São Paulo führte. Die beiden Frauen freundeten sich an. Drei Jahre lang saßen sie gemeinsam im »Minnenturm«: So nannten sie den runden, mehrstöckigen Bau, in dem die etwa 50 weiblichen politischen Gefangenen untergebracht waren. »Wir waren eine verschworene Gemeinschaft«, sagte Costa.

Gefoltert wurde außerhalb des Gefängnisses, bei der Oban oder im Sitz der DOPS. Wenn jemand zur Folter abgeholt wurde, schlugen die Frauen mit ihren Blechtellern gegen die Gefängnisgitter. Wurde dagegen jemand entlassen, sangen sie das Lied »Do Mar« von Dorival Cayimmi, eine Hymne an das Meer. So wussten die Häftlinge in den anderen Zellen Bescheid.

Im Dezember 1972 wurde Rousseff entlassen, kurz darauf auch ihre Freundin. Costa wurde Staatsanwältin in São Paulo, Rousseff ging in den Süden nach Porto Alegre. Nach dem Ende der Diktatur machte sie dort als Verwaltungsexpertin Karriere, später wurde sie im Bundesstaat Rio Grande do Sul Bergbauministerin, dann holte Staatschef Luiz Inácio Lula da Silva sie als Energieministerin in sein Kabinett. Im Oktober 2010 wurde sie zur ersten Präsidentin Brasiliens gewählt.

Zu Rousseffs Amtseinführung am 1. Januar 2011 lud sie 17 ihrer einstigen Mithäftlinge nach Brasília ein. Die Frauen umarmten sich, stießen mit Champagner an, Tränen flossen. »Es war, als wären wir nie getrennt gewesen«, sagte mir ihre Freundin Cida Costa. Auch Rousseffs alter Kampfgefährte Jorge Durão war bei dem Treffen dabei. »Wagen heißt siegen«, flüsterte er ihr ins Ohr, als sie ihn umarmte. Die Präsidentin wiederholte leise jedes Wort – es war ihr Kampfmotto bei der Guerilla.

Viele der damaligen Folterer machten Karriere in Armee oder Politik, keiner wurde gerichtlich belangt. Insgesamt 400 Regimegegner ließen die Militärs während der Diktatur »verschwinden«, weitaus weniger als in Argentinien oder Chile, wo Tausende ermordet wurden. Doch anders als in den Nachbarstaaten wurden die Verantwortlichen für die Gräueltaten in Brasilien nie belangt: 1979 sprach die Militärregierung alle »Beschuldigten politischer oder damit verbundener Verbrechen« frei. Keine demokratisch gewählte Regierung hat es bislang gewagt, diese Amnestie in Frage zu stellen, auch Rousseff nicht. Nur die Angehörigen der Opfer verlangten über all die Jahre hinweg, die Schuldigen zu bestrafen. Ende 2010 verbuchten sie ihren bislang größten Erfolg: Der Interamerikanische Gerichtshof für Menschenrechte verurteilte Brasilien wegen der Verschleppung und Ermordung von 62 Regimegegnern und forderte, die Verantwortlichen zur Rechenschaft zu ziehen.

Überall im Land lässt die Regierung jetzt nach den Überresten der Verschwundenen suchen. Anthropologen öffneten im Februar 2011 ein anonymes Massengrab in São Paulo. Ich begleitete im

Oktober 2012 eine Gruppe von Gerichtsmedizinern am Rio Araguaia bei der Exhumierung mehrerer mutmaßlicher Ex-Guerrilleros. Eine Gruppe junger Staatsanwälte bemüht sich, juristische Schlupflöcher zu finden, um die Verantwortlichen trotz der Amnestie vor Gericht zu bringen. 2012 eröffnete die Staatsanwaltschaft des Bundesstaats Pará erstmals ein Verfahren wegen Entführung gegen Ex-Militär Curió und einen seiner Helfershelfer. Solange die Verschwundenen nicht auftauchen, gelten diese Verbrechen nach Interpretation der Staatsanwälte als Entführungen und sind nicht abgeschlossen. Mit Hilfe dieser juristischen Konstruktion lassen sich die Verantwortlichen trotz der Amnestie zur Rechenschaft ziehen, hoffen Menschenrechtler und Juristen. Allerdings werden die Prozesse immer wieder von der Justiz verschleppt. Vermutlich wird das Oberste Bundesgericht entscheiden müssen, ob es Verfahren gegen den berüchtigten Major Curió und seine Helfershelfer zulässt – bis dahin sind die meisten Schuldigen wahrscheinlich verstorben.

Rousseff setzte im Mai 2012 eine Wahrheitskommission ein, die alle im Auftrag des Staates begangenen Menschenrechtsverbrechen von 1946 bis 1988 aufklären soll. Diese will 2014 ihren Bericht vorlegen. Der Kommission gehören sieben angesehene Menschenrechtsexperten, Diplomaten und Juristen an. Sie kann zwar keine juristischen Verfahren einleiten, aber sie hat zahlreiche Augenzeugen verhört und bislang geheime Akten zu Tage gefördert.

Brasiliens Militärherrscher bemühten sich, demokratischen Anschein zu wahren: Der Kongress wurde nicht permanent geschlossen, die traditionellen Parteien ersetzte das Regime durch militärhörige Gruppierungen. Die ARENA (Aliança Renovadora Nacional) repräsentierte die konservativen und nationalistischen Kräfte, das MDB (Movimento Democrático Brasileiro), aus dem sich später der PMDB (Partido do Movimento Democrático Brasileiro) entwickelte, übernahm den Part der Opposition. Alle anderen Parteien blieben verboten.

Die PMDB (Partido do Movimento Democrático Brasileiro) ist die größte und einflussreichste Partei Brasiliens, obwohl sie über kein klares ideologisches Fundament verfügt. Sie lebt vom Klientelismus: Tausende Bürgermeister und viele Gouverneure gehören der PMDB an. PMDB-Politiker besetzen zahlreiche wichtige Posten in Staatsunternehmen, sie verfügen über regelrechte Erbhöfe in der Regierung. Als Bündnispartner hat die PMDB unter allen demokratisch gewählten Präsidenten seit dem Ende der Diktatur mitregiert. Es geht ihr weniger um politischen Einfluss als um die Anhäufung von Geld und Posten: Politik versteht sie als Geschäft, als Handel mit Privilegien. Sie ist daher auch häufiger als andere Parteien von Korruptionsskandalen betroffen.

Im Jahr 1974 wurde General Ernesto Geisel Präsident. Gegen den Widerstand der Hardliner unter den Offizieren leitete er eine vorsichtige Öffnung des Regimes ein; er hob das verhasste Dekret AI5 auf. Außenpolitisch betrieb er die Annäherung an die Bundesrepublik Deutschland. 1975 schlossen Brasília und Bonn das deutsch-brasilianische Atomabkommen. Der Vertrag sah den Bau von insgesamt acht Atomkraftwerken mit deutscher Hilfe vor.

Zuvor hatten die Brasilianer Washington umworben, ihr erstes Atomkraftwerk Angra 1 entstand mit Hilfe der USA, der Reaktor wurde von der Firma Westinghouse gebaut. Doch die US-Regierung stand einem Ausbau der nuklearen Zusammenarbeit mit Brasília skeptisch gegenüber; sie fürchtete, dass Brasiliens Generäle insgeheim den Bau einer Atombombe planten. Dass ausgerechnet die Deutschen einsprangen und den Brasilianern Atomtechnologie lieferten, sorgte zwischen Bonn und Washington für diplomatische Verstimmung. Im Jahr 1976 begann der Bau des Atomkraftwerks Angra 2. Der Reaktor wurde direkt neben Angra 1 auf halber Strecke zwischen Rio und São Paulo errichtet, an einem der schönsten Küstenabschnitte Brasiliens.

Angra 2 gilt als teuerstes Atomkraftwerk der Welt: Es kostete insgesamt ca. zehn Milliarden Dollar, ein Vielfaches der ursprünglich veranschlagten Kosten, sein Bau dauerte 25 Jahre, es ging erst im Jahr 2000 ans Netz. Fehlkalkulationen bei der Finanzierung und eine Fehleinschätzung der wirtschaftlichen Entwicklung Brasiliens waren die Hauptursachen für das Desaster. Die Finanzierungsprobleme bei Angra 2 trugen entscheidend zu dem Anstieg der Auslandsverschuldung Brasiliens bei. Anfang der 1980er Jahre stand das Land am Rande eines Staatsbankrotts.

Angra 2 ist das einzige Atomkraftwerk, das im Rahmen des deutsch-brasilianischen Atomabkommens fertiggestellt wurde. Die Teile für einen baugleichen zweiten Reaktor (Angra 3) wurden zwar zu einem Großteil angeliefert, blieben aber jahrzehntelang auf dem Gelände eingemottet. Erst im Jahr 2010 entschied Präsidentin Dilma Rousseff, Angra 3 fertigzustellen. Da eine Wiederaufnahme der deutsch-brasilianischen Atomkooperation in Deutschland politisch nicht durchsetzbar war, wandten sich die Brasilianer an Frankreich, der Bau wird jetzt mit französischer Hilfe fertiggestellt.

Die Sorgen der Amerikaner, dass Brasiliens Militärdiktatur in Wirklichkeit den Bau einer Atombombe anstrebte, waren nicht unbegründet: Im Jahr 1990 ließ der damalige Präsident Fernando Collor auf einer Militärbasis im Amazonasgebiet eine unterirdische Tunnelanlage zuschütten, die den Streitkräften für geheime Atomtests dienen sollte. Mit der aufsehenerregenden Aktion wollte Collor der Welt demonstrieren, dass Brasilien ein für allemal Plänen für eine eigene Bombe abgeschworen hatte. Unter dem sozialdemokratischen Präsidenten Fernando Henrique Cardoso trat Brasilien schließlich dem Atomwaffensperrvertrag bei. Dennoch sind die Gerüchte über Pläne für eine brasilianische Atombombe nie verstummt. Vor allem in der Amtszeit von Präsident Luis Inácio Lula da Silva kochte diese Diskussion wieder hoch.

Nicht nur KWU/Siemens hatte während der Militärdiktatur beste Kontakte zur brasilianischen Regierung, auch andere deutsche Unternehmen pflegten die Freundschaft mit den Generälen. Der damalige Chef von Volkswagen do Brasil, Wolfgang Sauer, saß bei wichtigen Entscheidungen praktisch mit am Kabinettstisch. Wirtschaftlich blühte das Land in den 1970er Jahren zunächst auf. Die Militärs bauten die Staatsunternehmen aus und schoben weitere Mammutprojekte an: Gemeinsam mit Paraguays Diktator Alfredo Stroessner bauten sie den Staudamm von Itaipú im Länderdreieck Argentinien/Brasilien/Paraguay. Er ist bis heute das größte Wasserkraftwerk Brasiliens und eines der größten der Welt. Itaipú versorgt große Teile von São Paulo mit Strom.

Die Militärs trieben den Ausbau des Staatskapitalismus voran: Die Regierung schottete den Markt mittels Schutzzöllen gegen Importe ab und förderte den Nationalismus nach Kräften. Freie Gewerkschaften waren verboten, dennoch organisierte sich im Industriegürtel von São Paulo eine starke Arbeiterbewegung. Einer ihrer Anführer war der Metallarbeiter Luis Inácio da Silva.

1979 übernahm General João Figueiredo das Präsidentenamt. Als er an die Macht kam, ging das brasilianische Wirtschaftswunder gerade zu Ende: Die Wirtschaft wurde in den Sog der weltweiten Ölkrise gezogen, Inflation und Auslandsschulden explodierten.

Die Krise war vor allem im Industriebezirk von São Paulo zu spüren, dem ABC (so genannt nach den drei Industriestädten Santo André, São Bernardo und São Caetano). 1979 streikten hier erstmals die Arbeiter, einer ihrer Anführer war der Metallarbeiter Luis Inácio da Silva, genannt Lula. Der bärtige Gewerkschaftsführer wurde vorübergehend festgenommen, aber letztendlich gewann er die Machtprobe mit der Diktatur. Die Streikenden rangen der Regierung nicht nur mehr Geld und Rechte ab, sie zwangen das Regime auch zu einer weiteren Öffnung. Noch im selben Jahr verkündete Präsident Figueredo eine Amnestie für alle politisch motivierten Verbrechen. Sie schützte nicht nur die Folterer der Diktatur vor Verfolgung, sondern erleichterte auch zahlreichen Ex-Guerrilleros und anderen Exilanten die Rückkehr.

Jetzt wuchs der Druck auf die Diktatur, endlich auch freie Wahlen zuzulassen. Politiker der »Oppositionspartei« PMDB unterstützten das Anliegen, im Jahr 1982 brachten sie eine entsprechende Verfassungsänderung im Kongress ein, die allerdings von der Regierung abgeschmettert wurde. Die Präsidentschaftswahl 1985, bei der Figueredos Nachfolger gekürt wurde, erfolgte durch ein von der Regierung kontrolliertes »Wahlkolleg«, so sah es die unter den Militärs verabschiedete Verfassung von 1967 vor.

Diretas já – direkte Wahlen sofort

Figueredo verschärfte die Zensur und die Repression gegen die Regierungsgegner, doch die ließen sich nicht entmutigen. Unter dem Slogan »Diretas já« kam es am 25. Januar 1983 zur bis dahin größten Demonstration für die Demokratisierung: 1,5 Millionen Menschen gingen in São Paulo auf die Straße und forderten eine Direktwahl des Präsidenten. Auf dem Podium stand die Generation jener Männer, die in den folgenden Jahrzehnten das neue, demokratische Brasilien symbolisieren sollten: Gewerkschaftsführer Lula, der aus dem Exil zurückgekehrte Soziologe Fernando

Henrique Cardoso, der Sänger Chico Buarque, Fußballidol Sócrates, die Politiker Leonel Brizola und Mario Covas.

Trotz ihrer Niederlage im Kongress errangen die Demokraten bei den Präsidentschaftswahlen 1985 einen Teilsieg: Der PMDB-Politiker Tancredo Neves wurde zum Staats- und Regierungschef gewählt, ein überzeugter Demokrat und erfahrener Politiker aus Minas Gerais. Er verkörperte die Hoffnung auf einen demokratischen Aufbruch. Umso größer war der Schock, als er kurz vor seiner Vereidigung mit einem schweren Magengeschwür in ein Krankenhaus von Brasília eingeliefert wurde. Neves konnte sein Amt nie antreten; er verstarb an den Folgen der Operation.

Sein überraschender Tod stürzte das Land in eine kollektive Depression. Vizepräsident José Sarney, ein Oligarch und Schriftsteller aus dem bettelarmen Nordost-Bundesstaat Maranhão, wurde verfassungsgemäß zum neuen Staatschef ernannt, doch er war der gigantischen Herausforderung weder intellektuell noch politisch gewachsen. Er übernahm das Land inmitten einer schweren Wirtschaftskrise: Ende 1982 stand Brasilien praktisch vor dem Staatsbankrott, kurz zuvor war Mexiko zusammengebrochen, wenig später folgte Argentinien. Die lateinamerikanische Schuldenkrise überschattete die gesamten 1980er Jahre, sie gelten auf dem gesamten Subkontinent als »verlorenes Jahrzehnt«.

In Brasilien führte die Schuldenkrise zu einer drastischen Abwertung der Landeswährung, zugleich explodierten die Preise. Sarney versuchte, die Inflation durch Preiskontrollen in den Griff zu bekommen: Er rief Brasiliens Hausfrauen auf, in den Supermärkten die Preise zu überprüfen. Das führte dazu, dass viele Produzenten ihre Waren zurückhielten. Plötzlich fehlten Fleisch, Milch und andere Grundnahrungsmittel in den Regalen.

In den fünf Jahren der Sarney-Amtszeit drehte sich die Preis- und Abwertungsspirale immer schneller. Der Präsident galt als überfordert und korrupt, aber eine Rückkehr zur Diktatur galt als ausgeschlossen. Die Generäle hatten ihren Kredit verspielt.

Der Kongress setzte eine verfassungsgebende Versammlung ein, und im Jahr 1988 wurde die neue Magna Carta verabschiedet. Sie ist bis heute gültig. Sie ist fast so dick wie ein Telefonbuch, ihre Väter wollten es allen recht machen. In ihrem Überschwang legten die Parteien fast jedes Detail des öffentlichen Lebens in der Verfassung fest, selbst die Organisationsform von Vereinen und die Höhe der Zinsen wurden festgeschrieben. Jedem Brasilianer wird das Recht auf Arbeit und Wohlstand zugesprochen. Die Mängel dieser detailbesessenen Verfassung zeigten sich erst im Lauf der Jahre, sie haben schwerwiegende Folgen für die Regierungsfähigkeit und die politische Kultur. Brasilien behielt den traditionellen lateinamerikanischen Präsidentialismus mit einem Zweikammersystem nach US-amerikanischem Vorbild bei, zugleich führte die Verfassung jedoch Elemente des Parlamentarismus europäischen Ursprungs ein.

Brasiliens Präsidenten sind wie Adler, denen man die Flügel gestutzt hat. Auf dem Papier stellen sie die stärkste und mächtigste Figur im politischen System dar, doch in Wirklichkeit steht ihre Herrschaft auf tönernen Füßen. Die im Kongress vertretenen Parteien können Regierungsinitiativen leicht blockieren. Es gibt keinen Fraktionszwang, so dass die Regierung sich nie ihrer Mehrheit sicher sein kann und sich diese bei jeder Abstimmung neu suchen muss. Selbst Regierungsabgeordnete stimmen oft gegen die Regierung, wenn ein Gesetzesentwurf ihren persönlichen oder politischen Interessen widerspricht.

Überdies gibt es auch keine Fünf-Prozent-Hürde wie im Bundestag. Das führt zu einem Sammelsurium an Zwergparteien. Viele Abgeordnete wechseln während einer Legislaturperiode die Partei, laufend entstehen neue Gruppierungen. Zeitweise waren im brasilianischen Kongress 18 Parteien vertreten, das macht das Regieren nahezu unmöglich.

Selbst Präsidenten, die eine breite Allianz zusammenzimmern, müssen sich vor jeder Abstimmung ihre Unterstützung neu erkaufen. Dabei ist das Wort kaufen wörtlich zu nehmen: Unter allen demokratischen Präsidenten kam es zu Skandalen, weil die Anführer der Regierung im Kongress ihre Mehrheiten bei wichtigen Abstimmungen mit Geld oder anderen »geldwerten« Vorteilen wie Posten in Staatsunternehmen oder der Bürokratie zusammenkauften.

Die Verfassung von 1988 ist voll von guten Absichten, aber sie trägt in ihrem Regulierungs- und Vorschriftenwahn zur Korrumpierung der politischen Kultur bei: Sie hat das Wählen zur Pflicht erklärt. Wer nicht wählt, muss seine Enthaltung genau begründen können, andernfalls muss der Betroffene eine Strafe zahlen; auch einen Reisepass erhält man nur, wenn man nachweist, dass man regelmäßig wählen geht.

Eigentlich sollte die Einführung der Wahlpflicht das demokratische Bewusstsein der Bürger stärken. In der Praxis verführt sie allerdings die Kandidaten zum Stimmenkauf. Vor allem in den Armenvierteln, wo das Bildungsniveau meist sehr niedrig ist, lassen sich die Wähler ihre Stimme von ruchlosen Politikern regelrecht abkaufen: Für eine Handvoll Essen, eine kostenlose Zahnbehandlung oder die Aussicht auf einen Job bei der Stadtverwaltung machen sie ihr Kreuz an der gewünschten Stelle.

Beheben lassen sich diese Geburtskrankheiten des politischen Systems nur mittels einer umfassenden Verfassungsreform. Die Präsidenten Lula und Cardoso sprachen sich zwar beide für dieses Projekt aus. Doch in der Praxis haben sie wenig unternommen, um die schönen Versprechen durchzusetzen. Sie fürchteten den Widerstand der Abgeordneten. Im Kongress stößt eine Reform des politischen Systems verständlicherweise auf wenig Gegenliebe: Die Abgeordneten profitieren vom herrschenden System, sie haben sich an das Schachern um Posten und Vorteile gewöhnt. Lula entpuppte sich als Meister in der Kunst des politischen Pferdehandels; er wusste so gut mit dem herrschenden System umzugehen, dass sein Reformwillen einschlief.

Alle Präsidenten nutzen einen typisch brasilianischen Ausweg, um Blockaden im Kongress zu umgehen: Sie regieren vorwiegend mit provisorischen Dekreten (Medidas Provisórias). Die müssen zwar theoretisch irgendwann vom Kongress abgesegnet werden, doch bis zur Abstimmung vergehen meist Jahre – wenn es überhaupt dazu kommt.

Präsident Sarney, dessen Amtszeit von 1985 bis Ende 1989 dauerte, war noch mit ganz anderen Problemen konfrontiert: Die Inflationsspirale drehte sich immer schneller. Gegen Ende seiner Amtszeit stiegen die Preise praktisch täglich, zugleich verlor die Landeswährung rasant an Wert. Viele Brasilianer sehnten sich nach einem Siegfried, der den »Drachen«, wie die Inflation gern dargestellt wird, mit einem magischen Schlag besiegen würde.

Zugleich erstarkte die Linke. Bereits 1980 war eine neue politische Kraft entstanden, die imstande schien, das politische Establishment durchzurütteln: Gewerkschaftsführer, Anhänger der traditionellen Linken und Anführer religiöser Basisgemeinden hatten in São Paulo die Arbeiterpartei PT (Partido dos Trabalhadores) gegründet. Ihre Ideologie beruhte auf dem Sozialismus, aber sie war weniger autoritär und populistisch ausgerichtet als traditionelle linke Parteien. Gründungsmitglied Lula, der den Gewerkschaftsflügel anführte, war ein Pragmatiker. »Die PT hat sich nie zu einer marxistischen Partei erklärt«, verkündete Lula während des Wahlkampfs 1989 in einer landesweit übertragenen Fernsehdiskussion. Es war das erste Mal, dass er für das Präsidentenamt kandidierte.

Dennoch wirkte der bärtige Gewerkschaftsführer auf das politische Establishment wie der Beelzebub persönlich. Die Elite fürchtete, dass Brasilien unter seiner Herrschaft dem sozialistischen Kuba nacheifern würde. Allerdings verfügte sie über keinen Kandidaten, der es mit dem Charisma und den Argumenten des redegewandten Lula aufnehmen konnte. Das Debakel der Regierung Sarney, der in jeder Hinsicht Brasiliens alte Herrschaftselite verkörperte, hatte die gesamte politische Klasse diskreditiert.

Wenige Monate vor den Wahlen im Oktober 1990 deuteten die meisten Umfragen einen Sieg Lulas an. Verzweifelt suchte die Herrschaftselite nach einem Repräsentanten, der das Potential hatte, den Aufstieg des Linken zu stoppen. Sie fand ihn ausgerechnet in Alagoas, dem ärmsten und rückständigsten Bundesstaat Brasiliens. Gouverneur Fernando Collor de Mello war vierzig Jahre jung, sah gut aus und konnte reden. Seine Frau Rosane entstammte einem alteingesessenen Familienclan, der mit eiserner Hand über Alagoas herrschte, ähnlich wie die Sarney-Sippe in Maranhão.

Diese Herkunft galt als Collors einziger Makel: Im Süden und Südosten des Landes, wo die meisten Wähler wohnen, stehen Politiker aus dem armen Nordosten im Ruf, besonders korrupt und rückständig zu sein. Außerdem war Collor außerhalb von Alagoas so gut wie unbekannt.

Aber der Kandidat verfügte über gewiefte Marketingexperten. Sie verpassten dem Provinzpolitiker ein neues Image als unbestechlicher Mann des Fortschritts, der mächtige Medienkonzern Globo sekundierte. Globo-Chef Roberto Marinho fürchtete einen Sieg Lulas besonders: Die PT hatte mehrfach angekündigt, dass sie die Macht des Fernsehsenders beschneiden wollte. Die Militärs hatten Marinho während der Diktatur mit Sendelizenzen bevorzugt, er baute ein Netz an regionalen Partnerfirmen auf. So stellte er sicher, dass die Novelas und die einflussreichen Abendnachrichten »Jornal Nacional« noch im letzten Winkel des Riesenlandes zu empfangen waren.

Vor allem mit seinen beliebten Fernsehnovelas hatte der Sender praktisch ein Monopol errichtet. Diese Vorherrschaft versetzte Globo zeitweise in die Rolle des Königmachers: Gegen Marinho, der von seinen Angestellten nur halb im Scherz »Gott« genannt wurde, war eine Wahl kaum zu gewinnen.

Marinho setzte seine gesamte Medienmacht für Collor und gegen Lula ein. Über Collor wurde mehr und freundlicher berichtet als über Lula, er wurde besser ins Bild gesetzt und häufiger erwähnt. Dennoch lieferten sich die beiden Kandidaten lange ein Kopf-an-Kopf-Rennen. Globo und Collor entfachten deshalb einen regelrechten Propagandakrieg. Die Schmutzkampagne gipfelte in einem Fernsehduell, bei dem Collor seinem Kontrahenten vorwarf, eine außereheliche Tochter zu haben. Brasilien war in religiösen und familiären Dingen ein zutiefst konservatives Land.

Collor wurde mit 50,01 Prozent im zweiten Wahlgang zum Präsidenten gewählt, er erhielt 5,71 Prozent mehr als Widersacher Lula. Der junge Aufsteiger aus dem Nordosten war damit der erste frei und direkt gewählte Präsident Brasiliens seit 1961.

Von Collor zu Cardoso – die Mühen der Demokratisierung

Collor trat sein Amt am 15. März 1990 an. Nur einen Tag später verkündete er den »Plano Collor«, eine Serie radikaler wirtschafts- und finanzpolitischer Maßnahmen, um die Inflation zu bekämpfen. Er ließ Preise und Gehälter einfrieren und verbot Konteninhabern den Zugriff auf 80 Prozent aller »Overnight«-Guthaben über 50 000 Cruzeiros. Viele Brasilianer hatten Schutz vor der Inflation gesucht, indem sie ihr Geld über Nacht (overnight) anlegten, die Banken setzten täglich neue Zinsen fest. Jetzt standen sie plötzlich ohne Bargeld da. Außerdem führte die Zentralbank eine neue Währung ein, den »Cruzado Novo«.

Der staatliche Zugriff auf die Konten sandte Schockwellen durch die brasilianische Gesellschaft, viele empfanden es wie einen von der Regierung organisierten Raubüberfall. Obwohl die Guthaben nach 18 Monaten schrittweise wieder freigegeben werden sollten, bedeutete der »Plano Collor« de facto, dass zahlreiche Brasilianer ihre Einlagen verloren – nach 18 Monaten würden sie nur noch einen Bruchteil wert sein. Einige nahmen sich aus Verzweiflung das Leben.

Eine der Erfinderinnen des »Plano Collor« war die junge Wirtschaftswissenschaftlerin Zélia Cardoso de Mello. Collor hatte sie gleich nach Amtsantritt zur Finanzministerin berufen. Sie wurde rasch zur meistgehassten Politikerin des Landes: Bald sickerte durch, dass Freunde und Bekannte der Ministerin vorzeitig von dem Plan zum Einfrieren der Konten erfahren hatten und ihre Guthaben in Sicherheit bringen konnten. Hinzu kam, dass Cardoso de Mello über keinerlei politische Erfahrung verfügte und mit der Umsetzung des »Plano Collor« überfordert war.

Auch das Image des Saubermannes Collor erwies sich bald als Fassade. Er war umgeben von einer Reihe zwielichtiger Berater und Verwandter aus seinem Heimatstaat Alagoas, die jetzt in Brasília die Strippen zogen. In Brasília herrsche die »Republik von Alagoas«, lästerte die Presse.

An der Schaltstelle dieses Netzwerks saß nicht der Präsident, sondern sein Vertrauter Paulo César Farias. PC Farias, wie der korpulente Geschäftsmann genannt wurde, hatte die Finanzierung von Collors Wahlkampf gemanagt – mit kriminellen Methoden, wie sich rasch herausstellte.

Collor führte in Brasília eine Tragikomödie aus Provinzialismus und Großmannssucht auf. In seiner Residenz, der »Casa da Dinda«, veranstaltete das Präsidentenpaar spiritistische Sitzungen, gleichzeitig präsentierte der Präsident sich als frivoler Playboy: Er raste mit einem Jetski über den Lago Sul, einen See in Brasília, und lud zu luxuriösen Partys ein. Bald kursierten Gerüchte, dass Collor kokainsüchtig sei.

Im Juni 1992 hatte der Präsident seinen einzigen großen internationalen Auftritt: Er war Gastgeber des ersten UN-Umweltgipfels in Rio de Janeiro, des Eco 92. Es war der größte Auflauf von Staatschefs, den Brasilien je gesehen hatte: Über hundert Präsidenten und Regierungschefs aus der ganzen Welt reisten an den Zuckerhut, darunter US-Präsident George Bush, Bundeskanzler Helmut Kohl und Kubas Revolutionsführer Fidel Castro. Brasilien stand wegen der Abholzung des Amazonasurwalds am Pranger. Collor nutzte die Gelegenheit, um sich international als Hüter der Umwelt zu präsentieren. Er ließ illegale Landepisten von Goldsuchern im Urwald bombardieren und stärkte die Indianerschutzbehörde Funai (Fundação Nacional do Indio).

Der Gipfel in Rio legte erstmals konkrete Ziele zur Bekämpfung des weltweiten Raubbaus an der Natur fest. Dass er zu einem Erfolg wurde, war auch das Verdienst des brasilianischen Präsidenten: Collor erwies sich als geschickter Verhandler. Wirtschaftspolitisch setzte er ebenfalls Zeichen: Er kritisierte die brasilianische Autoindustrie, weil sie minderwertige »Blechkutschen« produziere, und öffnete den abgeschotteten Markt für Importe.

Diese Verdienste wurden jedoch überschattet von den Korruptionsskandalen seiner Regierung. 1992 enthüllte Collors Bruder Pedro in einem Interview mit der Zeitschrift *Veja*, wie die Polit-Mafia um PC Farias Staatsgelder in dunkle Kanäle ableitete und den Regierungsapparat beherrschte.

Fast täglich enthüllte die Presse neue Details des mafiösen Beziehungsgeflechts im Regierungspalast. Zehntausende Schüler und Studenten gingen gegen Collor auf die Straße; sie nannten sich »Caras Pintadas« (bemalte Gesichter), weil sie ihre Gesichter in den brasilianischen Nationalfarben gefärbt hatten. Der Präsident ignorierte die Protestbewegung: »Hier ist alles normal«, verkündete er in einer Fernsehansprache. Doch seine Mimik verriet ihn: Collor riss die Augen weit auf, er gestikulierte mit fahrigen Bewegungen. Sein Auftritt wirkte, als ob er unter Drogen stünde.

Anfang September 1992 leitete der Kongress schließlich ein Amtsenthebungsverfahren gegen den Präsidenten ein. Die Abgeordneten erhoben sich, fassten sich bei den Händen und stimmten die Nationalhymne an. Tränen rannen über ihre Wangen, während die Zuschauer in dem überfüllten Sitzungssaal des Senats applaudierten und Millionen Fernsehzuschauer in Jubel ausbrachen.

Die entscheidende Abstimmung war für den 29. des Monats angesetzt. Doch bevor es dazu kam, trat Collor zurück: Er wollte nicht die Schmach über sich ergehen lassen, aus dem Amt gejagt zu werden.

Vizepräsident Itamar Franco übernahm die Regierungsgeschäfte bis zu den nächsten Wahlen im Jahr 1994. Der Kontrast zu Collor konnte kaum größer sein: Franco war ein verschlossener älterer Herr, er stammte aus Juiz de Fora in Minas Gerais und bestätigte alle Vorurteile über die »Mineiros«, wie die Einwohner des Bundesstaats genannt werden: Sie gelten als misstrauisch, fleißig und introvertiert; ihre politischen Allianzen schmieden sie gern im Verborgenen. Der parteilose Franco war ein glühender Nationalist und hasste Auslandsreisen. Mit Collor hatte er sich überworfen, Franco galt als absolut integer.

Den Brasilianern sollte Franco vor allem durch zwei kuriose Ereignisse in Erinnerung bleiben: Im Karneval 1993 wurde er in der Präsidentenloge im Sambodrom von Rio de Janeiro neben einer jungen Frau fotografiert, die keinen Slip trug – das Bild schaffte es auf die Titelseite der größten brasilianischen Zeitschrift *Veja*. Zwei Tage später stellte sich Lilian Ramos – so der Name der Dame – bei einigen Auslandskorrespondenten in Rio vor, sie wollte gern interviewt werden und erhoffte sich eine Karriere im Ausland. Tatsächlich lernte sie später einen italienischen Geschäftsmann kennen und ging mit ihm nach Italien.

Wirtschaftspolitisch setzte Franco durch, dass die Autos in Brasilien billiger wurden. Die Regierung verabschiedete ein Gesetz, das Steuererleichterungen für die Produktion von »Volksautos« mit einem Liter Hubraum vorsah. Erstmals wurde der Kauf eines Autos für die untere Mittelschicht erschwinglich. Franco besaß ein Gespür für populistische Themen: Er setzte sich bei VW dafür ein, die Produktion des einige Jahre zuvor eingestellten VW Käfers wieder aufzunehmen. Zwei Jahre lang baute VW den vor allem im Landesinneren beliebten »Fusca«, das Auto hieß im Volksmund »Itamar-Käfer«.

Aber besaß Franco auch die Kompetenz und das politische Geschick, um das größte Problem Brasiliens anzugehen, die Inflation? Der Plano Collor war gescheitert, die Preise waren während seiner Regierung wieder gestiegen. Während des Übergangs von Collor zu Franco war die Inflation explodiert, sie betrug am Anfang der Amtszeit Francos über 30 Prozent im Monat. Zugleich verlor die Landeswährung täglich an Wert. Die Zentralbank kam kaum noch mit dem Drucken neuer Geldscheine nach, der Kurs des US-Dollars war zur wichtigsten Referenz der Wirtschaft geworden.

Viele Brasilianer fürchteten, dass Franco mit einem neuen Schockprogramm aufwarten würde, nach der traumatischen Erfahrung unter Collor hatten sie Angst um ihr Geld. Das Vertrauen in die eigene Währung war gleich null; wer konnte, kaufte Dollar.

Franco verstand nicht viel von Wirtschaft; er gab auch nicht vor, eine Zauberlösung für das Problem zu kennen. Er beauftragte ein Team von Finanz- und Wirtschaftsexperten mit der Ausarbeitung eines nachhaltigen Programms zur Inflationsbekämpfung. Den Mann, der das Programm koordinieren und politisch durchsetzen sollte, hatte er bereits ausgeguckt: Fernando Henrique Cardoso.

Der Sozialdemokrat Cardoso war ein erfahrener und umgänglicher Politiker, der schon während der Amtszeit von Collor im Senat gesessen hatte. Cardoso stammte aus einer alteingesessenen Offiziersfamilie in Rio de Janeiro, verbrachte aber den größten Teil seines Lebens in São Paulo. Er verfügte über beste Kontakte in alle politischen Lager und wies überdies einen beeindruckenden akademischen Lebenslauf auf: Er war Professor für Soziologie und hatte in den 1960er Jahren die neomarxistische Dependenztheorie mitbegründet. Während der Militärdiktatur ging er zunächst nach Chile ins Exil, später nahm er eine Professur in Frankreich an.

In Europa begann der Wandel des Neomarxisten zu einem marktwirtschaftlich orientierten Sozialdemokraten. Nach seiner Rückkehr nach Brasilien gründete Cardoso mit anderen Heimkehrern den PSDB (Partido da Social Democracia Brasileira, deutsch Partei der brasilianischen Sozialdemokratie, eine linke Abspaltung der Zentrumspartei PMDB). Cardoso wurde zum Senator gewählt, Franco berief ihn zunächst zum Außen-, dann zum Finanzminister.

Cardoso stellte ein Team zusammen, das einen nachhaltigen Plan zur Bekämpfung der Hyperinflation ausarbeitete. Er sah eine Währungsreform in Kombination mit strengen Ausgabenkontrollen für Gemeinden, Bundesstaaten und die Zentralregierung vor. Benannt wurde der Plan nach der neuen Landeswährung Real.

Um zu verhindern, dass das neue Geld wie die vorigen Währungen in einem Strudel aus Teuerung und Abwertung unterging, führte die Regierung zunächst eine künstliche Rechnungseinheit ein, die sogenannte URV. Ihr Kurs wurde täglich neu festgelegt. So verhinderte die Regierung, dass Löhne, Mieten und staatliche Dienstleistungen indexiert wurden. Löhne, Gehälter und Staatsausgaben waren an die Inflation gekoppelt gewesen und hatten so die Preissteigerung angeheizt. Am 1. Juli 1994 wurde der Kurs der neuen Währung festgelegt: Ein Real entsprach 2750 Novos Cruzeiros, der alten Währung.

Das Wunder gelang: Die neue Währung Real war ein voller Erfolg, Preise und Dollarkurs stabilisierten sich. Allerdings fiel es vielen Brasilianern nicht leicht, den realen Wert der Waren herauszufinden. Ein Fahrrad kostete plötzlich so viel wie ein Essen in einem Restaurant, einfache Dinge wie Werkzeuge waren vorübergehend teurer als in den USA oder Europa.

Hyperinflation ist wie eine Sucht, sie führt dazu, dass die Menschen das Gefühl für den Wert von Waren und Dienstleistungen verlieren. So wurde Brasilien mit der Einführung des Real über Nacht für Ausländer zu einem der teuersten Länder der Welt: Der Dollar sackte zunächst ab, mehrere Monate lang war ein Real mehr wert als ein Dollar. Zugleich kalkulierten Ladenbesitzer anfangs ihre Preise mit dem gewohnten Inflationsaufschlag, das führte zu enormen Preisverzerrungen. Erst im Laufe der Zeit pendelten sich Preise und Wechselkurs auf ein von Angebot und Nachfrage bestimmtes Level ein.

Cardoso war zum Zeitpunkt der Einführung des Real nicht mehr Minister: Er war zurückgetreten, weil er bei den Präsidentschaftswahlen im Oktober antreten wollte. Die Verfassung sieht vor, dass Kandidaten ihre Regierungsämter ein halbes Jahr vor der Wahl niederlegen müssen. Cardoso baute darauf, dass der Real sein bester Wahlhelfer sein würde. Er war kein großer Wahlkämpfer, das Bad in der Menge fiel dem Universitätsprofessor schwer. Aber sein Vertrauensvorschuss als Vater des Real glich dieses Manko aus.

Der volkstümliche Lula, der sich noch ein Jahr vor dem Wahltermin seines Sieges sicher gewesen war, sah seine Chancen dahinschmelzen wie Butter in der Sonne. Während Cardoso im Wahlkampf mit den neuen Geldscheinen wedelte und seine Auftritte auf wenige Monate vor den Wahlen konzentrierte, war Lula seit seiner Niederlage gegen Collor vier Jahre zuvor unermüdlich in sogenannten »Bürgerkarawanen« durchs Land getourt. Doch gegen den größten Trumpf seines Widersachers hatte er keine Chance: Die neue Währung hatte den Brasilianern wirtschaftliche Stabilität beschert. Cardoso pries sie erfolgreich als sein Baby, das man nicht den wilden Sozialisten überlassen dürfe.

Es half dem ehemaligen Soziologieprofessor, dass er nicht als Kandidat der Rechten wahrgenommen wurde, obwohl seine sozialdemokratische Partei PSDB in vielen Bundesstaaten Allianzen mit konservativen Politikern eingegangen war und selbst viele Rechte in ihren Reihen hatte. Es ist ein typisch brasilianisches Phänomen, dass Parteinamen meist in die Irre führen: Niemand möchte als Rechter gelten, deshalb hängen sich auch alteingesessene Großgrundbesitzer und Neoliberale gern ein sozialdemokratisches oder linkes Mäntelchen um. Das Harmoniebedürfnis der Brasilianer wiegt schwerer als die realen Interessensgegensätze. Schwarz und Weiß sind verpönt, alle geben sich als grau aus, selbst wenn sie in Wirklichkeit reaktionäre Standpunkte vertreten.

Aus diesem Grund lässt sich das brasilianische Parteiensystem auch nicht in die ideologischen Schubladen Europas pressen: Ein brasilianischer Sozialdemokrat ist unter Umständen »linker« und moderner als ein Vertreter der Arbeiterpartei PT. Lula und seine Amtsnachfolgerin Dilma Rousseff sollten später einen nationalistischeren Kurs verfolgen als Cardoso, vor allem Lula stand den Militärs viel näher als der Ex-Marxist Cardoso. Zugleich gibt es aber in der PSDB Politiker, die nach europäischen Maßstäben im politischen Spektrum weit rechts zu verorten wären. Kommunistische Politiker wiederum haben im Kabinett von Lulas Nachfolgerin Dilma Rousseff eine eher konservative Politik verfolgt.

Cardosos PSDB dagegen, die eigentlich links von der PMDB anzusiedeln wäre, hat sich als wichtigste Oppositionspartei gegen die PT-Präsidenten Lula und Dilma Rousseff profiliert. Sie hat ihre Hochburg in São Paulo und Minas Gerais.

Cardoso ging aus den Wahlen von 1994 als großer Sieger hervor. Er gewann schon im ersten Wahlgang mit absoluter Mehrheit und konnte sich auf die größte parlamentarische Mehrheit der Nachkriegszeit stützen. Seine PSDB stellte die Gouverneure der wichtigsten Bundesstaaten São Paulo, Rio de Janeiro und Minas Gerais. Umfragen zufolge vertrauten ihm 87 Prozent aller Brasilianer.

Die Stimmung war so gehoben wie seit Jahren nicht: »Cardoso erhielt das Weihnachtsgeschenk, das er sich gewünscht hatte: ein

Brasilien vom Besten«, zählte die Zeitschrift *Veja* auf: vierfacher Fußballweltmeister, zuletzt 1,8 Prozent Inflation, Wachstum des Bruttosozialprodukts um 4,5 Prozent, allgemeiner Optimismus.

Mit Cardoso kam, ein Jahrzehnt nach dem Ende der Diktatur, die Generation ehemaliger Studentenführer und linker Dissidenten an die Macht. Ihre politischen Erfahrungen hatten Cardoso und einige seiner wichtigsten Minister nicht an den feudalistischen Erbhöfen im Landesinneren gesammelt, sondern im Ausland, an Universitäten in Europa und den USA.

Cardoso berief die Architekten des »Plano Real« auf wichtige Regierungsposten, unter ihnen die späteren Zentralbankchefs Pedro Malan und Gustavo Franco. Er brachte eine Reihe von Gesetzen und Verordnungen auf den Weg, um die wirtschaftliche Stabilität abzusichern. Das Gesetz über steuerliche Verantwortung zwang Bürgermeister und Gouverneure erstmals zu einem verantwortlichen Umgang mit den Staatsfinanzen: Sie mussten ihre Ausgaben dem Rechnungshof zur Überprüfung vorlegen.

Zugleich bemühte sich Cardoso um gute Beziehungen zum Internationalen Währungsfonds (IWF), den seine Vorgänger und Widersacher Lula als Herrschaftsinstrument des Imperialismus verteufelten.

Ironischerweise legte Cardoso die Grundlagen für den späteren Erfolg Lulas: Er stabilisierte die Wirtschaft; viele Sozialprogramme der Regierung Lula wie das erfolgreiche »Bolsa Família« wurzeln in Cardosos Regierung, auch wenn Lula das immer wieder bestreitet. Cardosos Frau Ruth, deren Einfluss auf die Regierungspolitik oft unterschätzt wurde, hatte einen entscheidenden Anteil bei der Ausarbeitung der Sozialhilfe »Bolsa Escola«, dem Vorläufer von »Bolsa Família«: Arme Mütter bekamen finanzielle Unterstützung, wenn sie nachweisen konnten, dass sie ihre Kinder zur Schule schickten. Die Intellektuelle Ruth hielt sich bei offiziellen Anlässen im Hintergrund, aber zuhause beriet und kritisierte sie die Politik ihres Mannes.

Als ehemaliger Senator und Minister war Cardoso mit den Unzulänglichkeiten des politischen Systems vertraut. Er suchte daher frühzeitig Kontakte und Unterstützung außerhalb der traditionellen Parteien. Nichtregierungsorganisationen (NGOs) blühten unter seiner Regierung auf, erstmals formierte sich in Brasilien eine starke Zivilgesellschaft. In dieser Hinsicht hatte Cardoso weniger Berührungsängste als später Lula oder Dilma Rousseff.

Außenpolitisch setzte Cardoso die diskrete Diplomatie Brasiliens fort. Brasiliens Außenpolitik beruhte traditionell auf dem Prinzip der Nichteinmischung in die Angelegenheiten anderer Staaten, auf dem internationalen Parkett traten die Brasilianer normalerweise leise auf. Cardoso pflegte gute Beziehungen zu Kuba und den USA, mit seinem Amtskollegen Bill Clinton und dessen Frau Hillary pflegten die Cardosos eine besondere Freundschaft, auch mit Helmut Kohl verband ihn gegenseitige Wertschätzung. Der gemütliche Pfälzer Kohl kam bei den Brasilianern besser an als der flapsige Gerhard Schröder oder die kühle Angela Merkel.

Intellektuell war Cardoso europäisch geprägt. Er sprach fließend Englisch, Spanisch und Französisch sowie einige Brocken Deutsch. Das »Drittwelt-Land Brasilien« habe jetzt einen »Erste-Welt-Präsidenten« lästerten seine Gegner. Für Journalisten war er sehr zugänglich, als *Spiegel*-Korrespondent habe ich ihn so oft interviewt wie keinen anderen lateinamerikanischen Politiker. Allerdings waren die Gespräche oft mühsam zu redigieren: Man merkte Cardoso den Professor an, er formulierte gern in schwer verständlichem Soziologen-Portugiesisch und bombardierte seine Gesprächspartner mit Zahlen und Statistiken.

Wirtschaftspolitisch rührte Cardoso an einige Tabus: Er öffnete die staatliche Ölgesellschaft Petrobras für private Investoren, ohne den Konzern zu privatisieren – das war politisch nicht durchzusetzen. Vor allem aber privatisierte er die schwerfälligen und ineffizienten staatlichen Telefongesellschaften. Allerdings war der Verkauf der Staatsfirmen nicht transparent, bei dem Verfahren sollen sich Politiker und Bankiers bereichert haben. Auf den Präsidenten fiel zwar kein Korruptionsverdacht, doch in seiner Regierung gab es einige faule Äpfel.

Wenige Monate nach dem Beginn seiner Amtszeit ließ Cardoso seine Vertrauten im Kongress die Chancen für ein weiteres umstrittenes Projekt ausloten: Er strebte die Wiederwahl an. Dafür war es nötig, die Verfassung zu ändern, denn sie erlaubte keine zwei aufeinanderfolgenden Amtszeiten.

Für die Verfassungsänderung war eine Dreifünftelmehrheit notwendig. Cardosos mächtiger Kommunikationsminister Sérgio

Motta, der mit dem Präsidenten befreundet war, wurde beauftragt, Abgeordnete und Senatoren für das Projekt zu gewinnen. Regierungsgegner behaupten, er habe mehreren Politikern Geld angeboten. Bewiesen sind diese Vorwürfe nicht. Aber wenn man die bereits erwähnte »Pferdehändler-Mentalität« im Kongress in Betracht zieht, erscheinen sie plausibel.

In der ersten Jahreshälfte 1997 verabschiedete der Kongress die von Cardoso gewünschte Verfassungsreform. Ab sofort war eine einmalige Wiederwahl von Bürgermeistern, Gouverneuren und dem Präsidenten erlaubt. Allerdings überschattete eine neue Finanzkrise Cardosos Aussichten: Die Asienkrise drohte auch Brasilien in Mitleidenschaft zu ziehen. Anfang 1997 war Thailand in finanzielle Nöte geraten, die Krise griff rasch auf andere asiatische Länder und Russland über. Erstmals bekam auch der südamerikanische Gigant die Folgen des globalen Kasinokapitalismus zu spüren: Der Real galt als überbewertet, Anleger zogen ihre Gelder ab.

Mit Hilfe des Weltwährungsfonds gelang es Cardoso, die Abwertung hinauszuzögern, bis die Wahlen im Oktober 1998 gelaufen waren. Mit 53 Prozent wurde er im ersten Wahlgang wiedergewählt, Herausforderer Lula unterlag zum dritten Mal.

Wenige Tage nach dem Beginn der zweiten Amtszeit Cardosos im Januar 1999 kam es zur befürchteten Abwertung. Innerhalb weniger Wochen fiel der Real um 50 Prozent. Der IWF sprang mit Hilfskrediten bei, dennoch sollte sich die Währung erst nach der Wahl Lulas vier Jahre später stabilisieren.

Die Abwertung führte zu einer Wirtschaftskrise, die allerdings nicht so dramatisch verlief wie frühere Abschwünge. Die Inflation war unter Kontrolle, trotz der Abwertung vertrauten die Brasilianer ihrer Währung. Aber Cardoso erreichte in seiner zweiten Amtszeit, die er so sehr herbeigesehnt hatte, nie wieder die Beliebtheitswerte seiner ersten vier Jahre.

Beim Urnengang 2002 durfte er nicht mehr antreten. Gesundheitsminister Jose Serra, ein alter Weggefährte Cardosos im chilenischen Exil, ging für die Sozialdemokraten ins Rennen. Aber die Chancen für Cardosos Favoriten standen schlecht: Viele Brasilianer machten den Präsidenten für die Wirtschaftskrise verantwortlich, sie sehnten sich nach einem Wandel. Erschwerend kam hinzu, dass Serra über keinerlei Charisma verfügte, er war berüchtigt für seine schlechte Laune. Außerhalb seiner Heimatstadt São Paulo stieß er auf wenig Begeisterung.

Lulas Chance war gekommen.

Der Triumph des Menschenfischers – Brasilien unter Lula

Ich bin Lula zum ersten Mal im November 1993 begegnet, an der Landstraße BR-143 im Bundesstaat Mato Grosso do Sul nahe der Grenze zu Paraguay. Er stand auf der Pritsche eines Lastwagens in Rio Brilhante, einem gottverlassenen Dorf inmitten in einer grünen Einöde aus Rinderweiden, Maisfeldern und Zuckerrohrplantagen. Ein verschwitztes T-Shirt spannte sich über seinem runden Bauch, jovial legte er den Arm um ein verschüchtertes Mütterchen, hielt ihr ein Mikrofon vor den Mund und blickte sie erwartungsvoll an. Dann fragte er sie mit seinem tief knurrenden Bass: »Worum würden Sie den Präsidenten bitten, wenn Sie könnten?«

Die Frau wich zurück, noch nie hatte ein Politiker sie um ihre Meinung gefragt. Politiker halten Reden, tragen teure Anzüge und leben in Brasília. Aber Luís Inácio da Silva, genannt »Lula« entsprach so gar nicht diesem Bild. Schließlich stieß sie hervor: »Ich wünsche mir, dass der Präsident Mut hat, uns zuzuhören.«

Lula hörte zu. Er nickte, als sie sich über ihre Entlassung aus dem Staatsdienst beschwerte; er fragte nach, wie viel sie verdient: »Den Mindestlohn, Lula, es reicht nicht für die Familie.« Nun drängten sich alle um den Politiker: Der Rentner, dem der Staat seit zwei Jahren keinen einzigen Cruzeiro ausbezahlte, weil die Bürokraten seine Anträge verschlampten: »Jetzt muss ich Bohnen pflücken, um zu überleben.« Ein 93 Jahre alter Mann im Rollstuhl, der zornig beklagte, »dass Brasilien jeden Tag tiefer ins Elend sinkt, obwohl es Reichtümer für alle hätte«. Die Feldarbeiterin, die davon träumte, »dass meine Enkel eines Tages zur Schule gehen können. Ich habe das nicht geschafft.«

Etwa 300 Zuschauer hatten sich auf dem Dorfplatz versammelt. Sie kamen mit Fahrrädern oder zu Fuß von den Feldern, um den Mann, der Präsident werden wollte, aus der Nähe zu erleben. Skeptische Blicke unter breitkrempigen Strohhüten musterten den Kandidaten. Mit großspurigen Wahlversprechen konnte ihnen niemand imponieren. Zu oft wurden sie enttäuscht, verraten, betrogen.

Aber eigentlich war dies auch keine Wahlkampftour, sondern eine »Bürgerkarawane«: die dritte von fünf ausgedehnten Reisen des erfahrenen Gewerkschafters und Präsidentschaftsanwärters durch die brasilianische Provinz. Lulas Pressechef Ricardo Kotscho, der in den 1980er Jahren als Korrespondent für die legendäre Tageszeitung *Jornal do Brasil* in Bonn gearbeitet hatte, hatte mich eingeladen, den Treck für ein paar Tage zu begleiten.

Schnulzensänger Roberto Carlos plärrte aus den Lautsprechern im Bus, Lulas Frau Marisa schenkte Schnaps und Diet Coke in Plastikbechern aus. Sie war die Seele des Trecks, fächelte ihrem ewig schwitzenden Mann frische Luft zu. Lula hatte die nackten Füße hochgelegt, vor dem Fenster rauschten Sojafelder und Zuckerrohrplantagen vorbei. Sechs- oder siebenmal bog der Wagen plötzlich von der Straße ab und bremste in einer roten Staubwolke. Ausgemergelte Gestalten mit indianischen Gesichtern hatten sich am Straßenrand versammelt, die Frauen trugen Babys mit kranken Bäuchen auf dem Arm, viele harrten seit Stunden in der flirrenden Hitze aus.

Lula kletterte aus dem Bus und schob sich durchs Publikum. Er tätschelte die Leute, fragte nach ihren Sorgen. Nie ging er direkt auf die Bühne, das hatte er bei seinen Gewerkschaftsauftritten gelernt. Als er endlich die Pritsche erklomm, hatte er das Volk schon für sich gewonnen. Er plauderte mit Landlosen und Indianern, Kleinbauern und Tagelöhnern, seine Energie war unerschöpflich.

»Lula-la« dröhnte der Schlachtruf aus Lautsprechertürmen. Beim Schwatz mit den Arbeitern war Lula in seinem Element. »Wo ist die Jugend, welche Sorgen hat die Jugend? Ihr drückt euch wohl. Ihr seid mir ein paar schöne Machos.« Grinsend versuchten ein paar Teenager, dem Mikrofon auszuweichen, das sich hartnäckig in ihre Richtung schob.

»Kommt mit«, rief Lula schließlich in die Menge. »Reiht euch in die Karawane ein. Fahren wir zu den Landlosen, draußen vor der Stadt.«

Das Einkommen der Tagelöhner, die oft nur von der Holzkohleherstellung lebten, reichte nicht aus, um sich eine Hütte zu mieten. So hatten sie irgendwo am Straßenrand ihre Baracken zusammengezimmert. Gelegentlich erschien die Polizei zur Razzia, aber sie hatten es längst aufgegeben, die Siedler zu vertreiben. Aus dem Provisorium war ein Dauerzustand geworden – der Kern einer neuen Armensiedlung, wie in Brasilien in jedem Jahr Tausende entstehen.

Zu Ehren Lulas hatten sich die Landlosen feingemacht. Selbst das löchrigste Hemd war sauber und gebügelt. Ein kleines Mädchen sang eine Hymne auf die Armen. Lula, von Rührung überwältigt, hielt die kürzeste Rede der Reise. An dieser Straßenecke fühlte er sich zuhause.

Im Alter von sieben Jahren hatte er selbst mit seiner Mutter den Geburtsort Garanhuns in Pernambuco verlassen, um im 3000 Kilometer entfernten São Paulo sein Glück zu machen. Als Dreher begann er im Industrierevier Brasiliens den Kreuzzug, der ihn in den Präsidentenpalast von Brasília führen sollte.

In Mato Grosso do Sul hatten mehr als 70 Prozent der Wähler vier Jahre zuvor noch für Collor gestimmt. Arme wählen niemanden, der ihnen ähnlich sieht – das war eine der zynischen Weisheiten, auf welche die Elite jahrzehntelang bauen konnte. Mit einem wie Lula könne man keinen Staat machen. Die Regierenden verteufelten ihn als kommunistischen Agitator, ein Wahlsieg der PT wäre in ihren Augen damals einer Staatstragödie gleichgekommen.

Aber das Weltbild wankte bereits, als Lula im überfüllten Saal der Farmervereinigung von Campo Grande, der Hauptstadt von Mato Grosso do Sul, über das Reizthema Landreform sprach. Einige der alten Herren auf dem Podium hatten 1964 noch das Militär an die Macht gerufen, als ihnen die Sozialreformen der Regierung João Goulart zu weit gingen. Jetzt bewirteten sie Lula.

»Ich bin gekommen, um das Eis zwischen uns zu brechen«, versprach der Kandidat. Wer seinen Boden bewirtschafte, beruhigte er die Farmer, müsse die Landreform nicht fürchten. Am Ende ging er als Punktsieger aus dem Saal. »Lula ist ein Lichtblick in der politischen Klasse«, resümierte ein Rinderzüchter.

Noch beim Mittagessen in einer Churrascaría, wie die Grillrestaurants in Brasilien heißen, umarmte Lula die Kellner, die das Fleisch auf seinen Teller säbelten. Bürgermeister, Großfarmer, Lokalpolitiker drängten sich um seinen Tisch. Sieh mal, der Typ dort hat fünf Flugzeuge, er ist auf unserer Seite, sagte Lula triumphierend und deutete auf einen dicken Bauunternehmer. Er rief ihn zu sich, umarmte ihn, fragte ihn nach seiner Familie. »Wir brauchen mehr Leute wie dich«, sagte er. »Wir müssen den Unternehmern die Angst vor mir nehmen.«

Das war ihm neun Jahre später immer noch nicht gelungen. Als Umfragen für die Wahlen im Oktober 2002 einen Sieg Lulas voraussagten, beschleunigte sich der Verfall des Real, viele reiche Brasilianer schafften ihr Geld ins Ausland. Dabei hatte Lula sich gewandelt: Im Juni 2002, vier Monate vor den Wahlen, versicherte er in einem offenen »Brief ans brasilianische Volk«, dass er die Grundpfeiler einer soliden Haushalts- und Finanzpolitik, die Cardoso gesetzt hatte, respektieren würde. Er werde alle finanziellen Verpflichtungen des Staates erfüllen und alle Verträge respektieren.

Mit diesem Dokument erteilte Lula allen populistischen und marxistischen Experimenten eine Absage. Für die PT entsprach Lulas »Brief« dem »Godesberger Programm« der deutschen Sozialdemokraten: Sie erklärte sich für verantwortungsbewusst und regierungsfähig.

Wer Lula kannte, hatte nie an seiner demokratischen Haltung gezweifelt. Lula ist zutiefst pragmatisch, das hatte er als Gewerkschaftsführer gelernt. Ideologien liegen ihm fern. Auf die Frage »Sind Sie Marxist?« hielt er eine Standardantwort bereit: »Ich bin Dreher.« Das war keine Koketterie: Lula wollte die Armut verringern und die Ausgeschlossenen integrieren, aber er ist kein Revolutionär. In São Bernardo do Campo, einem grauen Industrievorort von São Paulo, habe ich mich auf die Spuren dieses Mannes begeben, der Brasilien so stark verändert hat wie kein anderer Präsident der vergangenen 50 Jahre.

Die Schlagader von São Bernardo ist eine sechsspurige Autobahn, die São Paulo mit der Hafenstadt Santos verbindet. Rechts der Asphaltpiste erstrecken sich die Symbole der brasilianischen Industrialisierung: das Stammwerk von Volkswagen do Brasil, die Schlote von Ford und Mercedes-Benz. Hier schlägt das industrielle Herz des Landes. Die Metaller von São Bernardo gelten als die Elite unter Brasiliens Arbeitern. Für einen armen Burschen aus dem Nordosten ist es das Größte, einen Job bei Ford oder VW zu ergattern. Die Löhne sind höher als anderswo; die multinationalen Unternehmen gewähren Sozialleistungen, von denen die Arbeiter in anderen Firmen träumen.

Metallarbeiter in São Bernardo, das bedeutet: ein kleines Häuschen, ein gebrauchter VW in der Garage, einmal im Jahr Urlaub am Strand von Santos und ein Schrebergarten an der Represa Billings, einem riesigen Stausee. Dort grillte auch Lula jedes Wochenende, bevor er Präsident wurde. Die Teller spülte er selbst, auch seine Socken und Unterhosen wusch er von eigener Hand. Eine Hausangestellte, wie sie in den meisten brasilianischen Mittelschichtfamilien selbstverständlich ist, gab es im Arbeiterhaushalt da Silva nie.

Es war immer der Wunsch von Dona Lindu, Lulas Mutter, dass ihr Jüngster eines Tages an einer Drehbank in São Bernardo arbeiten würde. Zehn Kinder hatte sie im Dürregürtel des Nordostens geboren, zwei starben kurz nach der Geburt an Unterernährung. Die Familie trank aus demselben braunen Wasserloch wie ihre Tiere, sie ernährte sich von Maniokmehl und Bohnen. Reis war eine Kostbarkeit, Rindfleisch schierer Luxus. Lulas ältester Bruder erlegte Kolibris mit dem Katapult. Sie spießten die Vögel auf und grillten sie, eine Delikatesse.

Vater Aristides war ein Trinker und Schläger. Irgendwann teilte er der Familie mit, dass er nach São Paulo ziehen würde, um Arbeit zu suchen. Er verschwieg, dass er nicht allein ging: An der Straßenecke wartete die Geliebte, eine Kusine seiner Frau. Dona Lindu blieb mit sieben Kindern in Pernambuco zurück. Mit der »Anderen«, wie Lula sie nennt, gründete Aristides eine neue Familie. Insgesamt hat Lula 27 Geschwister, einige kennt er kaum.

Dona Lindu verkaufte ihre Habseligkeiten, nahm ihre Kinder bei der Hand und erstand Plätze auf der Pritsche eines Lastwagens, der sie nach São Paulo brachte. 13 Tage waren sie mit dem Pau-de-arara unterwegs, der »Papageienschaukel«, wie dieser Armentransport genannt wird. 40, 50 Passagiere drängten sich auf der Ladefläche des Lkws. »Wo ist mein Hund?« fragte Aristides als Erstes, als Dona Lindu bei ihm vor der Tür stand. Seine Kinder interessierten ihn nicht, nur der Köter, den Dona Lindu zurücklassen musste.

Aristides hatte es zu etwas gebracht: Er war Ladearbeiter im Hafen und konnte sich erstmals in seinem Leben ein Paar Schuhe leisten. Dona Lindu durfte mit den Kindern zu ihm ziehen, für seine Zweitfrau mietete er eine Hütte in der Nähe. Dennoch behandelte er seine Kinder aus erster Ehe zeitlebens schlechter als die Söhne der »Anderen«.

Noch heute verdüstert sich Lulas Miene, wenn man ihn auf seinen Vater anspricht. »Er hat nichts getaugt«, bekennt er ohne Umschweife. Aristides verkörperte alles, was Lula nicht sein wollte: Er konnte nicht lesen und schreiben, dennoch kaufte er jeden Morgen eine Zeitung, um seine Kollegen zu beeindrucken. Oft hielt er sie verkehrt herum, doch wehe, seine Kinder machten sich über ihn lustig: Er verprügelte sie mit einem Gummischlauch oder Holzknüppeln. Als er wieder einmal drohte, einen Sohn zu verprügeln, wurde es Dona Lindu zu viel. Sie suchte eine leerstehende Hütte und zog mit ihren Kindern ein. »Wir sind weg«, ließ sie ihrem Mann ausrichten. »Lass dich nie wieder bei mir blicken.« Einmal kreuzte Aristides bei ihr auf, da versteckte sie sich. Er verfiel dem Alkohol, ließ auch seine zweite Familie sitzen und endete als Stadtstreicher.

Heute ist kaum zu ermessen, was es in den 1950er Jahren für eine bettelarme Brasilianerin mit sieben Kindern bedeutete, ihren Mann zu verlassen. Die ältesten Söhne suchten in den Mangrovensümpfen nach Krebsen, die Töchter gingen mit zehn Jahren als Hausangestellte zu reichen Städtern. Der kleine Lula verkaufte Erdnüsse auf den Docks von Santos. Dann zog die Familie nach São Bernardo, dort machten neue Fabriken auf. Dona Lindu hauste mit Kindern und Kusinen in dem Hinterzimmer einer Bar. Sie schliefen aneinandergedrängt, um sich vor der Kälte zu schützen, das Klo teilten sie sich mit den Kneipengästen. In der Regenzeit lief ihre Hütte mit Wasser voll, mehrmals verloren sie ihren gesamten Hausrat.

Doch in São Bernardo sah Dona Lindu erstmals eine Perspektive für ihre Söhne. Auf der Suche nach einem Ausbildungsplatz für ihren Jüngsten klapperte sie wochenlang alle Fabriken ab. Schließlich fand Lula Arbeit als Dreher in der Metallfabrik Villares. Bei einem Arbeitsunfall an der Werkbank verlor er den kleinen Finger seiner linken Hand.

Sein älterer Bruder Frei Chico, der für die verbotene Kommunistische Partei agitierte, beschwatzte ihn, bis er in die Gewerkschaft eintrat. Eigentlich hatte er mit Politik nichts im Sinn: Lula wollte nur eine Familie gründen und ein Häuschen bauen. »Mein Lebenstraum war es, Mechaniker zu werden«, bekannte er einmal.

Seine erste Frau Lourdes, eine zarte Schönheit, starb an Gelbsucht, als sie im achten Monat war. Die Ärzte hatten die Krankheit nicht rechtzeitig erkannt. Als sie auf Drängen der Familie endlich ins Krankenhaus aufgenommen wurde, war es zu spät. Nicht einmal einen Sarg stellte die Klinik. Als der verzweifelte Lula zu ihr vorgelassen wurde, war der Leichnam notdürftig mit einer Plane bedeckt. Neben ihr lag das tote Baby, ein Junge.

Für Lula brach eine Welt zusammen. Er versank in Depressionen, seinen Schmerz ersäufte er im Cachaça, dem brasilianischen Zuckerrohrschnaps. Er flirtete herum, mit einer seiner Liebschaften aus jener Zeit hat er eine Tochter. Er wartete auf eine neue Lourdes. Sagt Bescheid, wenn ihr eine junge Witwe kennenlernt, sagte er den Kollegen in der Gewerkschaft. Lula, morgen kommt eine hübsche Blondine, die hat jüngst ihren Mann verloren, steckte ihm eines Tages ein Kollege. So lernte er Marisa kennen.

Sie wurde seine größte Stütze. Sie baute ihn auf, wenn er zweifelte; sie stauchte ihn zusammen, wenn er einen über den Durst trank. Als First Lady war sie diskret und zurückhaltend, aber kein Minister hat es je gewagt, sie zu übergehen. Marisa fehlte bei keiner wichtigen Sitzung, sie war bei den meisten Reisen und öffentlichen Auftritten an Lulas Seite. Marisa war es auch, die Lula bestärkte, als er Ende der 1970er Jahre als Gewerkschaftschef den Kampf gegen die Diktatur aufnahm. »Wir standen immer mit einem Bein im Gefängnis«, erzählte mir Zezinho, ein alter Kampfgefährte Lulas. »Selbst auf dem Klo haben uns die Spitzel verfolgt.« Streiks waren verboten, wer agitierte, landete im Gefängnis der Geheimpolizei in São Paulo. Lulas Bruder Frei Chico wurde eine Woche lang gefoltert, weil die Polizei bei ihm kommunistische Literatur gefunden hatte.

Lula und seine Genossen trafen sich anfangs bei Marisa in der Küche. Als es zu Hause zu eng wurde, zogen sie in die Kirche von São Bernardo, dort waren sie vor der Polizei sicher. Lula hat sich noch nie versteckt: Wenn es kritisch wird, sucht er die Öffentlichkeit, bis heute.

Bevor ihn 1979 die Polizei verhaftete, trank er Kaffee, gab Marisa einen Kuss und trat vor die Tür. Einige Wochen verbrachte er in einer Zelle der Geheimpolizei; niemand wusste, wo er war. Die verzweifelte Marisa ging mit den Frauen anderer Verschwundener auf die Straße, trommelte die Presse zusammen, die Gewerkschaften drohten mit Streik. »Lula, Lula!« jubelten die Arbeiter, als er freigelassen wurde. Längst ging es um mehr als Lohnerhöhungen, sie wollten Demokratie, Freiheit, das Ende der Diktatur. Im folgenden Jahr organisierte Lula den ersten großen Streik gegen das Regime, bald darauf gründete er mit ein paar Intellektuellen und linksgerichteten Kirchenvertretern die Arbeiterpartei PT. »Wenn ein Arbeiter Präsident werden soll, brauchen wir eine Vertretung im Kongress«, sagte er zum Weggefährten Zezinho. Lulas langer Marsch nach Brasília begann.

Im Jahr Oktober 2002 war er endlich an seinem Ziel angelangt. Mit 61,2 Prozent besiegte er im zweiten Wahlgang seinen Gegner Jose Serra. Fast 53 Millionen Menschen hatten für ihn gestimmt, ein Rekordergebnis. Als das Ergebnis feststand, liefen seine Anhänger überall im Land auf die Straßen, jubelten und grölten ihren Schlachtruf »Lula-la«.

Am 1. Januar legte Sozialdemokrat Cardoso seinem Nachfolger die gelb-grüne Präsidentenschärpe um. Die Amtsübergabe war beispielhaft: Cardoso hatte seine Minister angewiesen, Lula ein geordnetes Haus zu hinterlassen. Lula und seine Frau Marisa fuhren im offenen Rolls-Royce zum Präsidentenpalast. Das Auto hatte einst Getúlio Vargas als Staatskarosse angeschafft. Am Straßenrand warteten Zehntausende, sie jubelten dem Präsidentenpaar zu, als der Wagen vorbeifuhr.

Grund zur Freude hatten nicht nur die Armen: Lula hielt sein Versprechen, er brach nicht mit der Sparpolitik seines Vorgängers. An die Spitze des Wirtschaftsressorts berief er den Arzt Antonio Palocci, der als Bürgermeister erfolgreich die Finanzen der Großstadt Ribeirão Preto saniert hatte. Als Präsidenten der Zentralbank setzte er einen Ex-Chef der Bank Boston ein, Henrique Meirelles. Der betrieb eine eisenharte Hochzinspolitik, um die Inflation in Schach zu halten.

Auch der damalige IWF-Chef Horst Köhler war von Lula beeindruckt, er pries seinen Wirtschaftskurs als vorbildlich. Die Finanzmärkte belohnten Lula mit üppigen Kapitalzuflüssen. Das Länderrisiko Brasilien fiel ebenso schnell, wie es vor Lulas Wahl gestiegen war, und der Kurs des Real zum Dollar legte kontinuierlich zu. Der Arbeiterpräsident erwies sich plötzlich auch für die Unternehmer und Banker als Segen. Das hatte niemand vorausgesehen.

Allerdings stellte der harte Sanierungskurs Lula vor eine Zerreißprobe. Die Kontrolle der Inflation hatte eine Schattenseite: Sie würgte die Konjunktur ab. Zehntausende verloren ihren Job. Auch in den eigenen Reihen stieß Lulas Rosskur auf Kritik: Vizepräsident José Alencar, Eigentümer einer großen Textilfabrik, trat öffentlich für einen Kurswechsel in der Wirtschaftspolitik ein.

Voreilig hatte Lula ein »Spektakel des Wachstums« in Aussicht gestellt, doch das ließ auf sich warten. So schnell ließ sich die damals achtgrößte Volkswirtschaft der Erde nicht auf Touren bringen. Frühestens in anderthalb Jahren würde die Wirtschaft nachhaltig wachsen, bekannte der damalige Präsidialamtsminister José Dirceu, der starke Mann in Lulas Regierung. Aber würde Lula so viel Zeit haben? Seine Wirtschaftspolitik traf mitten ins Herz seiner Stammklientel.

Gewerkschaften und Staatsbedienstete liefen Sturm. Tausende Arbeitslose aus den Favelas von São Paulo besetzten ein Gelände vor dem Volkswagen-Werk, Staatsangestellte pfiffen Wirtschaftsminister Palocci aus. Auch die radikale Landlosenbewegung Movimento Sem Terra (MST) regte sich wieder. Fast jeden Tag stürmten ihre straff organisierten Kader neue Ländereien. Nach dem Vorbild seines Idols Che Guevara rief MST-Chef João Pedro Stedile zum Krieg gegen die Großgrundbesitzer auf, die ihrerseits bewaffnete Milizen aufstellten.

Doch Lula ließ sich nicht beirren. Mit eiserner Faust zog er die Reformen durch, an denen sein Vorgänger gescheitert war. Gegen die Proteste von Staatsangestellten verabschiedete die Regierung einen Gesetzesentwurf zur Reform des Rentensystems. Die Proteste der Beamten spielte Lula herunter: Es seien ja nicht die Ärmsten, die auf die Barrikaden gingen.

»Ich habe nicht das Recht zu scheitern«, hatte Lula bei seinem Amtsantritt verkündet. Sein Scheitern wäre nicht nur ein Drama für Brasilien gewesen, es hätte die Hoffnung auf eine friedliche Zukunft für ganz Lateinamerika verdunkelt. Lula war ein Vorbild für die Massen. Sein Aufstieg schürte die Hoffnung, dass sich Lateinamerikas ewiges Dilemma friedlich auflösen ließ: Umverteilung ohne Gewalt, sozialer Fortschritt bei wirtschaftlicher Stabilität, Wachstum ohne Inflation. Sein Lebensweg und sein Charisma machten ihn zur Identifikationsfigur für Millionen.

Lula verströmt eine menschliche Wärme, wie sie den meisten Brasilianern eigen ist. »Unser Beitrag zur Zivilisation ist es, der Welt die Herzlichkeit geschenkt zu haben«, schrieb der Historiker Sérgio Buarque de Holanda 1936 in seinem Werk *Die Wurzeln Brasiliens*. Die »cordialidade« ist natürlich und spontan. Sie kennt keinen Feind, nur politische Gegner. Fremde missdeuten sie leicht als Harmoniesucht. Doch Lula setzte sie bei Bedarf auch als Waffe ein. Großgrundbesitzer und Landlose, Unternehmer und Arbeiter, Multimillionäre und Habenichtse, alle wurden von dem Präsidenten mit einer Umarmung empfangen. So weichte er starre Positionen auf und zwang Gegner an den Verhandlungstisch.

Eine Lula-Begrüßung geht so: Der Präsident legt den Arm um seinen Besucher und zieht ihn sanft an seine Brust. Seine Linke tätschelt den Hinterkopf, mit der Rechten versetzt er ihm einen deftigen Klopfer auf den Rücken. Die Gesten sind dosiert: drei oder vier »tapas« bei politischen Gegnern, fünf oder sechs bei Parteigängern und Freunden. Einen Oppositionellen, der wochenlang gegen die Regierung protestierte, knuffte Lula wie ein Vater, der einen rebellischen Sohn tätschelt.

Wer im Präsidentenpalast auf eine Audienz wartete, wurde umarmt: der Gouverneur, der die Reform der Sozialversicherung bemäkelte; die Putzfrau, die Lula einen Bittbrief brachte; die Athleten, die zu den Panamerikanischen Spielen fuhren. Angespannt waren die meisten, wenn sie gerufen wurden. Lächelnd kamen sie aus dem Amtszimmer des Präsidenten zurück. »Eles lularam«, sagten Lulas Berater: »Sie sind luliert.« Der Name des Staatschefs wurde konjugiert wie ein Verb. Lular, das hieß so viel wie: dem Charisma des brasilianischen Präsidenten verfallen.

Die Liste der Lulierten ist lang: Der damalige Bundeskanzler Gerhard Schröder gehört dazu, der mit Lula nachts im Hotelzimmer in Berlin mehrere Flaschen Wein köpfte, bis sie sich in den Armen lagen. Auch Britanniens Premier Tony Blair, ideologisch eher ein Gegner, wurde Lula-Fan. Nicht einmal Frankreichs Präsident Jacques Chirac und dessen Nachfolger Nicolas Sarkozy widerstanden seiner Umarmung.

Sogar der damalige US-Präsident George W. Bush erlag Lulas Charme. Beim ersten Besuch in Washington war er noch distanziert, beim zweiten rückte der Texaner schon auf Tuchfühlung an ihn heran. Spontan verzichteten die beiden auf Dolmetscher und verständigten sich auf Spanisch. Allerdings entsprang die Begeisterung für seinen brasilianischen Amtskollegen nicht nur der Chemie: Bush war erleichtert, dass der einstige Bürgerschreck sich als konservativer Stabilitätspolitiker entpuppte.

Ich holte mir meine präsidentiellen Klopfer auf den Rücken während eines Gesprächs im April 2008 ab, als ich Lula gemeinsam mit meiner Kollegin Helene Zuber für den *Spiegel* interviewte. Während des Gesprächs saß ich neben dem Präsidenten, er fasste mich immer wieder am Unterarm, rauchte Zigarillos wie ein Schlot und schwärmte von Helmut Schmidt: Der hatte ihn als Bundeskanzler empfangen, als in Brasilien noch die Militärs herrschten und Lula »nur« ein bärtiger Gewerkschafter aus dem Industrierevier von São Paulo war. Lula hat Schmidt diese Geste nie vergessen, sie wertete ihn politisch auf und setzte ein politisches Signal gegenüber der Diktatur. Als Lula im Jahr 2010 auf Staatsbesuch nach Berlin fuhr, bestand er auf einem Abstecher nach Hamburg, um den Altkanzler zu besuchen.

Amüsant war es zu beobachten, wie Außenminister Guido Westerwelle sich vor einigen Jahren während eines Besuchs in Brasília um eine Umarmung des damaligen Präsidenten Lula bemühte. Als Lula ihn endlich während eines Zwischenstopps auf dem Flughafen von São Paulo kurz begrüßte, erging sich der Deutsche in übertriebener Herzlichkeit, mehrmals umarmte er den Brasilianer. Lula ließ es gutmütig über sich ergehen, obwohl Westerwelle eine Grundregel missachtet hatte: Die Umarmung geht von Lula aus. Jeder bekommt so viele Schulterklopfer, wie es seiner Position und seiner Beziehung zum Präsidenten angemessen erscheint. Westerwelle hatte sich schlichtweg angebiedert.

Eine konnte mit der Umarmungsstrategie des brasilianischen Präsidenten überhaupt nichts anfangen: Bundeskanzlerin Angela Merkel. Man kann sich schwerlich zwei gegensätzlichere Persönlichkeiten vorstellen als die kühle Deutsche und den emotionalen Brasilianer. Merkel scheut vor Körperkontakt zurück, Lula sucht ihn geradezu. Merkel zeigt selten persönliche Regungen, Lula weint auch bei geringfügigen Anlässen. Merkel hetzte 2008 während ihres bislang einzigen Staatsbesuchs in eineinhalb Tagen durch Brasília und São Paulo, für sie war das ein Geschäftstermin. Lula hätte ihr gern mehr vom Land gezeigt, ihr ein wenig Brasilien erklärt. Aber die deutsche Bundeskanzlerin hat sich nie sonderlich für Brasilien interessiert. Das zeigt sich leider auch in den deutsch-brasilianischen Beziehungen: Die vielbeschworene »strategische Partnerschaft« ist nie über ein Lippenbekenntnis hinausgekommen. Berlin hat seine Beziehungen zu dem größten lateinamerikanischen Land jahrelang vernachlässigt, zum Nachteil der deutschen Wirtschaft: Lula pflegte ein hervorragendes Verhältnis zu seinem französischen Amtskollegen Nicolas Sarkozy, das schlug sich in zahlreichen fetten Aufträgen für französische Unternehmen nieder. Deutsche Firmen gingen leer aus. An Lula lag es nicht: Im Off klagte er oft darüber, wie wenig Beachtung Deutschland Brasilien schenkte. Er hätte gerne mehr Investitionen deutscher Firmen gesehen.

Bezeichnend für den Zustand der deutsch-brasilianischen Beziehungen war der schäbige Empfang des brasilianischen Präsidenten auf den deutsch-brasilianischen Wirtschaftstagen 2009 in Vitória, der Hauptstadt des Bundesstaats Espírito Santo. Lula reiste eigens an, um eine Rede auf dem Forum zu halten, das jedes Jahr von der deutsch-brasilianischen Handelskammer ausgerichtet wird. Der einzige deutsche Minister, der zu der Veranstaltung gekommen war, der damalige Wirtschaftsminister Karl-Theodor zu Guttenberg, war bereits abgereist, als Lula kam, auch der Präsident des Bundes Deutscher Industrie (BDI) war nach Argentinien weitergereist. Die Stelle des deutschen Botschafters in Brasília war seit Monaten unbesetzt, so dass Lula vom stellvertretenden Geschäftsträger der Botschaft empfangen wurde. Lula ist kein Protokollfreak, aber diese Missachtung haben die Brasilianer sehr wohl vermerkt.

Der Kontrast zwischen dem Menschenfischer Lula und seinem Vorgänger Fernando Henrique Cardoso konnte kaum größer sein. In Lulas Umgebung wurde Cardoso als »Prinz Europa« verspottet. Er bezirzte die Kollegen in Paris und London. Vier Sprachen beherrschte der weltläufige Soziologe, doch vor den Arbeitern daheim fehlten ihm die Worte. Lula sprach nicht einmal Englisch (Bush auch nicht, deshalb verstanden sich die beiden so gut, witzelte man). Die Fünf-Sterne-Köchin, die Cardoso die Mahlzeiten bereitete, schickte Lula nach Hause, dafür baute ihm Stararchitekt Oscar Niemeyer einen neuen Grill, wo er am Wochenende Steaks und Würstchen mit seinen Freunden brutzelte.

Sonntags gehörte Lula seiner Familie, dann wurde im Palastgarten Fußball gespielt. In kurzen Hosen und ohne Hemd kickte der Staatschef mit Freunden und Ministern. Mehrmals trat das halbe Kabinett am Montag mit blauen Flecken und malträtierten Knöcheln an.

Ein Paparazzo schoss eines der aussagekräftigsten Fotos des Präsidenten, als dieser mit seiner Familie in Bahia Urlaub machte: Lula schleppte eine Styroporkiste mit eisgekühltem Bier an den Strand, so wie Millionen Brasilianer. »Lula ist einer von uns«, sagte mein brasilianischer Freund und Mitarbeiter Luíz, als er dieses Foto sah. »Er redet wie wir, er fühlt wie wir, er ist ein Brasilianer aus der Mitte des Volkes.« Lula hat den Millionen Armen und Ausgeschlossenen des Landes eine Stimme gegeben. Er schlug Brücken zwischen Arm und Reich, fand Wege, wo andere längst die Hoffnung aufgegeben hatten. Erst wenn nichts mehr ging, schlug er mit der Faust auf den Tisch, das hatte er bei der Gewerkschaft gelernt. Entscheidungsschwach war er nicht.

Als größte Leistung Lulas gelten seine Erfolge bei der Bekämpfung des Elends und der Aufstieg von über 20 Millionen Armen in die untere Mittelschicht, die sogenannte Classe C. Kurz nach Amtsantritt legte er ein Programm zur Hungerbekämpfung auf, genannt »Fome Zero«; auf Deutsch etwa: »Schluss mit dem Hunger«.

»Alle Brasilianer haben Anrecht auf Frühstück, Mittagessen und Abendbrot«, versprach Lula. In den ersten Tagen der neuen Regierung nahm er sein komplettes Kabinett in die Slums mit, die Minister sollten das Elend mit eigenen Augen sehen. Rund ein Drittel der 186 Millionen Brasilianer galt damals als arm, über elf Millionen litten Hunger.

Das Logo von Fome Zero, ein Teller mit Besteck, der den Sternenhimmel in der brasilianischen Flagge ersetzte, wurde zum Markenzeichen der Regierung Lula. Der Präsident gründete ein eigenes Ministerium für die Hungerbekämpfung, es verwaltete einen jährlichen Etat von umgerechnet über 18 Milliarden Euro.

Fome Zero vereint eine Reihe von Sozialprogrammen unter seinem Schirm: Die Regierung betreibt kommunale Suppenküchen und Volksrestaurants, sie unterstützt Kleinbauern und finanziert Bewässerungsprojekte. Herzstück von Fome Zero ist »Bolsa Família«, ein gigantisches Programm, das eine Einkommensumverteilung zu Gunsten der Armen vornimmt. Umgerechnet sechs Milliarden Euro waren im Jahr 2010 für das Programm vorgesehen.

Familien mit einem Monatseinkommen von umgerechnet 30 Euro erhalten von der Regierung etwa 25 Euro plus zehn Euro für jedes Kind. Im Durchschnitt erhielt im Jahr 2010 jede Empfängerfamilie etwa 50 Euro. Über zwölf Millionen Familien kommen in den Genuss der staatlichen Stütze, im armen Nordosten leben ganze Dörfer von Bolsa Família. Allein in der 1,5-Millionen-Metropole Recife erhalten über 130 000 Familien die Hungerhilfe.

Das Geld ziehen die Bedürftigen mit einer Plastikkarte aus speziellen Automaten in Lotto-Annahmestellen oder der Sparkasse. Sie müssen allerdings nachweisen, dass ihre Kinder zur Schule gehen und regelmäßig geimpft werden, sonst wird die Auszahlung gesperrt. Alle zwei Monate müssen sie überdies ihre Registrierung aktualisieren.

Überall im Land gibt es Ansprechstellen für die Bedürftigen, außerdem unterhalten die meisten Stadtverwaltungen kostenlose Callcenter, wo sich Interessenten über das Programm informieren können. So erhält die Regierung ein ständig aktualisiertes Röntgenbild der Armut im Land.

Bei seiner Einführung wurde Bolsa Família als populistischer Propagandaschlag von Präsident Lula kritisiert. Doch sein Erfolg ist so durchschlagend, dass inzwischen nicht einmal die Opposition an dem Programm herummäkelt. Über 20 Millionen Brasilianer sind aus der Armut aufgestiegen, die Kindersterblichkeit ist drastisch zurückgegangen.

Den größten Teil der Staatshilfe verwenden die Bedürftigen für den Kauf von Lebensmitteln und Artikeln des täglichen Bedarfs. Bolsa Família kurbelte den Wirtschaftszyklus ganzer Städte und Dörfer an. Zahlreiche Regierungen in Lateinamerika, Afrika und Asien kopierten das brasilianische Modell zur Hungerbekämpfung, selbst US-Präsident Barack Obama zeigte Interesse.

Ich habe in Recife eine Familie besucht, die von Bolsa Família lebt. Susana Oliveira do Nascimento, 54, und ihr Mann Adelson, 76, wussten, was Hunger bedeutet. Als sie im Sertão lebten, dem trockenen Landesinneren des brasilianischen Nordostens, reichte ihr Einkommen meist nur für einen Teller Fubá täglich, mit Wasser angedicktes Maniokmehl. Wenn keine Dürre herrschte, leisteten sie sich ab und zu Reis und Bohnen. »Fleisch habe ich nur auf den Tellern der anderen gesehen«, erzählte der ehemalige Landarbeiter Adelson.

Fünf Jahre zuvor hatte das Ehepaar den Sertão verlassen und war in die Favela Brasília Teimosa in der Millionenstadt Recife an der Küste gezogen. Susana war in dem Slum aufgewachsen, als er noch eine Ansammlung von Holzhütten war, die auf Stelzen in die Mangrovensümpfe gebaut waren. »Ratten sausten durch die Zimmer und bissen unsere Kinder«, erinnerte sie sich.

Brasília Teimosa war eine der ärmsten Favelas von Recife. Anfang der 1960er Jahre hatten Obdachlose das Sumpfgelände neben dem Nobelviertel Boa Viagem besetzt, sie widerstanden Dutzenden Räumungsversuchen der Polizei. Heute leben hier über 30 000 Menschen. Busse rumpeln durch die Gassen; Geschäfte, Restaurants und Banken säumen die Hauptstraße, die meisten Häuser sind inzwischen aus Stein.

Susana und Adelson wohnten in einem schmalen, zweistöckigen Gebäude, eine steile Treppe führte zu ihrer Wohnung. Der Fernseher lief, ihr 14-jähriger Sohn Miqueias lümmelte sich auf dem Sofa, aus der winzigen Küche drang der Duft von gebratenem Fleisch. Susana bot mir Kekse und Saft an. »Essen fehlt uns nicht mehr«, sagte sie. »Das haben wir Lula zu verdanken.« Der Präsident hatte Brasília Teimosa als eines von drei Pilotprojekten für sein Hungerbekämpfungsprogramm ausgewählt.

Die Regierung ließ eine Strandpromenade bauen, der Slum verfügt jetzt über staatliche Kindergärten, Schulen und Gesundheitsposten. »Es ist schwer, dem Zugriff des Staates zu entkommen«, sagte Susana Oliveira. Stolz zeigte sie mir die kleine gelbe Karte, die sie als Empfängerin von Bolsa Família ausweist.

Das Ehepaar lebte mit Kindern und Enkeln unter einem Dach, elf Menschen teilten sich das kleine Haus, das sie einst von ihrer Mutter geerbt hatte. Die Rente ihres Mannes eingerechnet, verfügte Susana über ein Familieneinkommen von rund dreihundert Euro, das reichte zum Überleben. Ihrer arbeitslosen Tochter wurde die Staatshilfe vorübergehend gestrichen, weil sie nicht nachgewiesen hatte, dass ihr Sohn zur Schule ging. Als die Schule meldete, dass der Junge wieder am Unterricht teilnahm, wurde die Auszahlung abermals freigegeben.

Regierungsunabhängige Organisationen bestätigen, dass sich Missbrauch und Korruption bei Bolsa Família in Grenzen halten. »Die Regierung hat ein enges Netz der Kontrolle über das Land geworfen«, sagte mir Francisco Menezes, Direktor des Instituts Ibase in Rio, eines angesehenen Thinktanks zur Elendsbekämpfung und Autor einer Studie über Bolsa Família.

Dennoch bezweifeln Experten, dass Bolsa Família das Elend nachhaltig bekämpft. »Lula lässt Almosen verteilen, das ist Assistenzialismus«, sagte mir der Kinderarzt Meraldo Zisman in Recife. »Hunger ist ein politisches Problem.« Zisman ist Autor der aufsehenerregenden Studie *Der Nordosten der Pygmäen*. In dem Buch, das Ende der 1980er Jahre erschien, weist er nach, dass die Kleinwüchsigkeit vieler Nordestinos, wie die Einwohner des Nordostens genannt werden, auf Mangelernährung zurückzuführen ist. »Seit 500 Jahren leidet der Nordosten unter Hungersnöten«, sagte Zisman. »Das hat eine Generation von körperlich und geistig verkrüppelten Menschen heranwachsen lassen.«

In den 1990er Jahren wurden fast täglich unterernährte Babys in die staatlichen Krankenhäuser von Recife eingeliefert, bei vielen hinterließ der Hunger bleibende Schäden im Gehirn.

Ende 1991 besuchte ich den Zuckerrohrschneider Amaro da Silva in seiner Hütte 80 Kilometer südlich von Recife. Der 45 Jahre alte Mann war nur 1,35 Meter groß. »Wir verzichten oft auf das Mittagessen«, berichtete da Silva damals. Frühstücken würde er dagegen immer: »Kaffee und ein Stück Zuckerrohr zum Auslutschen.«

Umgerechnet 40 Euro verdiente da Silva monatlich, er verdingte sich als Tagelöhner. An besonderen Tagen kaufte seine Frau Knochenabfälle, ihre zehn Kinder saugten das Mark aus. In einer Kiste mästeten die Kleinen eine Echse für den nächsten Feiertag.

19 Jahre später besuchte ich den einstigen Hungerleider erneut. Er war 65 Jahre alt und lebte seit fünf Jahren in einem Häuschen in dem Städtchen Amarají südlich von Recife. Seine Frau war 14 Jahre zuvor gestorben.

Im Wohnzimmer flimmerte ein Fernseher, in der Küche stand ein strahlend weißer neuer Kühlschrank. Da Silva wog jetzt 56 Kilo, zum Mittagessen gab es Fleisch mit Reis und Bohnen.

Da Silva erhält eine staatliche Rente in Höhe von einem Mindestlohn, etwa 220 Euro pro Monat. »Mir ging es noch nie so gut«, bekannte der stolze Vater von inzwischen 14 Kindern. Sein zweitjüngster Sohn João, 23, wohnte bei ihm. Er war wohlgenährt und überragte seinen Vater um 40 Zentimeter. Einmal habe er einen Antrag auf Bolsa Família eingereicht, erzählte da Silva. Aber die Auszahlung wurde abgelehnt: Mit seiner Rente lag der ehemalige Landarbeiter über der Einkommensgrenze für Bedürftige.

Auch Kinderarzt Zisman räumte ein, dass heute nur noch vereinzelt Menschen im Nordosten hungern. In den Krankenhäusern von Recife werden kaum noch unterernährte Kinder eingeliefert. Das Schwellenland Brasilien leidet heute unter einem Phänomen, das vor allem aus Industriestaaten bekannt ist: Die Fettleibigkeit hat dramatisch zugenommen. Millionen Brasilianer sind übergewichtig – eine Folge von Fehlernährung, so Zisman: »Vor allem die Armen konsumieren zuviel Fett und Zucker.«

Die Regierung versucht gegenzusteuern. Ernährungsspezialisten beraten Kindergärten und Schulen bei der Aufstellung des Speiseplans, in den Favelas werben sie für den Konsum von Früchten und Gemüse. Doch die Fehlernährung ist nicht nur eine Frage des Geschmacks: Gesunde Lebensmittel sind oft teurer als kalorienhaltige Billigkekse oder fettes Fleisch zweiter Wahl.

Als im Jahr 2008 die Preise für Lebensmittel drastisch anstiegen, nahm auch die Anzahl der Hungerleider unter den Empfängern von Bolsa Família auf 20 Prozent zu.

Die Regierung vergab daraufhin verbilligte Kredite an die Bauern, um die Kostensteigerung aufzufangen. »Wir werden nicht zulassen, dass ausgerechnet die Ärmsten unter der Spekulation auf dem Weltmarkt leiden«, sagte mir Lulas damalige Sozialministerin.

Brasilien ist zwar einer der größten Lebensmittelproduzenten der Welt, aber der größte Teil der Produktion wird exportiert. Weizen ist Mangelware in dem Tropenland, die Hälfte des Bedarfs wird importiert, größtenteils aus Argentinien. Bei Soja, Rindfleisch und Orangenkonzentrat nimmt Brasilien dagegen eine Spitzenproduktion auf dem Weltmarkt ein. Das Agrobusiness boomt, das Riesenland verfügt über immense Anbauflächen. Chinesische, amerikanische und europäische Lebensmittelproduzenten haben in den vergangenen Jahren Ländereien in Brasilien gekauft, China nimmt den größten Teil der brasilianischen Soja ab.

Im Jahr 2008 erließ die Regierung ein Gesetz, das den Erwerb von Ländereien durch Ausländer beschränkt – Präsident Lula fürchtete angesichts der steigenden Lebensmittelpreise auf dem Weltmarkt einen Ausverkauf brasilianischer Anbauflächen.

Lula verstand sich hervorragend mit den Großgrundbesitzern. Die Regierung förderte den Anbau von Soja und Zuckerrohr für Biotreibstoff, obwohl die Plantagen in vielen Regionen die Kleinbauern verdrängen – dabei liefern familiäre Kleinbetriebe 70 Prozent der Lebensmittel, die täglich in brasilianischen Haushalten konsumiert werden. »Agrobusiness und Familienlandwirtschaft lassen sich nicht miteinander vereinbaren«, kritisierte Ibase-Direktor Menezes.

Das war nur einer der vielen Widersprüche der Ära Lula. Sie wurden überdeckt von dem Charisma des Präsidenten. Mehr als seine freundliche Haltung gegenüber dem Agrobusiness und der Großindustrie enttäuschte sein laxer Umgang mit der allgegenwärtigen Korruption viele junge Leute, die ihn gewählt hatten. Lula hatte einen Pakt mit dem Teufel geschlossen, um zu regieren: Er schloss eine Allianz mit Brasiliens größter Partei PMDB, die wegen der Korruption in ihren Reihen berüchtigt war. Sein Kabinettschef José Dirceu übernahm die Schmutzarbeit für den Präsidenten: Er hielt das Regierungsbündnis mit allen Mitteln zusammen. Dirceu verteilte unter der Hand monatliche Geldzuweisungen an die Abgeordneten der verbündeten Parteien, damit diese bei Abstimmungen für die Regierung votierten. Dieses »Mensalão« genannte Korruptionsschema flog im Jahr 2004 auf, als Roberto Jefferson, einer der verbündeten Abgeordneten, gegenüber der Presse auspackte. Er hatte nicht etwa moralische Bedenken bekommen, sondern war sauer, weil die Regierung ihm einen lukrativen Posten bei der staatlichen Post verweigerte. Die Affäre wuchs sich rasch zum größten Skandal der Ära Lula aus. Mehrere enge Mitarbeiter des Präsidenten mussten zurücktreten, weil sie in das mafiöse Geflecht verwickelt waren, darunter der einstige PT-Präsident und Ex-Guerrillero Jose Genoíno, eine Legende der brasilianischen Linken. Lula selbst beteuerte, dass er von dem Korruptionsschema nichts gewusst habe, es gibt keine Beweise gegen ihn. Dennoch fällt es schwer zu glauben, dass seine Vertrauten ihn nicht über den »Mensalão« informiert hatten.

Die in den Skandal verwickelten Politiker wurden nach einem aufsehenerregenden Prozess im Jahr 2012 zu hohen Haftstrafen verurteilt. Doch wie so oft in Brasilien, gelang es ihren Anwälten mit juristischen Tricks, die Bestrafung immer wieder zu verschleppen. Lulas Vertrauter Dirceu war auch nach seiner Verurteilung als Brückenbauer für die PT tätig: Er knüpfte Kontakte für Lula und dessen Nachfolgerin Dilma Rousseff in vielen lateinamerikanischen Ländern sowie in Spanien.

Dirceu hat eine schillernde Vergangenheit: Er war Studentenführer und Guerrillero, während der Militärdiktatur ging er ins Exil nach Kuba, dort ließ er sich von einem plastischen Chirurgen eine neue Nase verpassen. Anschließend kehrte er nach Brasilien zurück, wo er jahrelang unerkannt und unter falschem Namen in der Provinz lebte; erst nach der Amnestie 1979 gab er sich zu erkennen. Er hatte Lula überzeugt, den »Brief an alle Brasilianer« zu verfassen, in dem er versprach, eine verantwortungsbewusste Wirtschaftspolitik zu führen, so hatte er sich um Lulas Sieg verdient gemacht.

Auch der Mann, den Lula als seinen Favoriten für die Nachfolge im Präsidentenamt auserkoren hatte, stolperte über einen Korruptionsskandal: Wirtschaftsminister Antonio Palocci musste zurücktreten, weil er gegen einen Hausmeister vorgegangen war, der ein Gebäude hütete, in dem sich Palocci mit Unternehmern traf. Palocci war vor seiner Berufung zum Minister Bürgermeister seiner Heimatstadt Ribeirão Preto im Bundesstaat São Paulo gewesen; dort war er angeblich in Schiebereien mit der städtischen Müllabfuhr verstrickt.

Lula fiel es schwer, sich von Mitarbeitern zu trennen. Er sah die Korruption nicht als drängendstes Problem seiner Regierung und war nachsichtig mit Verbündeten, die in Skandale verstrickt waren. Die Regierungsfähigkeit war ihm wichtiger als ein moralisch sauberes Kabinett. Ohne zu zögern ging er Bündnisse mit einigen der berüchtigtsten und verrufensten Politikern und Parteien des Landes ein. Ex-Präsident Jose Sarney, der seinen Heimatstaat Maranhão wie ein Feudalherrscher des 19. Jahrhunderts kontrollierte, wurde zum Präsidenten des Senats gewählt; er sorgte dafür, dass die PMDB bei wichtigen Abstimmungen zur Regierung hielt. Auch anderen obskuren Figuren der Vergangenheit verhalf die PT-Regierung zu einem Comeback: Der wegen eines Korruptionsskandals zurückgetretene Ex-Präsident Fernando Collor und sein Helfershelfer Renan Calheiros agierten im Kongress, um Lulas Regierungsbündnis zusammenzuhalten.

Lula baute darauf, dass der Wirtschaftsboom den Verdruss in der Bevölkerung über seine korrupten Helfer überdecken würde. In der Tat erlebte Brasilien während der Lula-Jahre eine der längsten Aufschwungphasen seiner Geschichte. Die Wirtschaft wuchs zeitweise über sieben Prozent im Jahr. Die neue Mittelschicht kaufte Flachbildfernseher, Computer, Smartphones, Autos und Wohnungen – zumeist auf Raten. Gleichzeitig stiegen die Löhne und Gehälter, die Arbeitslosigkeit sank nahe null. Erstmals seit Jahrzehnten schloss sich die Einkommensschere zwischen Arm und Reich.

Allerdings war dieser Erfolg nicht allein Lulas Verdienst: Er hatte das Glück, dass er an die Macht kam, als die Preise für Rohstoffe und Agrarprodukte stiegen, Brasiliens wichtigste Ausfuhrgüter. China kaufte den größten Teil der brasilianischen Sojaproduktion und stieg innerhalb weniger Jahre zum wichtigsten Handelspartner auf. Die USA und Europa verloren wirtschaftlich an Bedeutung. Jahrelang hatte das Wirtschaftsbündnis Mercosul (spanisch: Mercosur, Gemeinsamer Markt des Südens), in dem Brasilien den Ton angab, mit der Europäischen Union über ein Freihandelsabkommen verhandelt, jetzt zeigte die Regierung nur noch geringes Interesse. Der Regierung Lula waren die weltweiten Verhandlungen für ein internationales Handelsabkommen wichtiger, die Südamerikaner schwangen sich zum Wortführer der Schwellenländer auf.

Auch außenpolitisch schlug Lula neue Töne an. Bei internationalen Konflikten hatte Brasília früher diskret agiert: Seit der Staatsgründung gilt Nichteinmischung in die Angelegenheiten anderer Staaten als Maxime brasilianischer Politik.

Lula beendete die Leisetreterei. Er setzte erstmals auf eine neue Süd-Süd-Achse in den internationalen Beziehungen, sie sollte von Brasilien über Afrika bis nach Indien und China reichen. Vor allem in Afrika knüpfte Lula viele neue Kontakte, er sah in dem schwarzen Kontinent einen natürlichen Verbündeten und Absatzmarkt für brasilianische Firmen. Er baute die Beziehungen zu Angola und Mosambik aus und eröffnete in Dutzenden afrikanischer Länder neue Botschaften und Konsulate. In Südamerika setzte er sich für die Gründung des Bündnisses Unasur ein, der Union südamerikanischer Staaten. Diese Organisation wurde innerhalb weniger Jahre zu einer echten Konkurrenz für die Organisation Amerikanischer Staaten. Für die Latinos hatte sie den Vorteil, dass die USA nicht Mitglied waren.

In Honduras zeigte der sanfte Koloss Brasilien erstmals Krallen. Dort hatte eine Gruppe von Militärs und reaktionären Unternehmern im Jahr 2009 den gewählten Präsidenten Manuel Zelaya gestürzt. Er ging zunächst ins benachbarte Nicaragua ins Exil, von dort aus schaffte er es auf verschlungenen Wegen nach Tegucigalpa zurückzukehren und suchte in der brasilianischen Botschaft Zuflucht. Putschistenführer Roberto Micheletti setzte den Brasilianern ein Ultimatum, den Rivalen binnen zehn Tagen auszuliefern. Darauf teilte Präsident Lula mit, Zelaya könne in der Botschaft bleiben, so lange er wolle. Mittelamerika zähle zum brasilianischen Interessensgebiet.

Systematisch baute Lula Brasiliens internationalen Einfluss aus. Er suchte Verbündete für einen ständigen Sitz im UN-Sicherheitsrat, rüstete die veralteten brasilianischen Streitkräfte auf und befeuerte einen neuen Nationalismus.

Die Finanzkrise von 2008 markierte aus Sicht der Brasilianer den Beginn einer neuen politischen Ordnung. »Wir marschieren auf eine multipolare Welt zu«, sagte mir Lulas außenpolitischer Berater Marco Aurélio Garcia, »Südamerika wird einer dieser Pole sein.« Staatsstreiche wie in Honduras wolle Lula nicht länger dulden. »Jahrzehntelang haben wir unseren Nachbarn den Rücken zugekehrt, dabei haben wir so viele Grenzen wie kaum ein anderes Land«, erklärte Garcia.

Der bärtige Professor aus dem südbrasilianischen Porto Alegre war einer der Architekten der neuen brasilianischen Außenpolitik. Ich besuchte ihn in seinem Büro in Brasília, das nur wenige Zimmer von den Amtsräumen des Präsidenten entfernt lag. Während der Militärdiktatur war Garcia im Exil gewesen, später beriet er Lulas Arbeiterpartei PT in internationalen Fragen. Kritiker verspotteten den Altlinken als brasilianischen Rasputin. Sie warfen ihm vor, er sei es gewesen, der Zelayas Rückkehr nach Honduras eingefädelt habe – gemeinsam mit dem damaligen venezolanischen Präsidenten Hugo Chávez. Garcia bestritt das.

Das Dementi hatte seinen Grund. Die Regierung Lula wollte den Eindruck vermeiden, sie spiele sich als Ordnungsmacht à la Washington auf. Denn in den kleineren südamerikanischen Ländern wird das neue brasilianische Selbstbewusstsein mit gemischten Gefühlen registriert. In Bolivien, Ecuador und Paraguay machen Lokalpolitiker Stimmung gegen die »neuen Gringos« aus Brasilien.

Zu seinen linkspopulistischen Amtskollegen Hugo Chávez in Venezuela und Evo Morales in Bolivien pflegte Lula dennoch ein enges und herzliches Verhältnis. Chávez, Lula und Morales einte mehr als politische Sympathie: Die drei hatten ihren Aufstieg gegen die traditionellen Eliten des Landes durchgesetzt, sie wurden von den alten Herrschaftsschichten wegen ihrer Herkunft belächelt – Chávez als Mestize und ehemaliger Unteroffizier aus dem Landesinneren, Morales als Abkömmling der Indianer, Lula als Proletarier. Obwohl Lulas Wirtschaftspolitik den Banken und Reichen des Landes so viel Gewinn wie nie zuvor bescherte, verachtete ihn die alte Wirtschaftselite in São Paulo.

Viele meiner Journalistenkollegen sahen in Lula einen Gegenpol zu Chávez. Diese Meinung habe ich nie geteilt, sie entsprach Wunschdenken. Lula hat aus seiner Verehrung für den Venezolaner nie einen Hehl gemacht. Als ich ihn 2008 für den *Spiegel* interviewte, hatte ich aus der Gesprächsfassung, die ihm zur Autorisierung vorgelegt wurde, einen Satz über Chávez herausgekürzt. Lula bestand darauf, dass er wieder eingefügt wurde. Er lautete: »Chávez ist der beste Präsident Venezuelas der letzten 100 Jahre.« Chávez wurde nicht müde, dieses Lob seines brasilianischen Freundes zu zitieren.

Lula rühmte sich, dass die Brasilianer unter seiner Regierung endlich den »Straßenköterkomplex« überwunden hätten. So nannte der brasilianische Schriftsteller und Dramaturg Nelson Rodrígues den tief verankerten Minderwertigkeitskomplex vieler Brasilianer. Er benutzte diesen Ausdruck, um die Selbstzweifel Brasiliens nach der Niederlage gegen Uruguay im Endspiel der Fußball-Weltmeisterschaft 1950 im Maracanã-Stadion von Rio zu beschreiben.

Der Straßenköterkomplex hat jedoch historische Wurzeln: Die meisten Brasilianer stammen von Indianern und schwarzen Sklaven ab, sie wurden deshalb von der Elite verhöhnt. Auch europäische Intellektuelle sahen herablassend auf die Bewohner der Neuen

Welt. Diese hatten die Verachtung für ihre Herkunft verinnerlicht.

Wenn Lula richtig in Fahrt kam, konterte er Kritik aus dem Establishment mit ätzendem Spott. Während des Weltsozialforums in Belem im Jahr 2009 giftete er, dass »blonde, blauäugige Banker« in den USA und Europa für die Weltfinanzkrise verantwortlich seien. Der normalerweise warmherzige und umgängliche Lula reagierte empfindlich, wenn Kritiker auf seine proletarische Herkunft anspielten oder sich über sein Privatleben ausließen. Das bekam mein Kollege Larry Rohter von der *New York Times* zu spüren: Er hatte in einem Artikel insinuiert, dass Lula dem Alkohol verfallen sei, ohne diese Vorwürfe ausreichend zu belegen. Der Präsident wollte ihm daraufhin sein Journalistenvisum entziehen, er fühlte sich in seinem Ehrgefühl verletzt.

Lula hat nie einen Hehl daraus gemacht, dass er gern Bier oder auch mal einen Chachaça trinkt. Aber er war nie betrunken in der Öffentlichkeit zu sehen, seine Trinkgewohnheiten haben sich nicht auf die Ausübung seines Amtes ausgewirkt. Deshalb war Rohters Story unangebracht. Der äußerlich so robuste Lula hatte eine dünne Haut, wenn er persönlich angefeindet wurde.

Im Jahr 2006 wurde Lula wiedergewählt; seinen Sieg hatte er vor allem seinem Charisma, dem Wirtschaftsaufschwung sowie seinen Sozialprogrammen zu verdanken. Große Reformen waren nicht zu erwarten: Lula sonnte sich in seinem Erfolg; die angekündigte Reform des politischen Systems blieb aus, Lula hätte dafür einen Konflikt mit dem Kongress riskieren müssen. Er öffnete die Staatskasse und schob mehrere Megaprojekte an: Er wollte eine überfällige Eisenbahnverbindung durch den Norden und Nordosten fertigstellen, um Soja und Mineralien aus dem Landesinneren an die Küste zu transportierten – der Transport von Massengütern erfolgte in Brasilien immer noch in Lastwagen über die Fernstraßen. Vor allem aber ging er ein Projekt an, das bereits Kaiser Pedro II. beschäftigt hatte: Um die Menschen im trockenen Nordosten mit Wasser zu versorgen, wollte Lula den Rio São Francisco anzapfen. Der »Velho Chico« (Alter Franz), wie die Brasilianer den Strom liebevoll nennen, hat für das südamerikanische Land die gleiche mythische Bedeutung wie der Mississippi für die USA: Er fließt durch mehrere Bundesstaaten des Landesinneren und war jahrhundertelang die einzige Verkehrsverbindung zum Meer. Raddampfer stampften früher durch seine Fluten, in den vergangenen Jahrzehnten war der Fluss jedoch versandet; Abwässer und Industrieabfälle aus den anliegenden Städten verschmutzen das Wasser. Lula wollte einen Teil des Flusses in die Dürregebiete des Nordostens umleiten, dafür mussten eine Reihe von Schleusen und Kanälen gebaut werden. Insgesamt sollte das Vorhaben über drei Milliarden Euro kosten und im Jahr 2020 fertig sein. »Wenn ich wiederkomme, werde ich ein Glas Leitungswasser mit euch trinken«, versprach Lula den Bewohnern des »Sertão«, der Halbwüste im Landesinnern des Nordostens. Dazu wird es frühestens in zehn oder fünfzehn Jahren kommen: Das Mammutprojekt steckt wie mehrere andere Großvorhaben der Ära Lula im Sumpf der Regierungsbürokratie und der Korruption fest. Lula war ein Meister der großen Ankündigungen, doch oft blieb es bei den Versprechen.

Die meisten seiner Megaprojekte wurden vom Staat finanziert oder oblagen der Verantwortung von Staatsunternehmen.

Lulas wichtigstes Instrument war die nationale Entwicklungsbank BNDES. Sein Vorgänger Fernando Henrique Cardoso hatte die Bank vor allem zur Abwicklung der Privatisierung von Staatsunternehmen eingesetzt; Lula dagegen baute sie aus, um seinen Traum von der Wirtschaftsgroßmacht Brasilien zu finanzieren. Ihr Kreditvolumen war größer als das der Weltbank, mit ihren Milliarden finanzierte sie von Firmenfusionen bis zu Staudämmen und Autofabriken so ziemlich alles. Als die Folgen der Weltfinanzkrise 2008 auch Brasilien bedrohten, weitete die Regierung das Kreditvolumen der BNDES drastisch aus, die Bank sprang notleidenden Unternehmen bei. So ging Brasilien relativ robust aus der Krise hervor, das Wachstum erlitt nur einen vorübergehenden Dämpfer.

Lula liebte grandiose Projekte und nationalistische Gesten.

Diese Hybris kennzeichnete auch ein weiteres umstrittenes Vorhaben: Er wollte Brasilien zu einer Atommacht ausbauen. Insgesamt 16 Kernreaktoren sollten überall im Land gebaut werden, so wollte Lula die Abhängigkeit von der Wasserenergie verringern. Zugleich hauchte er dem Atomprogramm der Streitkräfte neues Leben ein. In dem Städtchen Iperó 80 Kilometer westlich von São Paulo baut die Marine einen Nuklearreaktor, der Brasiliens erstes Atom-U-Boot antreiben soll. Das Programm stammt aus der Zeit der Militärdiktatur, die Generäle wollten eine eigene Atombombe entwickeln. Lulas Amtsvorgänger Cardoso und Collor hatten allen militärischen Atomprojekten abgeschworen, Lula dagegen pumpte wieder Geld in das Projekt. Inspektoren der Internationalen Atomenergiebehörde verweigerte die Regierung den Zutritt zu den Zentrifugen für die Urananreicherung. Kritiker unterstellten Lula deshalb, dass er die Bombenpläne der Militärdiktatur wieder aufgenommen habe. Sowohl Lula wie auch sein Vizepräsident José Alencar hatten mehrmals durchblicken lassen, dass die kommende Großmacht Brasilien nur ernst genommen würde, wenn sie eine Atombombe besitze.

Im Jahr 2009 durfte ich als erster ausländischer Journalist das »Projekt Aramar« besichtigen, wie der Bau des Reaktors genannt wird. Das Städtchen Iperó erscheint auf den ersten Blick nicht gerade als ideales Testgelände für einen neuen U-Boot-Antrieb. Das Meer ist Hunderte Kilometer entfernt, zwischen den grünen Hügeln erstrecken sich Bohnen- und Auberginenfelder. Die ländliche Idylle täuscht: Am Stadtrand liegt die bestgehütete Militäranlage Brasiliens. Hinter hohen Zäunen mit Stacheldraht und Wachtürmen arbeiten 1200 Soldaten und Zivilangestellte, sie bauen den Reaktor für Brasiliens erstes Atom-U-Boot. Brasilien brauche ein atomgetriebenes U-Boot, um seine über 8000 Kilometer lange Küste und die davor lagernden Ölvorkommen zu schützen, argumentiert die Regierung.

Seit 2007 hat die Regierung über 250 Millionen Dollar in den Bau des Reaktors gesteckt. 2021 soll das erste von insgesamt sechs Atom-U-Booten vom Stapel laufen, in Rio de Janeiro wird dafür eine Werft gebaut.

Die Turbinen für den U-Boot-Antrieb baut die brasilianische Siemens-Niederlassung. Auch fünf konventionelle U-Boote wollte Brasilien in Deutschland bestellen, die Gespräche mit der Kieler Howaldts-Werft waren schon weit gediehen. Doch den Rumpf und die Ausstattung für das ebenfalls gewünschte Atom-U-Boot darf Deutschland nicht liefern, auch bei der Ausstattung für die Torpedorohre mussten die Kieler passen. So platzte das gesamte Geschäft.

Dankbar springen die Franzosen ein. Präsident Lula und Frankreichs Staatschef Nicolas Sarkozy unterzeichneten 2008 ein Abkommen über militärische und strategische Zusammenarbeit. Paris hilft den Brasilianern beim Bau von fünf konventionellen U-Booten und liefert den Rumpf für ein Atom-U-Boot. Geheimnisse der Nukleartechnologie werden die Franzosen allerdings kaum verraten – wie alle anderen Atommächte haben sie kein Interesse, dass neue Mitglieder in den exklusiven Club der Bombenbesitzer vorstoßen, zumal Lula beste Kontakte zu Irans Präsident Ahmadinedschad pflegte. Lula traf sich mehrmals mit dem Iraner, er präsentierte zusammen mit seinem türkischen Amtskollegen einen eigenen Plan zur Entschärfung der Krise um die iranischen Atompläne. Die Amerikaner misstrauten deshalb Lulas außenpolitischen Ambitionen, die Beziehungen zwischen Brasília und Washington kühlten stark ab; sie besserten sich erst unter Lulas Nachfolgerin Dilma Rousseff.

Ein Jahr vor den Präsidentschaftswahlen im Oktober 2010 stand Lula im Zenit seiner Macht. Über 80 Prozent der befragten Brasilianer beurteilten seine Regierung als positiv, keiner seiner Vorgänger konnte am Ende der Amtszeit ähnliche Zustimmungsraten aufweisen. Es wäre ihm ein Leichtes gewesen, eine Verfassungsänderung anzuschieben, um ihm eine erneute Wiederwahl zu ermöglichen. Doch Lula war von Grund auf Demokrat, er lehnte jegliche Manipulation der Magna Carta ab. Allerdings hatte er ein Problem: Sein Freund und Ex-Minister Antonio Palocci, den er als Nachfolger favorisierte, war nach einem Korruptionsskandal unwählbar. Unter seinen Ministern ragte niemand besonders heraus, der als Kandidat in Frage kam, die Favoriten der PT sagten Lula nicht zu. Gegen den Widerstand seiner eigenen Partei paukte der Präsident die unwahrscheinlichste aller Kandidaten durch: seine damalige Kabinettschefin Dilma Rousseff.

Die Ex-Guerrillera hatte unter Lula zunächst als Energieministerin gedient. In den Kabinettssitzungen hatte sie ihn beeindruckt, weil sie immer ihren Laptop mitbrachte und zu allen Fachfragen bestens vorbereitet war. Rousseff genoss einen Ruf als kompetente Technokratin, aber sie galt auch als unnahbar und autoritär. Im Volk war sie so gut wie unbekannt. Aber Lula hätte auch »einen Laternenpfahl zur Wahl empfehlen können«, bemerkte er später einmal. Sein Ansehen war so groß, dass seine Wähler ihm blind vertrauten.

Lula schob eine Reihe von Investitionen und Sozialprojekten an, die vor allem einem Ziel dienten: Dilma Rousseff in den Präsidentenpalast zu befördern. Als sei er selbst im Wahlkampf, bereiste er systematisch das Landesinnere, um seine Favoritin bekannt zu machen. Rousseff tourte im Schlepptau des Präsidenten durchs Land, weihte Straßen und Kraftwerke ein.

Auch beim Spatenstich für das Megaprojekt am Rio São Francisco Ende 2009 war sie dabei – und das, obwohl Ärzte ihr erst einige Monate zuvor einen Tumor aus der Achselhöhle entfernt hatten. Sie war genesen, aber die Chemotherapie hatte ihr zugesetzt, sie trug eine Perücke. Ihr Gesicht war bleich, das Lächeln wirkte gefroren. Lula zog sie an seine Seite, als er ans Mikrofon trat. Immer wieder erwähnte er ihren Namen, die meisten hier kannten sie nicht.

Elizete Piauí, eine Landarbeiterin, war noch ganz berauscht von der Begegnung mit Lula. Sie wusste, dass Rousseff Lulas Kandidatin war, sie hatte sie schon mal im Fernsehen gesehen. Sie wolle Wahlkampf für Dilma machen, auch wenn sie am liebsten Lula behalten würde. »Ich wähle jeden, den er vorschlägt«, sagte sie mir.

Ende Oktober 2010 wurde Lula für seinen unermüdlichen Einsatz belohnt: Dilma Rousseff wurde als erste Frau zur Präsidentin Brasiliens gewählt.

Dilma Rousseff und die Herrschaft der Frauen

Das Herz der Macht schlägt im vierten Stock des Palácio do Planalto in Brasília. Livrierte Kellner mit Kaffeetabletts huschen über die Gänge des Regierungspalasts, hohe Funktionäre warten in den Vorzimmern, in den Amtsstuben rauscht die Klimaanlage.

Die Planungsministerin stöckelt vorbei, sie besucht die Kabinettschefin, es geht um ein milliardenschweres Investitionsprogramm zur Armutsbekämpfung. Unterwegs grüßt die Ministerin für Institutionelle Beziehungen aus ihrem Büro, sie pflegt die Kontakte der Regierung zum Kongress. Zwei Stockwerke tiefer telefoniert die Pressechefin, mehrere Damen werten im Vorzimmer die Tagespresse aus.

Wo man auch hinkommt im weißen Marmorpalast: Überall

Ministerinnen, Beraterinnen, Referentinnen, Sekretärinnen. Nur die Kellner und die Sicherheitsleute am Eingang sind Männer, ansonsten ist Brasiliens Regierungszentrale in weiblicher Hand. Das ist das Verdienst von Staatschefin Dilma Rousseff.

Rousseff ist die erste Frau an der Spitze des größten lateinamerikanischen Landes, sie hat wichtige Posten ihrer Regierung mit Frauen besetzt. Der innerste Zirkel der Macht besteht bis auf eine Ausnahme aus Frauen. Und das alles ohne Quotenregelung: »Wenn sie die Wahl hat zwischen einem Mann und einer Frau mit gleicher Qualifikation, zieht sie die Frau vor«, sagt Gilberto Carvalho, der Chef des Präsidialamts.

Kompetente Frauen zu finden ist nicht schwer: Die Brasilianerinnen gehen länger zur Schule und studieren häufiger als die Brasilianer. Das Land ist zwar vom Machismus geprägt, aber die Gesellschaft trägt auch matriarchalische Züge. Der Mann hat auf der Straße das Sagen, ansonsten regiert die Frau.

Ein Drittel aller Familien wird von Frauen geführt, Männer treten oft nur als Erzeuger in Erscheinung. Die Sozialhilfe »Bolsa Família« wird bevorzugt an Frauen ausgezahlt, sie zeigen mehr Verantwortungsbewusstsein. Dennoch verdienen berufstätige Frauen ein Drittel weniger als Männer in gleicher Position. Nur in der Politik gibt es eine Quotenregelung: 30 Prozent aller Kandidaten für Bürgermeister-, Gouverneurs- und Abgeordnetenposten müssen Frauen sein. Bislang war das ein Lippenbekenntnis: »Die Parteien behaupten, dass sie nicht genügend qualifizierte Frauen finden«, klagt Marta Suplicy, Vizepräsidentin des Senats. »Aber das ist ein Vorwand, sie bemühen sich nicht.«

Suplicy gehört der regierenden Arbeiterpartei (PT) an, sie hat lange für die Gleichstellung der Geschlechter gekämpft. Bekannt wurde sie in den 1980er Jahren, als sie sich für die Gleichstellung Homosexueller einsetzte.

Später regierte sie die Millionenstadt São Paulo. »Bevor ich meine Antrittsrede hielt, kam ein befreundeter Politiker zu mir und erklärte: Du sagst ein paar nette Worte zur Begrüßung, ich erläutere anschließend die Haushaltslage. Ich habe ihm erst mal klarmachen müssen, wer von uns beiden zum Bürgermeister gewählt worden ist«, sagt Suplicy.

Die erbittertsten Gegner jeglicher Frauenförderung sitzen im

Kongress: Religiöse Gruppen und patriarchalische Männerbünde blockieren jede Liberalisierung, etwa in der Abtreibungsfrage. »Nur in der Regierung sind wir stark«, sagte mir Suplicy. »Das haben wir allein der Präsidentin zu verdanken.«

Unter Präsident Lula hätten sich die Männer im Palast gern an Machosprüchen erwärmt, bekennt Präsidialminister Carvalho. Das hat Lula aber nicht daran gehindert, eine Frau als Nachfolgerin aufzubauen. Rousseff regiert den Männerzirkus Brasília mit strenger Hand.

Sieben Minister wechselte sie in den ersten Regierungsmonaten aus, sechs wegen diverser Korruptionsskandale. Die Patriarchen der betroffenen Parteien aus ihrem Regierungsbündnis klagten und drohten, doch die Präsidentin ließ sich nicht einschüchtern. Das politische Großreinemachen zahlte sich zunächst aus: Keiner ihrer Vorgänger war nach einem Jahr Amtszeit so beliebt wie sie.

Brasiliens eiserne Lady pflegt einen anderen Regierungsstil als ihr jovialer Vorgänger. »Lula gehorchte seinen Eingebungen und Gefühlen«, sagt Carvalho. Rousseff dagegen ist im Umgang mit Mitarbeitern distanziert, sie hasst Kungeleien mit Parteigrößen, Gouverneuren und Abgeordneten.

Lula flog jede Woche in irgendeinen Winkel des Riesenlandes, in der Hauptstadt hielt er es selten länger als zwei Tage aus. Seine Nachfolgerin sieht man häufiger im Büro als im Regierungsairbus. Auch in außenpolitischen Fragen setzt Rousseff sich von ihrem Vorgänger ab: Mahmud Ahmadinedschad, bis Mitte 2013 Präsident des Iran und von Lula einst aufs herzlichste empfangen, machte auf seinen Lateinamerikareisen einen weiten Bogen um Brasilien, nachdem Rousseff Präsidentin geworden war. Sie hatte das Mullah-Regime schon vor ihrem Amtsantritt scharf für seinen mittelalterlichen Umgang mit Frauen kritisiert.

Rousseff wohnt – zusammen mit Mutter und Tante – im Alvorada-Palast, der offiziellen Residenz der brasilianischen Präsidenten. Ihr engster Vertrauter ist Carlos Araújo, der Ex-Mann und Vater ihrer Tochter, ein Mitstreiter aus gemeinsamen Tagen bei der Guerilla. Während der ersten zwei Jahre ihrer Amtszeit hat sie sich immer stärker isoliert. Sie ist kein Kommunikationstalent wie Lula; ihre Reden liest sie meist vom Blatt, ihr Duktus ist schwer und bürokratisch. Wenn ihr etwas nicht passt, wird sie oft laut und unwirsch, Mitarbeiter und Minister zittern vor ihr. Lula wurde von den Bediensteten im Regierungspalast geliebt, er kam zu Betriebsfesten und verteilte Weihnachtsgeschenke. Rousseff dagegen wahrt Distanz. Während Lula seinen Ministern große Freiheiten einräumte, kümmert Rousseff sich um jedes Detail, sie zieht viele Entscheidungen an sich und delegiert nicht gern.

All diese Eigenschaften sahen die Brasilianer ihrer Präsidentin nach; sie bauten darauf, dass sie effizient regieren würde und die Korruption bekämpfte. Doch Lula hatte ihr nicht nur eine boomende Wirtschaft hinterlassen, sondern auch eine Menge Probleme. Die Allianz mit der PMDB erwies sich als Handicap. Rousseffs Eifer bei der Bekämpfung von Vetternwirtschaft und Korruption erlahmte, als er die Basis ihrer Regierung gefährdete. Um die Gier der verbündeten Parteien nach einflussreichen Posten zu stillen, richtete Rousseff mehrere neue Ministerien ein und blähte so den Regierungsapparat unnötig auf. Mitte 2013 umfasste ihr Kabinett 39 Minister, das waren mehr als unter jedem ihrer Vorgänger.

Dennoch wirkte ihre Regierung wie gelähmt. Das erste Amtsjahr war Rousseff vor allem mit dem Kampf gegen die Korruption beschäftigt. Wichtige Projekte kamen nicht voran oder versandeten im Getriebe der Bürokratie. Ihr Ruf als effiziente Managerin entpuppte sich als Illusion: Es kam immer öfter zu Stromausfällen, dabei war die Energiepolitik das Steckenpferd der Präsidentin. Der Ausbau von Häfen und Flughäfen stockte, Gewerkschaften und Lobbygruppen blockierten oder verschleppten die nötigen Reformen. Die Fußballweltmeisterschaft 2014, die Lula mit großem Pomp nach Brasilien geholt hatte, entpuppte sich als tückisches Erbe.

Auch der Wirtschaftsboom verebbte. Unter Lula war das Bruttoinlandsprodukt zeitweise über sieben Prozent gewachsen, im zweiten Amtsjahr Rousseffs wuchs es um magere 0,9 Prozent. Die Präsidentin senkte deshalb die Zinsen und versuchte, den Konsum mit immer neuen Krediten für Autos und Häuser anzukurbeln, aber die meisten Brasilianer sind bereits hoch verschuldet.

Die Folgen des Konsumrauschs spürten die Brasilianer bald im Geldbeutel: Die Inflation kehrte zurück. Die Preise für Lebensmittel und Dienstleistungen stiegen rasant. Das traf vor allem die Mittelschicht, die ohnehin unter einer gewaltig gestiegenen Steuerlast ächzte. Zugleich brachen die Erlöse aus dem Export von Agrargütern und Rohstoffen ein: Die Weltmarktpreise fielen; China, der wichtigste Abnehmer für brasilianische Soja, kaufte weniger als erhofft, das Wachstum in den BRICS-Staaten bröckelte.

Brasiliens Politiker ignorierten den Mix aus Wirtschaftskrise, Inflation und genereller Unzufriedenheit in der Bevölkerung. Sie bauten darauf, dass die Fußballbegeisterung jede Kritik ersticken würde. Sie fühlten sich so sicher, dass sie ungeniert in aller Öffentlichkeit Frivolität demonstrierten: Gouverneure ließen sich von Baufirmen sponsern, Politiker luden Familienangehörige und Freunde in die Regierungsjets ein und flogen auf Staatskosten an den Strand oder zu Fußballspielen.

Unter Rousseff steigerte sich die Frivolität der politischen Klasse ins Obszöne. Die Präsidentin, der Großmannssucht fremd war, drückte jetzt beide Augen zu, sie wollte ihre Verbündeten nicht verprellen.

Rousseff war eine Geisel des Systems geworden, sie besaß nicht das politische Geschick ihres Mentors Lula.

Die Melange aus ungelösten Konflikten, Inflation und Verachtung für die korrupte politische Klasse war ein gefährlicher Cocktail. Doch niemand ahnte, mit welcher Wucht sich der aufgestaute Frust entladen würde – ein Jahr vor der Fußballweltmeisterschaft.

Die Rebellion der Bürgerkinder – Brasilien in der Modernisierungskrise

Anfang Juni 2013 fuhr ich zum Eröffnungsspiel des Confederations-Cup nach Brasília. Brasilien spielte gegen Japan, Präsidentin Rousseff und Fifa-Chef Sepp Blatter wurden erwartet, der Karnevalsspezialist Paulo Barros hatte eine farbenprächtige Eröffnungsshow konzipiert. Wenige Tage vor dem Spiel hatten in São Paulo einige tausend Menschen gegen die Erhöhung der Busfahrpreise um 20 Centavos protestiert, die Polizei hatte die Demonstranten brutal zusammengeprügelt und mit Tränengas und Gummikugeln beschossen. Mehrere Menschen waren schwer verletzt worden, darunter Fotografen und Journalisten. Die Bewegung für

Nulltarif bei öffentlichen Verkehrsmitteln (MPL) hatte die Protestaktion organisiert, sie kündigte neue Demos an.

Auch vor der Eröffnung des Confed-Cups sollte protestiert werden. Der Gouverneur von Brasília hatte ein riesiges Polizeiaufgebot zum Schutz des Stadions und der Fußballfans bestellt. Etwa 5000 Demonstranten hatten sich vor dem Fußballspiel versammelt, sie protestierten gegen die exorbitanten Kosten des Stadions. 1,4 Milliarden Real, rund 500 Millionen Euro, hatte die »Arena Mané Garrincha« gekostet, fast doppelt so viel wie ursprünglich veranschlagt. Dabei war abzusehen, dass sich das Stadion nach der Weltmeisterschaft in einen »Weißen Elefanten« verwandeln würde – so nennen die Brasilianer leerstehende Prachtbauten und Bauruinen. Brasília hat keinen nennenswerten Fußballverein, der das Stadion nach der WM füllen könnte, die meisten Fußballfreunde der Hauptstadt sind Fans von Clubs aus Rio oder São Paulo.

Nicht nur beim Bau des Stadions von Brasília waren die Kosten explodiert; bei den meisten WM-Arenen hatten die Verantwortlichen ihr Budget um mindestens 20 Prozent überzogen. Drei weiteren Stadien droht dasselbe Schicksal wie Brasília: Auch die Arenen von Manaus, Natal und Cuiabá werden nach der WM voraussichtlich leer stehen oder weit unter ihrer Kapazität genutzt, keine dieser Städte besitzt einen großen Fußballverein.

Sportminister Aldo Rebelo hatte die Gesamtkosten der WM auf umgerechnet 13 Milliarden Euro geschätzt, damit wird sie ungefähr doppelt so teuer wie die WM in Südafrika 2010. Ricardo Teixeira, der inzwischen zurückgetretene Präsident des brasilianischen Fußballverbands CBF, hatte 2007, kurz nachdem Brasilien den Zuschlag für die WM erhalten hatte, versichert, dass der Staat nicht einen Centavo für die Stadien auszugeben brauche, alle Bauten würden privat finanziert. Das war fünf Jahre später längst hinfällig, die staatliche Entwicklungsbank BNDES finanzierte den Bau zu besonders günstigen Konditionen.

Den größten Anteil der Baukosten trugen die Bundesstaaten. Die Verträge, die die Gouverneure mit den beteiligten Baufirmen geschlossen hatten, waren undurchsichtig, Material und Ausführungskosten oft übertrauert. Der Gouverneur von Rio de Janeiro reiste mit dem Flugzeug einer Baufirma durchs Land und ließ sich in dessen Luxusressort in Bahia bewirten. Die einzigen mit der WM verknüpften Bauten, die direkt der Bevölkerung zugute kommen sollten, blieben entweder auf dem Papier oder wurden nur zu einem kleinen Teil umgesetzt. Die Modernisierung der Nahverkehrssysteme und der Flughäfen kam nicht voran, die Städte waren so verstopft wie eh und je. Gleichzeitig verfielen Schulen und Krankenhäuser.

Also alles wie immer in Brasilien, lästerten Zyniker. Dabei hatten kompetente Kritiker wie der Sportexperte Juca Kfouri schon vor der Bewerbung davor gewarnt, dass Brasilien noch nicht reif sei für die Ausrichtung der WM: Die Korruption sei zu groß, Politiker und Techniker seien mit der Planung überfordert. Nur die Fifa, die Baufirmen und abgefeimte Politiker würden profitieren.

Die Brasilianer standen im Ruf, dass sie nicht gerne zum Protestieren auf die Straße gingen, sie waren weniger politisiert als etwa die Menschen im benachbarten Argentinien. Außerdem bauten die Politiker darauf, dass die Mehrheit die Verschwendung und Korruption hinnehmen würde, so war es bislang immer gewesen. »Tudo acaba em Samba«, heißt ein brasilianisches Sprichwort: Alles endet im Samba.

Doch die Zyniker hatten sich getäuscht. Die Mittelschicht ließ sich nicht länger mit billigen Krediten für ein neues Auto oder eine Wohnung abspeisen. Die Menschen wollten eine bessere Bildung für ihre Kinder, bessere Krankenhäuser; einen Staat, der die Steuergelder endlich zum Wohl aller Bürger einsetzt und nicht für die Privilegien einer kleinen Kaste.

Im Gespräch mit Freunden und Bekannten hatte ich diese Unzufriedenheit wohl gespürt. Aber ich hatte nie damit gerechnet, dass sich der Frust in einem Aufstand entladen würde. Keiner meiner Kollegen hatte das vorausgesehen, auch nicht die brasilianischen Journalisten. Präsidentin Dilma Rousseff wurde zwar nicht geliebt, aber respektiert. Seriöse Umfrageinstitute hatten Zustimmungswerte von 70 Prozent ermittelt. Bei den Wahlen im Oktober 2014 würde sie damit locker im ersten Wahlgang siegen.

Wir alle – Journalisten, Politiker, Sozialwissenschaftler, NGOs und Umfrageinstitute – hatten die Protestbereitschaft der Brasilianer unterschätzt. Und niemand hielt es für möglich, dass die Demonstranten ausgerechnet in Brasília aufmarschieren würden.

Brasiliens Politiker schätzen ihre sterile Hauptstadt: Sie sind hier unter sich, nur selten versammeln sich mehr als einige hundert Demonstranten auf der kahlen Meile der Ministerien, um gegen Machtmissbrauch und Korruption zu protestieren.

Wenn es in dem Riesenland überhaupt zu Massendemonstrationen kommt, dann in den Megametropolen Rio oder São Paulo. Brasília ist eine Hauptstadt ohne Volk; die Abgeordneten und Senatoren gehen isoliert vom wahren Leben ihren Geschäften nach – oft nicht zum Wohle des Volkes, sondern ihrer eigenen Kaste.

Während des Eröffnungsspiels des Confed-Cups bekamen die Herrschenden einen kleinen Vorgeschmack, was in den kommenden Wochen auf sie zukommen würde.

Kurz bevor Neymar und Konsorten zum glorreichen Sieg über Japan antraten, zogen Tränengasschwaden über den Vorplatz, einige gelb-grün gekleidete Fußballfans kotzten sich auf dem Rasen aus, die berittene Polizei schoss mit Gummikugeln, ihre Pferde scheuten wegen der Knallerei. »Keine Sorge, das Tränengas hinterlässt keine bleibenden Schäden«, beruhigte ein Ansager via Lautsprecher die Fußballfans, die in Panik über den Platz irrten. »Der Effekt geht schnell vorbei.«

Das trifft vielleicht für das körperliche Unwohlsein zu, aber nicht für das politische Unbehagen. Die Protestwelle wuchs zu einer Flut an; sie sprang von Stadt zu Stadt. Längst ging es nicht mehr nur um die 20 Centavos teureren Busfahrkarten, der Protest richtete sich auch gegen die übertreuerten Stadien, die Kungelei zwischen Regierenden und Fifa, die Kleptokraten in Kongress und Senat. Präsidentin Dilma Rousseff und Fifa-Präsident Sepp Blatter wurden ausgepfiffen, als sie im Stadion von Brasília den Confederations-Cup eröffneten.

»Die WM repräsentiert uns nicht«, stand auf einem Schild, das eine Studentin vor dem Eingang zum Stadion in die Höhe reckte, sie trug eine rote Clownsnase.

Als ich nach dem Spiel nach Rio zurückflog, wurde mir bewusst, dass ich einem historischen Moment beiwohnte. Der Riese Brasilien war erwacht – aber anders, als sich die Politiker das erträumt hatten. Er protzte nicht mit Wirtschaftswachstum, sondern zeigte politisches Bewusstsein. Er ließ sich nicht länger mit Brot und Spielen abspeisen, er machte seinem Zorn Luft.

In den Metropolen des Riesenlandes war eine neue Generation

herangewachsen, sie war mit Facebook und Internet groß geworden; sie brauchte keine Parteien und Anführer, um sich zu organisieren. Die Demonstranten verabredeten sich über Facebook, innerhalb von Stunden waren Zehntausende auf den Beinen. Sie protestierten nicht nur gegen die exorbitanten Ausgaben für die WM, das war nur ein Nebenaspekt. In erster Linie richtete sich der Aufstand gegen die politische Klasse und die weit verbreitete Korruption.

Zwei Tage nach meinem Brasília-Trip begleitete ich die erste große Demonstration in Rio de Janeiro. Etwa eine halbe Million Menschen zogen durch die Avenida Rio Branco im Stadtzentrum. Die meisten waren Studenten, viele waren in Weiß gekleidet. Parteien waren verpönt; niemand schwenkte rote Fahnen, wie man sie früher immer sah. Unter den Hunderttausenden entdeckte ich ein einziges Che-Guevara-T-Shirt – früher begleiteten Bilder des »ewigen Guerrilleros« jede Demonstration in Brasilien.

Es war, trotz einiger gewalttätiger Randalierer, ein Fest der Demokratie. Die Medizinstudentin Tatiana Mendes, 24, und ihr Freund Jurival Alves, 25, waren zum ersten Mal auf einer Demonstration, so wie die meisten der rund hunderttausend vorwiegend jungen Leute, die sich vor der historischen Candelaria-Kirche in Rios Innenstadt versammelt hatten. »Wir sind nicht gegen die WM«, sagten sie. »Aber es muss Schluss sein mit der Korruption, der Geldverschwendung, dem Bonzentum im Parlament. Die Regierung speist uns mit Brot und Spielen ab, aber wir wollen bessere Schulen und bessere Krankenhäuser.«

Zusammen mit den Studenten gingen auch viele Gewerbetreibende auf die Straße, Ladenbesitzer und Taxifahrer schlossen sich den Demonstrationen spontan an. »Es fehlt nicht an Geld, wir zahlen Unsummen an Steuern«, klagte Raoni Nery, 27, »aber wir bekommen keine Gegenleistung.«

Der Computerexperte betreibt eine kleine IT-Firma, er würde gern eine Hilfskraft einstellen: »Aber das kann ich mir nicht leisten, weil die Sozialabgaben zu hoch sind. Unsere Arbeitsgesetzgebung ist total veraltet.« Es dauert Monate, eine Firma zu gründen; niemand durchschaut all die Vorschriften und Gesetze. Wer ein Geschäft aufmachen möchte, muss oft Schmiergelder an Inspektoren der Stadtverwaltung zahlen.

Großunternehmen verbuchen die Sonderausgaben für Transport, Bürokratie und Korruption als »Custo Brasil«: Brasilien-Kosten.

Viele Demonstranten schwenkten die brasilianische Flagge, manche trugen weiße Rosen oder Margeriten in der Hand, einige hatten sich die Gesichter mit einem V bemalt – V für Victoria, Sieg, aber vor allem für Vinagre, Essig. Der gilt seit den Straßenschlachten mit der Polizei in São Paulo als erprobtes Hausmittel gegen Tränengas, viele hatten einige Flaschen im Rucksack. Sie fürchteten, dass die Polizei so rabiat vorgehen würde wie vor dem Maracana-Stadion, als unbeteiligte Passanten mit ihren Kindern in Panik vor den Gummigeschossen und Tränengasschwaden der Polizei flüchteten.

Doch die Polizei hielt sich zurück – zu sehr, wie sogar viele Demonstranten meinten: Einige hundert Randalierer stürmten den historischen Tiradentes-Palast, das Landesparlament von Rio, verwüsteten den Eingangsbereich, warfen Molotow-Cocktails und steckten ein Auto in Brand. Etwa 20 Polizisten, die sich in dem Gebäude verschanzt hatten, wurden verletzt, mehrere Bankfilialen in der Nachbarschaft zertrümmert. Vor dem alten Kaiserpalast Paço Imperial feuerten einige bedrängte Polizisten mit scharfer Munition. Zumeist schossen sie in die Luft, ein Demonstrant wurde von einem Streifschuss verletzt.

Brasiliens Polizei war nicht vorbereitet auf den Ansturm der Demonstranten. Sie ist von der Mentalität der Diktatur geprägt, mit demokratischen Protesten wissen die Polizisten nicht umzugehen – entweder sie schlagen brutal über die Stränge oder sie lassen den Demonstranten alles durchgehen.

Viele haben die Proteste in Brasilien mit den Revolten in der Türkei und in Spanien verglichen. Aber nur die Organisationsform ist ähnlich: Auf allen Kontinenten trommeln die Demonstranten die Massen via Facebook oder Twitter zusammen. Ansonsten hat die brasilianische Protestbewegung wenig mit anderen Rebellionen gemeinsam: Sie richtet sich nicht gegen einen Herrscher, wie in der Türkei, sie ist auch nicht kapitalismusfeindlich wie die Occupy-Bewegung. Während der Massendemonstrationen auf der Avenida Paulista, der Prachtstraße von São Paulo, blieb der McDonald's die ganze Zeit geöffnet, die Demonstranten stärkten sich mit Hamburgern und Coca-Cola. Früher wäre das undenkbar gewesen; der Burgerbrater wäre als Symbol des amerikanischen Imperialismus und Kapitalismus als Erstes gestürmt worden.

Demonstranten, die ich in Rio getroffen habe, trugen Plakate gegen die überkommene Arbeitsgesetzgebung und die Quotenregelung für Afrobrasilianer und andere Minderheiten – sie griffen damit Forderungen der politischen Opposition und konservativer Intellektueller auf. Doch die Grundfarbe der Bewegung war Weiß, sie richtete sich gegen alle Parteien. Als in São Paulo Demonstranten mit roten Fahnen auftauchten, wurden sie von der Mehrheit vertrieben.

In Brasilien protestieren nicht Jugendliche, die arbeitslos oder vom Abstieg bedroht sind: Die meisten haben Jobs, viele sind in den vergangenen Jahren aufgestiegen. Hier kämpft nicht eine Nation gegen den wirtschaftlichen Niedergang, sondern für einen gerechteren und effizienteren Staat. Das Feindbild sind nicht einzelne Politiker, sondern die politische Klasse und ihre Institutionen.

Die brasilianische Krise ist eine Krise der Repräsentativität: Die Menschen fühlen sich nicht von den gewählten Abgeordneten vertreten; Parteien, Kongress und die Landes- und Gemeindeparlamente spiegeln nicht die brasilianische Gesellschaft wider. Die Revolte ist Ausdruck einer Modernisierungskrise: Das politische System ist zwar formell demokratisch, aber die meisten ihrer Repräsentanten sind dem alten Klüngel-Denken der Elite verhaftet. Sie missbrauchen die demokratischen Institutionen, um ihre Privilegien abzusichern.

Die pauschale Kritik am »System« birgt aber auch eine Gefahr: Wenn der politische Aufbruch nicht über Parteien oder andere demokratische Institutionen kanalisiert wird, versandet er oder Demagogen missbrauchen die Bewegung. Die Sehnsucht nach einem starken Mann, der mit der »schmutzigen Klasse« der Politiker aufräumt, ist latent auch in Brasilien vorhanden; viele verklären im Rückblick die »goldenen Jahre« der Militärdiktatur.

Ex-Präsident Lula glaubte anfangs, dass die Protestbewegung von der Rechten gesteuert sei, später hat er seine Sicht differenziert und versucht, die Bewegung zu vereinnahmen. Die Protestierenden seien die Kinder des Wirtschaftsbooms, den er initiiert habe. Alle Parteien müssten sich erneuern, auch die PT.

Auch der mächtige Fernsehsender TV Globo vollzog eine Kehrtwende: Anfangs verteidigte er die brutale Vorgehensweise der Polizei und stellte die Demonstranten als Chaoten dar. Als deutlich wurde, dass vor allem Bürgersöhne und -töchter auf die Straße gingen und ihre Forderungen sehr zivil waren, schwenkte der Sender um: Plötzlich verklärte er die Demonstrationen zu einer Art familiärem Happening gegen die korrupte Regierung.

Die Demonstranten verziehen TV Globo diesen Opportunismus nicht: In São Paulo vertrieben sie Reporter des Fernsehsenders, mehrere Übertragungswagen gingen in Flammen auf. Die Globo-Leute nahmen daraufhin das Logo der Fernsehanstalt von ihren Mikrofonen, so waren sie nicht so leicht als Globo-Journalisten zu identifizieren.

Präsidentin Rousseff tat sich schwer mit einer Antwort auf die Proteste. Sie war ebenso überrumpelt worden wie die gesamte politische Klasse. Tagelang schwieg sie; die Demonstranten erkletterten unterdessen die Schüssel des Kongresses in Brasília; einige Chaoten versuchten, das Außenministerium in Brand zu stecken.

Schließlich rang sie sich zu einer landesweiten Fernsehansprache durch. Sie habe die Stimme der Straße verstanden, erklärte sie und kündigte das größte und umfassendste Reformpaket seit der Verabschiedung der Verfassung von 1988 an.

Nach einem zweiwöchigen Proteststurm, der wie aus dem Nichts über das Land gefegt war, wollte sie in den verbleibenden 18 Monaten ihrer Amtszeit Veränderungen anschieben, die Brasilien nachhaltig umkrempeln würden: Sie kündigte an, ein Plebiszit über die seit Jahrzehnten verschleppte Reform des politischen Systems einzuberufen. Die Brasilianer sollten darüber abstimmen, wie sie die Korruption bekämpfen und den Kongress transparenter gestalten wollten.

Rousseff versprach, alle Exekutivebenen – Präsidentin, Gouverneure und Bürgermeister – zu strenger Ausgabenkontrolle zu verpflichten, um die Inflation einzudämmen.

Ärzte aus den Krisenstaaten Südeuropas sollten in den armen Regionen aushelfen, wo brasilianische Ärzte ungern arbeiten. Per Steuerreform wollte sie zusätzliche Mittel aufbringen, um den öffentlichen Nahverkehr auszubauen. Bislang hat die Regierung vor allem die Produktion von Autos gefördert. Die Einnahmen aus der

Ölförderung sollten ins öffentliche Bildungssystem fließen. Korruption sollte zukünftig als Schwerverbrechen geahndet werden.

Einige dieser Initiativen waren nicht neu, auch die Präsidenten Fernando Henrique Cardoso und Lula hatten eine Reform des politischen Systems angekündigt, aber das Projekt war nicht vorangekommen. Im Kongress herrscht Korpsgeist vor: Wenn es um ihre Privilegien geht, halten Abgeordnete und Senatoren aller Parteien zusammen.

Letztendlich müsste für einen nachhaltigen Umbau des politischen Systems die Verfassung geändert werden. Das hatte die Präsidentin zunächst auch angestrebt, aber bereits einen Tag nach der Ankündigung einer Verfassungsreform ruderte sie zurück: Die Abgeordneten des eigenen Regierungsbündnisses hatten ihr die Unterstützung verweigert.

Auch die anderen Projekte der Präsidentin wurden im Kongress verwässert oder blockiert. Sie schlitterte unversehens in die größte Krise ihrer Amtszeit, ihre Umfragewerte stürzten ab.

Abgeordnete aller Parteien, Gouverneure und Bürgermeister verabschiedeten in Rekordtempo eine Reihe von Maßnahmen, um die Demonstranten zu beschwichtigen: Sie schlugen vor, die Fahrpreise für öffentliche Verkehrsmittel einzufrieren oder sogar zu annullieren. Die Zusatzkosten wollten sie auf die Zentralregierung abwälzen. Rousseff drohte mit einem Veto: Das Projekt würde den Haushalt mit zusätzlichen Milliardenkosten belasten.

Ein Jahr vor der Fußball-WM und 18 Monate vor den nächsten Präsidentschaftswahlen stand die politische Klasse ratlos vor dem Abgrund, der sie von den Wählern trennt. Sie ist für diese Krise selbst verantwortlich: Jahrzehntelang haben Politiker aller Parteien sich ungeniert aus den öffentlichen Kassen bedient. Mit Gesetzen und Verordnungen haben sie sich gegen Strafverfolgung geschützt, ihre Privilegien schienen wie in Zement gegossen.

Jetzt wird ihnen die Rechnung präsentiert: Über 80 Prozent der Brasilianer misstrauen den Volksvertretern. Sie hinterfragen die repräsentative Demokratie mit ihren Parteien und Abgeordneten, weil das System keine wirksamen Kontrollen gegen Korruption und Vetternwirtschaft besitzt.

Wir kennen diese Legitimationskrise aus anderen Ländern, auch in Europa ist die Distanz zwischen Regierenden und Regierten in den vergangenen Jahren immer größer geworden. Die große Frage ist, wie sich die Demokratie vor dem Verfall retten lässt, ohne in autoritäre Regierungsformen abzurutschen. In der politischen Landschaft Brasiliens gibt es niemanden, der eine Antwort parat hat.

Am ehesten könnte eine Frau von der Krise profitieren, die bereits vor den Wahlen 2010 zu einer ernstzunehmenden Rivalin für Präsidentin Rousseff aufgestiegen war: die ehemalige Umweltministerin und Präsidentschaftskandidatin Marina Silva.

Ex-Präsident Lula hatte die zierliche Politikerin aus dem entlegenen Amazonas-Staat Acre während seiner ersten Amtszeit zur Umweltministerin berufen. Sie trat nach zwei Jahren zurück, weil sie sich von Lula als Aushängeschild missbraucht sah; Lula unterstützte keine ihrer umweltpolitischen Initiativen. Silva zählt zum Urgestein der PT, sie hatte einst die Partei mitbegründet. Die zierliche Frau, deren politische Durchsetzungskraft oft unterschätzt wird, stammt aus einer bettelarmen Familie und schuftete in ihrer Jugend unter anderem als Gummisammlerin und Hausangestellte. Nach ihrem Rücktritt schloss sie sich zunächst der Grünen Partei (PV) an, dort wurde sie jedoch nicht heimisch: Brasiliens Grüne gelten als konservativ und waren bereits in mehrere Skandale wegen Postenkungelei verwickelt. Bei der Präsidentschaftswahl 2010 bekam Silva so viele Stimmen, dass Lulas Favoritin Rousseff, der ein Sieg im ersten Wahlgang vorausgesagt worden war, in die Stichwahl musste.

Silva hat sich schon vor Jahren mit den neuen Protestbewegungen auseinandergesetzt, vor allem unter Studenten und jungen, urbanen Mittelschichtbrasilianern ist sie sehr beliebt. Sie ist auf allen sozialen Medien präsent. Ihre neue Partei heißt »Rede« (Netz), wie die Protestbewegung ist sie horizontal organisiert, es gibt keine Hierarchien.

Silva hatte schon vor Jahren vor der Legitimitätskrise des politischen Systems gewarnt und die Bedeutung der sozialen Medien für die Gestaltung von Politik hervorgehoben, doch vom Establishment wurde sie belächelt.

Das rächt sich jetzt: Bei der Präsidentschaftswahl im Oktober 2014 könnte Marina Silva zur gefährlichsten Herausforderin für Amtsinhaberin Rousseff werden. Das WM-Jahr könnte auch politisch eine Zeitenwende für Brasilien einleiten.

Brasilianische Wirklichkeiten

Die Illusion von der Rassendemokratie

Über die Hälfte der knapp 200 Millionen Brasilianer sind afrikanischer Abstammung, aber es gibt kaum Schwarze in Brasilien. Das ist die kuriose Erkenntnis aus Volkszählungen, bei denen die Brasilianer nach ihrer Hautfarbe gefragt wurden. Dunkelhäutige bezeichnen sich als Moreno (dunkelbraun), Moreno claro (hellbraun), Café com Leite (Milchkaffee) und mit einem Dutzend weiterer Schattierungen. Nur Negro (schwarz) möchte niemand sein.

US-Präsident Barack Obama würde in Brasilien als »Moreno« eingestuft, Boxerstar Muhammed Ali geht als »Mulatte« durch. Mein afroamerikanischer US-Kollege Eugene Robinson, der in den 1990er Jahren als Korrespondent für die *Washington Post* in Brasilien arbeitete, hat über die Unterschiede in der Selbstwahrnehmung von Afrobrasilianern und Afroamerikanern ein faszinierendes Buch geschrieben: *Coal to Cream*. Der wichtigste Unterschied aus seiner Sicht: In den USA definieren sich Bürger als Schwarze, wenn sie einen Tropfen schwarzes Blut in den Adern haben. In Brasilien dagegen sehen sich Dunkelhäutige, die einen Tropfen nichtschwarzes Blut haben, nicht als Schwarze, sondern verorten sich irgendwo auf einer Skala, die bis zu 300 verschiedene Schattierungen umfasst. Der Gegensatz zwischen Schwarzen und Weißen, der in den USA und Südafrika die Gesellschaft durchdringt, existiert in Brasilien nicht; es ist ein Land der Zwischentöne. Das macht die Rassenfrage so kompliziert. Wenn Brasilien in der Selbstwahrnehmung ein Kessel Buntes ist – wie kann es dann Rassismus geben?

Sozialwissenschaftler argumentieren gern, dass der Rassismus in Brasilien sozialer Natur sei – er richte sich nicht gegen die Hautfarbe, sondern gegen den sozialen Status. Nicht Schwarze würden benachteiligt, sondern generell Arme aus der Unterschicht.

Diese Ausrede ist elegant, weil sie die sozioökonomischen Verhältnisse für den Rassismus verantwortlich macht und nicht das Individuum. Sie täuscht aber darüber hinweg, dass die Hautfarbe sehr wohl einen Unterschied macht. Nur haben die Brasilianer ihren Rassismus besser kaschiert.

Wenn Weiße sich unbeobachtet fühlen oder sich unter ihresgleichen wähnen und auf Political Correctness verzichten, schlägt dieser Rassismus gelegentlich offen durch. Während eines Flugs nach Salvador, der Hauptstadt des überwiegend »schwarzen« Bundesstaats Bahía, saß ich einmal neben der Ehefrau eines Großgrundbesitzers aus dem Landesinneren. Wir kamen ins Gespräch; als sie hörte, dass ich Deutscher bin, fasste sie Vertrauen und fragte mich: »Wissen Sie, was das größte Problem Brasiliens ist? Die Neger!«

So unverblümt hatte ich Rassismus in Brasilien noch nie erlebt, es war auch eine Ausnahme. Normalerweise wird das Thema subtiler behandelt. Aber in bestimmten Situationen zeigt sich der Rassismus ganz offen.

Ich habe einen afrobrasilianischen Freund, der Kinderarzt ist und von Einkommen und Bildungsstand zur Mittelschicht zählt. Wenn er nachts in seinem Auto durch die Stadt fährt, kann er sicher sein, dass er bei Polizeikontrollen dreimal so oft angehalten wird wie ein weißer Fahrer: Schwarze am Steuer eines Mittelklassewagens stehen automatisch im Verdacht, das Auto gestohlen zu haben. Im Krankenhaus, wo mein Freund arbeitet, geschieht es oft, dass ihn Patienten, die ihn nicht kennen, nach dem Arzt fragen – wegen seiner Hautfarbe halten sie ihn für einen Pfleger.

Unter den jungen Männern, die eines gewaltsamen Todes sterben, sind dreimal so viele Schwarze wie Weiße. Dennoch verweisen Anthropologen auf die mildernde Wirkung des Schmelztiegels: Rassistische Gesetze wie in den USA oder Südafrika hat es in Brasilien nie gegeben. Die Regenbogengesellschaft vertuscht den Rassismus, aber sie hebt ihn nicht auf.

Die Ambivalenz der Rassenbeziehungen wurzelt in der Kolonialgeschichte. Anders als die Spanier kontrollierten die Portugiesen ihre Kolonien nicht in erster Linie durch die Anwendung von Gewalt, sondern übers Bett: Sie vermischten sich mit einheimischen Indianern ebenso wie mit Sklavinnen oder deren Töchtern. Es fehlte an weißen Frauen, zugleich hatten die weiblichen Nachfahren der Sklaven den Ruf, besonders sinnlich zu sein. »Eine Weiße zum Heiraten, eine Schwarze zum Kochen und eine Mulattin fürs Bett«, lautete ein zynisches Sprichwort unter brasilianischen Männern. Dass die Frauen oft zum Sex gezwungen wurden oder aufgrund der Machtverhältnisse keine Chance zum Widerstand sahen, wird verschwiegen.

Der Mythos von der »sinnlichen Mulattin« hält sich bis heute. Die Bücher des populären brasilianischen Schriftstellers Jorge Amado haben zur Idealisierung dieses Frauenbildes beigetragen: *Gabriela wie Zimt und Nelken* und *Dona Flor und ihre beiden Ehemänner* sind eine Hommage an die Mulattinnen von Bahía, sie verklären den Schmelztiegel Brasilien. Bis heute ist das Frauenideal vieler hellhäutiger Brasilianer eine »Morena« oder »Mulattin«. Schwarze Brasilianer stehen dagegen oft auf Blondinen – sie sind ein Statussymbol für gesellschaftlichen Aufstieg. Medien und Tourismuswerbung schlachten diese Klischees aus. Carmen Miranda, die Sängerin mit dem Früchtekorb auf dem Kopf, symbolisierte jahrzehntelang die typische Brasilianerin im Ausland – dabei war sie eine gebürtige Portugiesin.

Im Bürgertum und in der Oberschicht war es bis vor wenigen Jahren üblich, dass die Söhne des weißen Hausherrn ihre erste sexuelle Erfahrung mit der zumeist dunkelhäutigen Hausangestellten machten. Viele Männer der Oberschicht zeugten Nachkommen mit dunkelhäutigen Geliebten. Nur selten erkannten sie diese Kinder allerdings an; nach ihrem Tod kämpften die außerehelichen Töchter und Söhne meist vergeblich um ihren Anteil am Erbe.

Der Kult um die Mulattinnen hat diesen nicht zum gesellschaftlichen Aufstieg verholfen, die soziale Hierarchie blieb unangetastet. »Cada Macaco no seu galho« heißt ein bekanntes brasilianisches Sprichwort: »Jeder Affe sitzt auf dem Ast, der ihm gebührt.«

Der herrschenden Klasse Brasiliens war ihre europäische Abstammung immer wichtig. Noch bis weit ins 20. Jahrhundert war das Sonnenbaden verpönt, als Schönheitsideal strebte man nach einer möglichst hellen Haut. Unter der Diktatur von Getúlio Vargas entwarfen Rassentheoretiker Rezepte zur »Aufhellung« der brasilianischen Bevölkerung, sie förderten vor allem die Einwanderung aus Nordeuropa. In der Oberschicht wurde es nicht gern gesehen, wenn die Töchter einen Schwarzen heirateten.

Heute sind Ehen zwischen schwarzen und weißen Brasilianern alltäglich. In Rio de Janeiro sitzen Schwarze und Weiße in Kneipen einträglich nebeneinander. Vor allem der Strand hat eine egalisierende Wirkung: In Badehose und Bikini sind alle Menschen gleich, Privatstrände sind verboten.

Von den Afrobrasilianern gehen auch wichtige kulturelle Anstöße aus. Schwarze Bodybuilder prägen den Körperkult in den großen Städten; die musikalische Kultur der US-amerikanischen Schwarzen hat in den Vororten und Armenvierteln der brasilianischen Metropolen Einzug gehalten. Baile Funk, Hiphop und Rap, die Musik der Vorstadtjugend, wurzelt in der Black Music der amerikanischen Ghettos. Die Mode der Vorstadtkids wird von US-amerikanischen Schwarzen geprägt.

Nur im Fußball und in der Musik fällt Afrobrasilianern der gesellschaftliche Aufstieg leicht. Die meisten berühmten Sambamusiker sind afrikanischer Abstammung. Überdurchschnittlich viele Schwarze finden sich auch in den Streitkräften und in der Polizei. Für arme Familien ist es das Höchste, wenn ihr Sohn einen Job als Soldat ergattert, damit kommt er automatisch in den Genuss einer Krankenversicherung, und seine wirtschaftliche Zukunft ist gesichert.

In den traditionellen Berufen der brasilianischen Elite sind Schwarze dagegen selten: Es gibt wenige afrobrasilianische Ärzte und Anwälte, auch als Ingenieure oder Architekten sind sie eine Ausnahme. Regierungsposten werden ebenfalls nur selten mit Schwarzen besetzt. Das gilt auch für die PT-Regierungen: Im Kabinett von Präsident Lula war nur die Ministerin für Gleichstellungsfragen Afrobrasilianerin; auch unter Präsidentin Rousseff gibt es kaum Schwarze in der Regierung.

Im Kongress und den Landesparlamenten sitzen mehrheitlich weiße Abgeordnete.

Nur in der Justiz ist einem Schwarzen der Aufstieg nach ganz oben geglückt: Der Afrobrasilianer Joaquim Barbosa wurde 2012 zum Präsidenten des Obersten Bundesgerichts ernannt. Sein Aufstieg ist umso bemerkenswerter, weil er auch zu einem Idol der Protestbewegung wurde. Barbosa trat für die Verurteilung der Angeklagten im »Mensalão«-Korruptionsverfahren ein und wird als möglicher Kandidat bei den Präsidentschaftswahlen 2014 gehandelt, obwohl er eine Karriere in der Politik immer ausgeschlossen hat.

Die ehemalige Hausangestellte Benedita da Silva aus Rio de Janeiro schaffte es unter Lula vorübergehend zur Sozialministerin, als Vizegouverneurin von Rio de Janeiro übernahm sie nach dem Rücktritt des Amtsinhabers für einige Monate die Regierung des Bundesstaats. Doch diese Karrieren sind Ausnahmen.

Um den Anteil der Afrobrasilianer unter den Studenten zu erhöhen, hat Lula während seiner Amtszeit ein Gesetz angestoßen, das die Universitäten verpflichtet, Quoten für Schwarze, Arme und ethnische Minderheiten freizuhalten. Unter seiner Nachfolgerin Rousseff wurde es mit einigen Änderungen verabschiedet.

Als Vorbild diente die »Affirmative Action« in den USA. Die Quote ist abhängig vom Anteil der Afrobrasilianer im jeweiligen Bundesstaat; in Bundesstaaten mit vielen Afrobrasilianern ist sie höher als in »weißen« Regionen. Wie vorauszusehen, stieß die Quotenregelung vor allem in der Mittel- und Oberschicht auf Widerstand. Sie würde dazu führen, dass der Qualitätsstandard im Bildungswesen gesenkt würde, argumentierten Kritiker. Diese Voraussage hat sich bislang nicht bewahrheitet: Alle Professoren, die ich zu dem Thema befragt habe, sehen in der Quotenregelung eine ebenso nötige wie positive Öffnung des Bildungssystems für die bislang Ausgeschlossenen.

Eher schon ist die Kritik an dem Auswahlverfahren gerechtfertigt: An einer Universität in Rio bewarben sich dunkelhäutige Zwillinge für einen Quoten-Studienplatz; einer wurde akzeptiert, der andere abgelehnt. Das anfangs erwähnte Dilemma der Brasilianer, ihre Hautfarbe zu definieren, erschwert die Quotenregelung.

Die Selbstwahrnehmung als Nichtschwarze verhindert auch, dass die kleine Afro-Bewegung mehr Anhänger gewinnt. »Black Power« ist in Brasilien kein Thema. Nur in Bahia ist das Selbstbewusstsein der Afrobrasilianer stark entwickelt. Der Stolz auf ihre Hautfarbe hat den schwarzen Bahía-Bewohnern allerdings nicht zu mehr politischem Einfluss verholfen, er drückt sich vor allem in der Kultur aus.

Zwischen Boom und Blues –
das Auf und Ab der brasilianischen Wirtschaft

Der Hubschrauber erhebt sich über die Guanabara-Bucht, lässt den Zuckerhut hinter sich und schwenkt an der Küste entlang Richtung Norden. Austernbänke ziehen vorbei, Fischerstädtchen und weiße Badestrände.

Nach gut einer Stunde taucht ein Pier am Horizont auf, es ragt 300 Meter weit in den blaugrünen Ozean. Auf einer Baustelle schrauben Arbeiter mit weißen Helmen an Filteranlagen. Ringsherum erstreckt sich kilometerweit trockenes, sandiges Brachland. In dieser Einöde entsteht der Industriehafen Açu, einst das ehrgeizigste Projekt des brasilianischen Unternehmers Eike Batista.

Der Deutschstämmige war einmal der reichste Mann Brasiliens, weltweit war er die Nummer acht. Forbes schätzte sein Vermögen auf 30 Milliarden US-Dollar. Mit Megaprojekten wie Açu hatte der Mann aus Rio ein Milliardenvermögen aufgebaut. Fünf Firmen bildeten sein Imperium EBX, sie saßen alle unter einem Dach in einem unscheinbaren Hochhaus am Strand von Flamengo. Sie suchten nach Öl und Gas, förderten Gold und Erze, bauten Werften und entwarfen Fabriken. In Kolumbien hatte Batista eine Goldmine und mehrere Kohlegruben gekauft; in Rio renovierte er das altehrwürdige Hotel Gloria, er betrieb ein Luxusrestaurant und investierte in einen Yachthafen. Alle seine Firmen tragen ein X im Namen, das Symbol für Multiplikation.

Wer im Jahr 2000 für hundert Dollar Anteile an einer seiner Firmen kaufte, war zehn Jahre später Millionär. Dreizehn Jahre später war er pleite – wenn er die Batista-Aktien nicht rechtzeitig verkauft hatte. Das Vermögen des Moguls ist auf weniger als eine Milliarde zusammengeschmolzen, sein Firmenimperium zerfallen, seine Aktien wurden Mitte 2013 auf Ramschniveau gehandelt.

Das Imperium X hat sich als Luftschloss entpuppt. Batista hatte den Mund zu voll genommen. Nicht eine seiner Firmen machte auch nur annähernd so viel Profit, wie er vorausgesagt hatte.

Eike Batista verkörpert wie kein anderer Unternehmer den Rausch und den Kater der Lula-Jahre. Unter Lula wuchs die Wirtschaft zeitweise um 7,5 Prozent, aber im Jahr 2012 dümpelte sie bei spärlichen 0,8 Prozent Wachstum.

Was war geschehen? In der Euphorie der Lula-Jahre hatten viele übersehen, dass sich die Grundlagen der brasilianischen Wirtschaft nicht geändert hatten: Wie zu Kolonialzeiten ist Brasilien immer noch vom Export von Rohstoffen und Agrarprodukten abhängig. Als Lula an die Macht kam, hatte er das Glück, dass die Rohstoffpreise auf dem Weltmarkt ein historisches Hoch erlebten. Der Aufstieg Chinas zog Brasilien mit: Die Asiaten kauften brasilianische Soja und Eisenerz in Rekordmengen, sie verdrängten die USA als wichtigste Handelspartner der Südamerikaner.

Batista surfte auf dieser Welle. Er hatte sein Vermögen mit Rohstoffen gemacht, wie viele Glücksritter des modernen Brasiliens. Geboren wurde er als zweites von sieben Kindern in Governador Valadares in der Bergbauregion Minas Gerais. Sein Vater Eliezer Batista war Präsident der Minengesellschaft Vale do Rio Doce, als diese noch dem Staat gehörte. Seine Mutter Jutta Fuhrken stammt aus Hamburg.

Als er zwölf Jahre alt war, zog die Familie in die Schweiz, später wohnte er in Düsseldorf und Brüssel, wo er die Deutsche Schule besuchte. Sein Ingenieursstudium in Aachen brach er nach zwei Jahren ab. »Ich fand, dass es Besseres zu tun gab.« Er ging nach Rio zurück, zog in die Welt und suchte nach Gold.

Seine Abenteuerlust führte ihn nach Sibirien, China und Kanada, er investierte in Minen, schlug sich mit der russischen Mafia herum, verdiente viel Geld und verlor es wieder. Anfang der 1980er Jahre kehrte er nach Brasilien zurück. Im Urwald von Mato Grosso kaufte er eine Goldmine. »Mein Vater war dagegen, er erklärte mich zum Idioten«, erinnert er sich. Doch der Junior witterte die Chance seines Lebens: »Ich bin ein Trüffelhund, ich habe eine Nase für gute Geschäfte.«

Die Investition war ein Volltreffer: Die Mine warf eine Million Dollar monatlich ab. Mit Goldgeschäften erwirtschaftete Batista bis zur Jahrtausendwende einen Gewinn von 20 Milliarden Dollar. »19 waren für meine Anleger, eine habe ich behalten.« Acht Minen nennt er sein Eigen.

Die Öffentlichkeit nahm dennoch kaum Kenntnis von dem neuen Milliardär. Erst als er Luma de Oliveira heiratete, eine glamouröse Karnevalsschönheit aus Rio, wurde die Klatschpresse auf ihn aufmerksam. Die kesse Luma und der Superreiche mit dem exotischen Vornamen waren in den 1990er Jahren das Traumpaar von Rio.

Luma ist die Mutter seiner zwei Söhne, auch nach ihrer Trennung sind sie Freunde geblieben: »Sie werden von ihr kein böses Wort über mich in der Öffentlichkeit hören.« Dennoch wurmte es den Alpha-Wolf Batista, dass er lange im Schatten seiner Frau stand.

Sein Aufstieg in die Wirtschaftsseiten von *Financial Times* und *Wall Street Journal* begann Mitte des vergangenen Jahrzehnts, als er in Öl investierte. Im Jahr 2007 erwarb er Konzessionen für Offshore-Vorkommen, die der Staatskonzern Petrobras nicht ausbeuten wollte, weil er sie für wenig ergiebig hielt.

Batista verstand sich hervorragend mit dem damaligen Präsidenten Lula. Beide haben sich gegen den Dünkel der herrschenden Klasse nach oben gekämpft, beide schwelgen gern in Superlativen, beide haben einen Hang zur Megalomanie.

An einem Nachmittag im Februar 2011 erzählte er mir stolz, wie er mit Lula zu Abend gegessen hatte: »Nach dem Essen rief Lula mir zu: ›Verliere deinen Wagemut nicht!‹«

Es war meine erste Begegnung mit dem Milliardär. Monatelang hatte ich um das Interview gebeten, immer wieder war ich vertröstet worden. Batista hatte sich rar gemacht, kurz zuvor war er ohne Angabe von Gründen für drei Monate abgetaucht, die Börsenkurse seiner Firmen hatten verrückt gespielt.

Seine Presseleute waren misstrauisch, das Interview wurde von einem Tag auf den anderen angesetzt, alle halbe Stunde rief mich einer seiner PR-Leute an, um Details zu klären.

An einem Freitagnachmittag empfing Batista mich in seinem Büro in einem Hochhaus am Strand von Flamengo in Rio. Jedes Stockwerk beherbergte eine seiner Firmen. Im Untergeschoss hatte er ein 3D-Kino eingerichtet, wo ich mir durch eine Spezialbrille ansehen durfte, wie seine Firma OGX vor der Küste von Rio das Öl aus dem Meeresboden holen wollte. Ein Manager erklärte mir anhand der Computersimulation, welch große Zukunft dem Batista-Reich bevorstand. Der Mann kam vom staatlichen Ölkonzern Petrobras, Batista hatte ihn abgeworben.

Für die 22 000 Menschen, die im Hafen Açu einmal arbeiten sollten, wollte Batista eine neue Stadt bauen, sie sollte Cidade X heißen, Brasiliens Stararchitekt Jaime Lerner hatte sie entworfen.

Kritiker warfen ihm Größenwahn vor, Anhänger priesen seine unternehmerische Weitsicht.

»Alle meine Projekte entstehen aus dem Nichts«, rief der Multimilliardär und sprang von seinem Schreibtisch auf. Er ist schlank und durchtrainiert, hält sich mit Jogging fit und ist Weltmeister im Speedboot-Rennen. Als sich sein Haar lichtete, ließ Batista sich von einem italienischen Starfriseur ein Toupet aus Eigenhaar anfertigen; der dichte schwarze Schopf wippte rhythmisch mit, als er durch seine Büroetage in Rio stürmte.

Er liebt schnelle Autos, in seinem Wohnzimmer parkt ein getunter Mercedes, dafür ließ er extra sein Haus umbauen. Von seinem Büro im 11. Stock hatte man einen Panoramablick auf den Zuckerhut. Batista verkörperte den rasanten Aufstieg der Wirtschaftsmacht Brasilien, er schämte sich nicht für seinen Ruf als Neureicher. Der Emporkömmling verachtete Brasiliens alte Wirtschaftselite, die konservativen Herren an den Mahagoni-Schreibtischen in São Paulo. »Die hängen doch alle am Tropf der Regierung. Nur Fussballspieler und Schlagersänger haben früher ihren Reichtum gezeigt.«

Er verschwieg, dass auch er seinen Aufstieg der Regierung zu verdanken hatte: Die staatliche Entwicklungsbank BNDES finanzierte seine Projekte mit Milliardenkrediten. Ohne seine guten Beziehungen zu Lula und dessen Nachfolgerin Rousseff hätte Batista diese Finanzspritzen kaum erhalten. Auch nach seinem Absturz ist der Staat wieder gefragt: Petrobras soll einen Teil seiner Ölanlagen übernehmen, die BNDES wird die Abwicklung seines Imperiums X überwachen.

Batista machte die Krämermentalität der alten Eliten mitverantwortlich dafür, dass der Gigant Brasilien jahrzehntelang ein gefesselter Riese war: »Bis Anfang der 1990er Jahre haben wir alles falsch gemacht, was ein Land falsch machen konnte. Brasilien ist nur deshalb nicht untergegangen, weil es größer war als das Loch, in das es zu fallen drohte.« Jetzt sei der südamerikanische Gigant nicht mehr zu bremsen, schwärmte er, seine grauen Augen blitzten. »Brasilien hat alles, wonach die Welt süchtig ist – Mineralien, Öl, Lebensmittel, Wasser, demokratische Verhältnisse und eine konsumfreudige Mittelschicht.« Drei Jahre später fielen die Rohstoffpreise.

Brasiliens Infrastruktur ist eines der Probleme. Es gibt kaum

Eisenbahnlinien, auf denen Massengüter wie Soja transportiert werden können, die meisten Waren werden mit Lastwagen über Tausende von Kilometern zu den Häfen und urbanen Zentren des Südostens geschafft. Die Fernstraßen sind vollkommen überlastet, Autos und Lastwagen quälen sich über Schlaglochpisten. In Mato Grosso und im Amazonasgebiet tanzen die Lastwagen Elefantenballett über Hunderte von Kilometern: So nennen es die Fahrer, wenn sie um Schlaglöcher und Bodenwellen herumkurven. Vor den ebenfalls überlasteten Häfen stauen sich die Sojalaster zur Erntezeit über Dutzende Kilometer.

Die Abfertigung eines Containers dauert doppelt oder dreimal so lange wie in Europa, weil die Bürokratie immens ist. Korrupte Zollinspektoren und Gewerkschaften kassieren bei den Speditionen ab; ohne Schmiergeld geht meist gar nichts.

Brasiliens Steuersystem ist so kompliziert, dass kleine Firmen oft resigniert aufgeben: Es gibt Hunderte verschiedener Abgaben, die überdies von Bundesstaat zu Bundesstaat variieren. Die Steuern addieren sich zu einer Abgabenkaskade; ein in Brasilien produziertes Auto kostet wegen der hohen Steuern meist ein Drittel mehr als in den Nachbarländern oder den USA. Steuerhinterziehung ist weit verbreitet. Zwar wurden die Finanzämter in den vergangenen Jahren besser ausgestattet und nehmen häufiger Prüfungen vor, aber von der Effizienz eines deutschen Finanzamts sind sie Lichtjahre entfernt.

Auch die schlechte Ausbildung vieler Brasilianer belastet die wirtschaftliche Entwicklung. Vor allem die Grundschulen sind oft in desolatem Zustand, Lehrer sind schlecht ausgebildet und streiken gern. Viele Firmen klagen über die mangelnden Fremdsprachenkenntnisse ihre Beschäftigten; multinationale Großkonzerne müssen ihren Managern oft Nachhilfeunterricht in Englisch erteilen.

Es gibt keine geregelte Berufsbildung, das ist eine weitere Hürde. Wer einmal sein Haus oder seine Wohnung in Brasilien renoviert hat, ist oft fürs Leben traumatisiert. Grundsätzlich kann man nur Handwerkern vertrauen, die von Freunden oder Verwandten erprobt und empfohlen wurden. Brasilianische Handwerker sind meist sehr gewitzt im Improvisieren, aber ihnen fehlt oft die nötige Kenntnis für komplizierte Werkstoffe oder Technologien.

Manuelle Arbeit wird seit Kolonialzeiten gering geschätzt und wurde früher auch schlecht bezahlt – dafür hatte man seine Sklaven oder Hausangestellten. Bis vor wenigen Jahren wurde daher kaum in die Ausbildung von Mechanikern, Klempnern, Elektrikern oder Schreinern investiert. Die stehen nun oft ratlos vor modernen Technologien. Mangelnde Produktivität ist das größte Problem der brasilianischen Industrie; viele Firmen sind der internationalen Konkurrenz nicht gewachsen. Früher hat die Regierung die Unternehmen mittels hoher Einfuhrzölle vor ausländischer Konkurrenz geschützt, erst in den 1990er Jahren öffnete sie allmählich den Markt für Importprodukte. Dieser Protektionismus heizt jedoch die Inflation an: Die einheimischen Firmen sind nicht in der Lage, die Nachfrage zu befriedigen, und erhöhen die Preise.

Auch die Hoffnungen auf einen Boom der Energiewirtschaft haben sich bislang nicht erfüllt. Dabei ist das riesige Land mit natürlichen Energiequellen gesegnet, es bezieht über 90 Prozent seiner Energie aus Wasserkraftwerken.

Mit der Wirtschaft wächst auch der Energiebedarf, doch der Bau neuer Staudämme kommt nur langsam voran. Die größten Flüsse liegen im Amazonasgebiet, dort will die Regierung in den kommenden Jahren Hunderte neuer Wasserkraftwerke bauen. Indianer, Kleinbauern und Umweltschützer leisten erbitterten Widerstand.

Zu spät und zu wenig hat die Regierung in den Ausbau alternativer Energien wie Wind und Sonne investiert, obwohl das Land beides im Überfluss besitzt. Auch die Pläne ihres Vorgängers Lula für einen Ausbau der Atomenergie hat Präsidentin Rousseff zurückgefahren.

Lula war es, der im Jahr 2008 die Entdeckung riesiger neuer Ölfelder im Meeresboden vor den Bundesstaaten Espírito Santo, Rio de Janeiro und São Paulo vermeldete. Allerdings liegen diese Vorkommen zwischen 6000 und 7000 Meter tief, ihre Erschließung ist extrem schwierig und riskant. Um Arbeitsplätze zu schaffen, ordnete Lula an, dass die Schiffe, Sonden und anderes Spezialgerät zur Ausbeutung dieser Vorkommen in Brasilien gebaut werden. Das hat die Produktion enorm verteuert und verzögert, die brasilianische Ölindustrie war weder technologisch noch von ihrer Kapazität her auf diese Herausforderung vorbereitet.

Bis zur Entdeckung des Tiefsee-Öls hatte Lula vor allem auf den

Ausbau der Biotreibstoffe gesetzt. Nach der ersten Ölkrise in den 1970er Jahren hatte die Militärdiktatur ein Programm zur Entwicklung alkoholbetriebener Autos angeschoben, genannt »Proalcool«. Der Treibstoff wird aus Zuckerrohr gewonnen, das in Brasilien großflächig angebaut wird. Die ersten alkoholbetriebenen Autos steckten allerdings voller Macken, oft sprangen sie nicht an, die Zündung bockte. »Proalcool« verkümmerte zu einer Nischenveranstaltung; die Alkoholautos erwiesen sich als Flop; jahrzehntelang wurde kaum in den Sektor investiert. Erst Lula förderte wieder massiv die Entwicklung des Biotreibstoffs. Dank steuerlicher Anreize entwickelte die brasilianische Niederlassung des Bosch-Konzerns zusammen mit Volkswagen do Brasil einen Motor, der sowohl mit Benzin als auch mit Alkohol oder einem Gemisch aus beidem betrieben werden konnte. Diese sogenannten »Flex-Motoren« standen konventionellen Benzin-Motoren nicht nach, mittlerweile werden alle in Brasilien produzierten Fahrzeuge mit ihnen ausgestattet. Die Regierung subventionierte den Anbau von Zuckerrohr, in keinem anderen Land sind Technologie und Forschung bei Biotreibstoffen so weit entwickelt. Lula prahlte, dass sich Brasilien innerhalb weniger Jahre in ein »grünes Saudi-Arabien« verwandeln werde. Im Jahr 2006 verkündete er, das Land sei erstmals »autonom«, was die Energieversorgung betrifft.

Sechs Jahre später war davon keine Rede mehr. Die Regierung importiert via Petrobras so viel Benzin wie nie zuvor, zugleich durchleben die Ethanolproduzenten die schlimmste Krise seit Jahren.

Kurz nach der Bekanntgabe der Tiefsee-Ölfunde hatte die Regierung die Subventionen für die Biotreibstoffe gekürzt und setzte wieder verstärkt auf Benzin. Sie plant den Bau mehrerer Raffinerien und eines riesigen petrochemischen Komplexes in Itaboraí bei Rio de Janeiro. Eine der Raffinerien soll in Zusammenarbeit mit der staatlichen venezolanischen Ölgesellschaft PDVSA entstehen, das hatte Lula mit dem damaligen venezolanischen Staatschef Hugo Chávez vereinbart. Die Projekte kamen nicht voran.

Gleichzeitig hat die Nachfrage nach Benzin stark angezogen. Die Anzahl der Autos in Brasilien hat sich in den vergangenen zehn Jahren verdoppelt; die Regierung heizte die Nachfrage durch billige Kredite und Subventionen für die Autoindustrie an. So wurde sie allerdings auch gezwungen, mehr Benzin zu importieren.

Die Preise auf dem Weltmarkt steigen, aber die Regierung gab die Preiserhöhungen nicht an die Verbraucher weiter, das hätte die Inflation angeheizt. De facto subventioniert sie seit einigen Jahren den Benzinpreis – und drückt damit den Verkauf von Ethanol, das mit den verbilligten Benzinpreisen nicht mithalten kann.

Langfristig sehen die Perspektiven für Brasiliens Wirtschaft dennoch nicht schlecht aus. Ein Sektor hat sich als sehr robust erwiesen: die Agroindustrie. Nur knapp ein Drittel des brasilianischen Territoriums von 851 Millionen Hektar wird bislang landwirtschaftlich genutzt, vor allem zur Viehzucht. Fünf Prozent wird mit Getreide oder Zuckerrohr bepflanzt. »Wir können die Agrarproduktion mühelos verdoppeln«, schwärmte der frühere Landwirtschaftsminister Reinaldo Stephanes mir gegenüber.

Innerhalb weniger Jahre hat sich das Riesenland zu einer Agrarsupermacht gemausert. Brasilien ist Spitze beim Export von Fleisch, Soja, Kaffee, Zucker und Orangensaft. Bei Mais und Weizen verzeichnen die Brasilianer seit Jahren Rekordernten.

Die hohen Weltmarktpreise haben bewirkt, dass brasilianische Farmer erstmals Weizen und Milch exportieren. »In den Schwellen- und Entwicklungsländern ändern sich die Essgewohnheiten«, frohlockte Stephanes. »Die Chinesen essen mehr Fleisch und Hühnchen, davon profitieren unsere Bauern.«

Gigantische Getreidesilos erheben sich wie Trutzburgen an der Ortseinfahrt von Rio Verde im zentralbrasilianischen Bundesstaat Goiás. Filialen der globalen Agrarmultis säumen die Hauptstraße: John Deere, Massey-Ferguson, Cargill, Bunge und Bayer sind in Rio Verde vertreten. Toyota und Mitsubishi stellen ihre neuesten Geländewagen aus, sie gelten als Statussymbole bei den Farmern. Die Stadtjugend vergnügt sich beim Rodeo oder kreuzt in protzigen Autos durch die Straßen, um den Mädchen zu imponieren.

Die 150 000-Einwohner-Gemeinde erfreut sich einer robusten Wirtschaftsstruktur, sie ist die Perle der brasilianischen Agroindustrie. Rio Verde ist gut an das Straßennetz angeschlossen; es regnet regelmäßig und ausreichend, die Böden sprechen gut auf Dünger an. Neben brasilianischen Zuwanderern aus dem Süden haben sich auch amerikanische, russische und holländische Großfarmer in der Region niedergelassen. Sie züchten Rinder, Schweine und Geflügel oder pflanzen Getreide, vor allem Soja.

Noch vor wenigen Jahren kämpften die Bauern von Rio Verde ums Überleben. Viele Farmer waren hoch verschuldet, der Verfall der Agrarpreise an der Weltbörse in Chicago und der Verfall des Dollars hätten sie fast in den Ruin getrieben. Doch mit den steigenden Sojapreisen blühte die Region auf.

Soja ist die zweite Währung in Rio Verde. Landkäufe oder Pachtgeschäfte werden in Sojasäcken berechnet. Das Getreide wird als Futtermittel an den Agrokonzern Perdigão verkauft, der in Rio Verde die größte Geflügelfabrik Lateinamerikas betreibt. 500 000 Hühnchen werden in dem riesigen Betrieb täglich geschlachtet, sie gehen nach Japan, China und in den Nahen Osten.

Für den Wirtschaftsaufschwung der vergangenen Jahre ist vor allem die Agroindustrie verantwortlich. Sie sichert der Regierung einen steten Zufluss an Devisen. Aber Brasiliens Erfolg auf den Agrarmärkten hat auch eine Schattenseite: Sojapflanzer und Rinderzüchter sind für die Zerstörung des Amazonasurwalds mitverantwortlich.

Brennende Wälder und streitbare Priester – das Drama am Amazonas

Santarem im Herzen des brasilianischen Amazonasgebiets ist ein beschauliches Städtchen. Schmucke Passagierdampfer schaukeln an der Mole des Rio Tapajós, der hier in den Amazonas mündet. Liebespärchen turteln an der Flusspromenade, aus den Häusern im portugiesischen Kolonialstil dringen die Songs der Banda Calypso, die typische Musik der Region. Die Idylle wäre perfekt – würde sich nicht am Horizont das »Ungeheuer von Loch Ness« gegen den Tropenhimmel abzeichnen.

So nennt Padre Edilberto Moura, der Pfarrer von Santarem, die Getreide-Verladestation des US-Agrarmultis Cargill. Wie ein gigantischer Giraffenhals reckt sich die Stahlkonstruktion über den Fluss, tonnenweise speit sie Sojabohnen in den Bauch riesiger Frachtschiffe. Im Stundentakt starten die Ozeanriesen nach Übersee – vor allem nach China.

Von Santarem aus wird der schier unersättliche Proteinbedarf der Asiaten gestillt. Bis zur Mündung in den Atlantik sind es rund

800 Kilometer, der Hafen ist für Überseefrachter schiffbar – und zugleich der Endpunkt der Überlandstraße BR-163, die von den Sojaplantagen in Mato Grosso, dem Zentrum der brasilianischen Agrarindustrie, zum Amazonas führt.

Bislang kommt das Getreide noch auf Schuten über den Strom. In der Regenzeit verwandelt sich die BR-163 in eine Schlammpiste, doch die Regierung wird sie asphaltieren. Dann können die Farmer von Mato Grosso ihre gesamte Sojaernte mit Lkws nach Santarem transportieren, das ist billiger und schneller als der Weg über die Häfen im Süden.

Am Amazonas werden die Weichen für eine Neuordnung der internationalen Handelsströme gestellt – und zugleich das Szenarium für den Kollaps des Regenwalds bereitet, fürchten Umweltschützer.

Bis 2001 war Soja am Amazonas praktisch unbekannt. Bohnen, Maniok, Reis und Fisch sind die Hausmannskost der Flussanwohner. Erst der Bau des Getreidehafens lockte Sojabauern aus dem Süden nach Santarem. Die Nachfahren italienischer, deutscher, polnischer und japanischer Einwanderer fanden am Amazonas »ein Paradies«, so der Sojafarmer Masuo Nakata: Das Land war billiger als im Süden, die Banken gewährten günstige Kredite, Cargill garantierte die Abnahme, bei der Abholzung drückten die Behörden beide Augen zu.

In Santarem und der Nachbargemeinde Belterra kauften die Zuwanderer Zehntausende Hektar auf, Sojaanbau lohnt sich nur auf großen Flächen. »Sie kamen mit Koffern voller Geld«, erinnert sich Ivete Bastos, Anführerin der Landarbeitergewerkschaft. Viele Landarbeiter verkauften ihre Parzellen und wanderten in die Stadt ab, der Bodenpreis stieg. Ganze Dörfer, Kautschukplantagen und Rinderweiden verwandelten sich in Sojafelder. Die Farmer schlugen gewaltige Schneisen in den Urwald, bis Umweltschützer Alarm schlugen.

Pater Edilberto und die Gewerkschaft der Landarbeiter führen die Front der Sojagegner an, Greenpeace schloss sich an. Internationale Proteste bewirkten, dass Cargill ein Abkommen mit den Produzenten schloss: Der US-Multi kauft nur noch Soja auf, die nicht von frisch gerodeten Urwaldflächen stammt. Die Farmer dürfen nur 20 Prozent ihrer Grundstücke bewirtschaften, 80 Prozent müssen sie als Schutzgebiet stehen lassen. In Mato Grosso verpflichteten sich die Agrarmultis, überhaupt nicht mit Soja aus dem Amazonasgebiet zu handeln. Doch in den vergangenen Jahren haben sie das Moratorium aufgeweicht – die Nachfrage aus China ist schuld.

Die südamerikanischen Flächenstaaten Argentinien und Brasilien sind innerhalb weniger Jahre zur Kornkammer Asiens aufgestiegen. Allein Brasilien liefert ein Drittel des chinesischen Sojabedarfs.

Während die Europäer immer neue Handelsbarrieren errichteten, haben Brasília und Peking ihre Handelsbeziehungen in den vergangenen Jahren ausgebaut. China hat heute in den meisten brasilianischen Großstädten eigene Handelsvertreter. Präsident Lula schloss während seiner Amtszeit eine »strategische Allianz« zwischen den beiden Schwellenländern.

Vom Rio de la Plata bis zum Amazonas saugt China wie ein riesiger Staubsauger die Märkte für Soja leer. Anfangs hofften die Brasilianer, dass die Chinesen auch in die marode Infrastruktur investieren würden. Viele Farmer spekulierten darauf, direkt mit den Chinesen ins Geschäft zu kommen. Bislang dominieren wenige Agrarmultis wie Cargill, Bunge und Maggi den Markt, sie finanzieren den Anbau und diktieren die Preise.

Doch die Chinesen sind nur an den Bohnen interessiert. Mit der Soja aus Brasilien mästen sie ihre Hühner und Schweine, um das Zwei-Milliarden-Volk zu ernähren. Für die Agrarmultis sind goldene Zeiten angebrochen: Cargill Brasilien verkauft direkt an Cargill China, die Multis machen doppelt Profit.

Brasilien zahlt einen hohen Preis für den neuen Wohlstand. Weite Teile von Mato Grosso gleichen einer grünen Wüste, Pestizide verseuchen die Flüsse und das Schwemmgebiet Pantanal, ein Tierparadies an der Grenze zu Paraguay und Bolivien. In der Trockenzeit von August bis November liegt Cuiabá, die Hauptstadt von Mato Grosso, unter einer Rauchglocke. Viele Farmer fackeln trotz Verbots den Urwald ab, um neues Weideland oder Äcker für den Sojaanbau zu gewinnen.

Die Verlierer des Sojabooms stehen bereits fest: Es sind die Kleinbauern, die bislang von ihrer Scholle lebten.

In Santarem sind Hunderte von Kleinbauern arbeitslos geworden, nachdem sie ihre Felder an die Sojafarmer verkauft hatten. Das Geld war rasch verbraucht, jetzt hausen die meisten in den Elendsvierteln der Städte. Die Sojaindustrie schafft kaum Arbeitsplätze, und die Armen wissen nur als Bauern und Fischer zu überleben.

Der Gewerkschaftsführerin Ivete Bastos kommen die Tränen, wenn sie an den Sojaplantagen bei Santarem vorbeifährt. Großgrundbesitzer haben sie mehrmals bedroht, einmal versuchten Auftragskiller, sie mit Benzin zu überschütten und anzuzünden. Seither wird sie auf Schritt und Tritt von einem Polizisten begleitet. »Soja ist eine Kultur des Todes«, sagt sie. Frauen wie Ivete Bastos sind die wahren Heldinnen Brasiliens.

Vor dem Umweltgipfel in Rio de Janeiro im Juni 2012 habe ich eine dieser tapferen Kämpferinnen, nämlich Nilcilene Miguel de Lima, besucht.

Ihre kugelsichere Weste hat sie abgelegt; die Elitesoldaten, die sie sechs Monate lang rund um die Uhr bewachten, hat die Regierung abgezogen. Dafür musste Nilcilene Miguel de Lima, 45, den Behörden versprechen, dass sie ihren Aufenthaltsort geheim hält und nicht in ihre Heimat im Amazonasurwald zurückkehrt. Denn dort wartet ein Auftragskiller auf sie.

Umgerechnet 8000 Euro hat eine Mafia aus Holzhändlern und Rinderzüchtern auf ihren Kopf ausgesetzt: Sie hatte es gewagt, die illegale Abholzung anzuzeigen und die Rechte der Kleinbauern und Gummizapfer einzuklagen, die sie vertritt. Nilcilene ist Präsidentin der Gemeinde »Deus Proverá« im Süden des Bundesstaats Amazonas, der jüngsten Front des Kriegs zwischen Farmern, Holzfällern und Umweltschützern im brasilianischen Amazonasgebiet.

300 Familien hatte die Regierung 2007 im Urwald angesiedelt, sie betreiben eines von 21 Projekten zur nachhaltigen Bewirtschaftung des Amazonasgebiets. Die Bauern zapfen Kautschuk aus Gummibäumen, sammeln Paranüsse und bauen Ananas, Bananen und Maniok an. »Wir sind die Wächter des Waldes«, sagt Nilcilene. 42 Kilometer von der nächsten Straße entfernt hausen sie ohne Strom, ohne die versprochene Schule, ohne Gesundheitsposten und ohne Polizeischutz im Urwald.

Holzhändler und Rinderzüchter machen sich die Abwesenheit des Staates zunutze. Sie teilen die Waldgebiete in Parzellen auf, fälschen Eintragungen ins Grundbuch und vertreiben die Kleinbauern mit Waffengewalt. Dutzende Familien sind vor den Pistoleros geflüchtet, ihre Äcker haben sie aufgegeben oder an die Großgrundbesitzer verkauft. »Wenn Nilcilene zurückkehrt, wird sie umgebracht«, fürchtet ihr Ehemann Raimundo Alexandrino de Oliveira.

Von der Regierung ist keine Hilfe zu erwarten: Präsidentin Rousseff hat die Umweltbehörde weitgehend entmachtet, ihre Aufgaben wurden lokalen Behörden übertragen, die oft korrupt sind. Der Grund: Die Regierung will die Genehmigungsverfahren für umstrittene Großprojekte beschleunigen, den Bergbau in Indianerreservaten erlauben, den Bau von Straßen vorantreiben. Die Regulierung des Landbesitzes, das größte Problem im Amazonasgebiet, geht nur schleppend voran; illegale Farmen werden im Internet gehandelt.

Die Vernichtung des Urwalds ist billig und lukrativ, und sie bleibt zumeist straflos. Die Zerstörung folgt dem immer gleichen Zyklus: Erst schlagen Holzfäller die wertvollsten Bäume, dann reißen sie die restliche Vegetation mit Traktoren nieder oder fackeln sie ab; oft versprühen sie auch Pestizide. Sobald der Urwald zerstört ist, säen sie Gras aus, bald darauf trotten die ersten Rinder zwischen den Baumstümpfen.

Wer sich den Ranchern in den Weg stellt, riskiert sein Leben. Jedes Jahr werden Dutzende Menschen wegen Landstreitigkeiten umgebracht. Die meisten Opfer sind Indios, Kleinbauern, Umweltaktivisten und Geistliche, die sich um die Verfolgten kümmern. Greenpeace-Mitarbeiter sind im Amazonasgebiet nur in gepanzerten Autos unterwegs.

Nilcilene empfing mich in einem Haus über tausend Kilometer von ihrer Heimat entfernt, sie steht unter Zeugenschutz und muss ihren Aufenthaltsort geheim halten. Sie nimmt Beruhigungsmittel, beim Erzählen steigen ihr Tränen der Wut in die Augen. Auf ihrer Digitalkamera zeigt sie Fotos von den Überresten ihres Hauses. »Die Pistoleros der Holzhändler haben mein Grundstück niedergebrannt.« Zuvor hatten sie die zierliche Frau bedroht und verprügelt.

Im Mai 2011 war sie aus der Region geflüchtet, nachdem ein Pistolero ihr aufgelauert hatte. Die Regierung gewährte ihr eine bewaffnete Eskorte der Força Nacional, einer Sondereingreiftruppe aus Militär und Polizei. Im November kehrte sie in Begleitung von neun Soldaten zurück, sie trug Tag und Nacht eine kugelsichere Weste. »Wir schießen in den Kopf«, drohte die Mafia daraufhin. Die Rinderfarmen waren in ihrer Abwesenheit immer näher an ihre Siedlung herangerückt, heute ist sie praktisch umzingelt. Rancher riegeln die Wege mit Zäunen ab und zerstören die Gummibäume.

Doch Nilcilene ließ sich nicht einschüchtern. Ihre Eltern waren Gummizapfer, sie stammt aus derselben Gegend wie Chico Mendes. Der Umweltaktivist wurde 1989 von Auftragskillern ermordet, drei Jahre vor dem ersten UN-Umweltgipfel in Rio. Sein Tod löste eine weltweite Kampagne gegen die Abholzung aus, aber seine Mörder sind auf freiem Fuß. Im April 2012 erschossen Pistoleros Dinhana Nink, eine Bekannte von Nilcilene. »Sie betrieb eine kleine Bar, die als Informationsbörse diente, und kannte die Pläne und Routen der Holzfäller und Farmer«, erzählt Nilcilene. »Sie wollte sie anzeigen.« Ninks Mörder kamen im Morgengrauen; als ihr Vater sie Stunden später fand, wischte ihr kleiner Sohn das Blut von der Brust seiner Mutter.

Wenige Tage nach Ninks Tod postierte sich ein Pistolero mit einem Motorrad vor dem Haus von Nilcilenes Lebensgefährten, bei dem sie untergeschlüpft war. Ihre Leibwächter bekamen es mit der Angst zu tun; sie fürchteten einen Hinterhalt und zwangen sie, die Region zu verlassen. Die Holzhändler schlachteten zur Feier einen Ochsen.

Jetzt geht der Raubbau in der Gegend ungebremst weiter. Rinderfarmen stoßen immer weiter in den Süden des Bundesstaats Amazonas vor, Sojalaster donnern über die Bundesstraße BR-364, das Endstück der berühmten Transamazônica.

Im Jahr 1970 ließen die damals regierenden Militärs die Schneise in den Dschungel schlagen. »Land ohne Leute für Leute ohne Land«, versprach die Regierung. Die Aussicht auf kostenlose Grundstücke lockte Zehntausende Siedler aus dem armen Nordosten an. Zur Eröffnung der Bauarbeiten fällte Präsident Emilio Garrestazu Médici einen 50 Meter hohen Paranussbaum, die Regierung errichtete ein pompöses Denkmal.

Heute ist das Monument am Stadtrand von Altamira verfallen, nur eine verrostete Fahnenstange und der Baumstumpf stehen noch. Die Transamazônica wurde nie asphaltiert, in der Regenzeit versinken Autos und Lkws in riesigen Schlammlöchern. Oft ist die Piste gesperrt.

Am Straßenrand hausen Habenichtse und Tagelöhner in Verschlägen aus Brettern und Plastikplanen. Die Skelette verkohlter Paranussbäume ragen wie Totenkrallen in den Himmel, klapprige Rinder weiden zwischen den Stümpfen der Urwaldriesen. Für Ackerbau ist der Boden ungeeignet, Regen wäscht die dünne Humusschicht fort.

Rinderzüchter und Holzhändler haben das Land an der Transamazônica unter sich aufgeteilt. Ihre Besitztitel sind zumeist gefälscht, das Verfahren nennt sich »grilagem«. Sie setzen eine Grille in eine Schachtel mit den gefälschten Dokumenten. Die Insekten sondern ein Sekret ab, das das Papier künstlich altern lässt.

Kolonisten aus dem Süden Brasiliens erschließen nach und nach den gesamten Westen des Amazonasgebiets für das Agrobusiness. Die Regierung hat die Straßenanbindung der BR-364 ins nahe Peru finanziert, sie verbindet Brasilien mit den Häfen der Pazifikküste.

Rinderfarmen und Brachland säumen die Straße; nur die verkohlten Skelette der Paranussbäume erinnern daran, dass hier einmal Regenwald stand. Die Provinzhauptstadt Porto Velho am Rio Madeira, einem Zufluss des Amazonas, war einst ein verschlafenes Urwaldnest, nun hat sie sich in eine Boomtown verwandelt. Nachts stauen sich die Geländewagen der Farmersöhne vor der Broadway Bar, einem glitzernden Nachtclub, wie er auch in New York stehen könnte.

Am Stadtrand erstrecken sich endlose Arbeitercamps: Tausende Zuwanderer aus ganz Brasilien sind nach Porto Velho geströmt, sie helfen beim Bau der Staudämme Santo Antonio und Jiraú, zwei riesigen Wasserkraftwerken. Tausende Hektar Urwald und Brachland am Rio Madeira werden in den kommenden Jahren überflutet werden.

In Vista Alegre, wenige Kilometer vor Nilcilenes Siedlung, kommen die Holzlaster im Viertelstundenrhythmus aus dem Wald, sie werden von Pistoleiros auf Motorrädern eskortiert. Über Amateurfunk kündigen sie ihre Ladungen an. »Der Code für Stämme aus staatlichen Schutzgebieten lautet ›Holz von der Dilma-Ranch‹«, berichten Anwohner. Dilma ist der Vorname der Präsidentin.

In illegalen Sägewerken am Stadtrand werden die Stämme zu Brettern verarbeitet, die Reste verfaulen im Schlamm. »Das Holz wird mit gefälschten Papieren ausgestattet und in den Süden transportiert«, sagt Nilcilene. In der Millionenmetropole São Paulo enden die Urwaldriesen als Bauholz.

Amnesty International hat eine weltweite Kampagne für Nilcilene gestartet. Sie träumt von ihrer Rückkehr, so oft wie möglich telefoniert sie mit ihren Mitstreitern im Urwald. Aber die raten ihr ab – sie können nicht für ihr Leben garantieren.

Auch Erwin Kräutler, der Bischof der Amazonasstadt Altamira, geht nicht ohne Leibwächter vor die Tür.

Die beiden Männer mischen sich unauffällig unter die Gläubigen, als Kräutler in der Kathedrale die Messe liest. Sie sitzen im Nebenzimmer, als er vor Grundschullehrerinnen über das Thema »Vergebung« referiert. Und sie traben schnaufend neben ihm, als er morgens um fünf im Trainingsanzug durch Altamira läuft. Ihre Hemden tragen sie über der Hose, damit man die Pistolen am Gürtel nicht sieht. Aber ihre bullige Statur und der wachsame Blick verraten sie als Polizisten.

Eigentlich sollte der Bischof bei öffentlichen Auftritten eine kugelsichere Weste unter seinem Gewand tragen. Aber er streifte sie nur dreimal über, als er die Messe unter freiem Himmel las, dann gab er sie zurück. »Bei Regen saugt sich das Ding voll, man kann sich kaum bewegen.«

Auch gegen die Leibwächter hatte er anfangs protestiert, aber der Polizeichef bestand auf der Eskorte. Die Behörden wollen sich nicht vorhalten lassen, dass sie den Schutz des Bischofs vernachlässigen. »Dom Erwin überlebt den 29. November nicht«, hatte ein Unbekannter im Internet angekündigt.

Selten sind die Morddrohungen so konkret. Meistens lassen seine Feinde ihm die Nachricht über Dritte zukommen: Während der Prozession flüstert jemand einem Vertrauten des Bischofs zu, dass es besser sei, wenn Dom Erwin aus Altamira verschwinde. Oder jemand ruft im Bischofsamt an und sagt, dass der Bischof »eliminiert werden muss«.

Einmal hinterließ ein Unbekannter nach der Messe Revolverkugeln vom Kaliber 38 in der Kirchenbank. Das war eine unmissverständliche Warnung: Dom Erwin Kräutler, 73, gebürtiger Österreicher aus Koblach in Vorarlberg, steht auf der Todesliste der Pistoleiros von Altamira ganz oben.

Dutzende Geistliche im Amazonasgebiet haben Morddrohungen erhalten, weil sie gegen Korruption und Sklavenarbeit kämpfen. Dass die Drohungen ernst zu nehmen sind, bewies der Mord an der amerikanischen Nonne Dorothy Stang im Jahr 2005: Eine Gruppe von Rinderfarmern hatte einen Auftragskiller auf die 78 Jahre alte Dame angesetzt, weil sie Landlose in Anapu unterstützte, einer Nachbargemeinde von Altamira. Der Mörder lauerte ihr im Urwald auf, sie las ihm noch ein Gleichnis aus der Bibel vor, bevor er sie in den Hinterkopf schoss. Kräutler predigte auf ihrer Beerdigung.

Es war das zweite Mal, dass er einen Freund zu Grabe trug: 1995 Jahren hatten Pistoleiros sein Haus gestürmt und den österreichischen Priester Hubert Mattle erschossen. Kräutler hatte Glück, er hielt sich gerade in einer Nachbargemeinde auf. Die Mörder wurden nie ermittelt.

Über 800 Kleinbauern, Gewerkschaftsführer und Menschenrechtler wurden seit 1972 in der Region ermordet, nur in drei Fällen kam es zu einer Gerichtsverhandlung. Die Polizei ist korrupt und schlecht ausgerüstet, viele Polizisten stehen im Sold der Rinderfarmer. Wer bedroht wird, geht nicht zur Polizei. Er kommt zu Dom Erwin.

Der Bischof ging an die Öffentlichkeit, als Pistoleiros einen Landarbeiter in seiner Diözese mit drei Schüssen niederstreckten: Er hatte gegen einen Farmer geklagt, weil er monatelang keinen Lohn erhielt. Als Dom Erwin von Sklavenarbeit in São Felix do Xingu erfuhr, einem Nest 200 Kilometer südlich von Altamira, denunzierte er das Verbrechen bei der Bundesregierung.

Besonders unbeliebt machte er sich, als er eine Gruppe einflussreicher Bürger auffliegen ließ, die in Sexualdelikte verwickelt waren. Sie fingen 13- und 14-jährige Mädchen am Freitag nach Schulschluss ab und versprachen ihnen Handys und kleine Geschenke, wenn sie das Wochenende mit ihnen auf einer Farm verbrachten. Dort regten sie die Teenager zum Drogenkonsum an, filmten und fotografierten sie bei Orgien und verkauften die Bilder übers Internet. Unter den Verdächtigen waren ein bekannter Gynäkologe und ein Stadtrat.

Die Mütter der Minderjährigen wandten sich an den Bischof, der schrieb einen Brief an den Justizminister. Die Beschuldigten wurden festgenommen, kurz darauf erhielt Dom Erwin die erste Morddrohung via Internet.

Im Jahr 1965 kam der junge Priester nach Altamira. Per Boot erkundete er seine riesige Diözese, meist übernachtete er in Hängematten. Die Leute in den Dörfern waren begeistert: Er war der erste Geistliche, der sie besuchte. »Früher blieben die Padres zuhause«, sagt Kräutler. »Die Gläubigen mussten zum Gottesdienst anreisen.«

Bei seinen Trips in den Urwald gründete Kräutler zahlreiche Basisgemeinden, heute sind es über 800. Viermal erkrankte er an Malaria, oft musste er die Kirche vor der Messe von giftigen Schlangen und Ungeziefer säubern. 1980 wurde er zum Bischof geweiht, aber in seiner Kathedrale ist er nur selten anzutreffen. Mit einem Geländewagen oder per Boot bereist er seinen Sprengel.

Auf einen Schlag bekannt wurde der streitbare Bischof 1983, als er an einem Protestmarsch von Arbeitern einer Zuckerrohrfabrik teilnahm, die seit Monaten keinen Lohn erhalten hatten. Gemeinsam mit den Demonstranten blockierte er die Transamazônica. Die Polizei räumte die Straße und nahm den Geistlichen fest. »Das beeindruckte die Leute«, erinnert er sich. »Sie hatten noch nie einen Bischof in Polizeigewahrsam gesehen.«

Von da an war die Kirche voll, wenn Kräutler predigte. Er lehrte die Gläubigen »nicht immer Ja und Amen« zu sagen. Das grenzt im Amazonasgebiet, wo Sklavenarbeit und Lehnsherrschaft weit verbreitet sind, an einen Aufruf zur Revolution. Als Vorsitzender des indianischen Missionsrats CIMI setzte er sich dafür ein, dass 1987 die Rechte der Ureinwohner in der Verfassung festgeschrieben wurden.

Wenige Tage bevor das passierte, rammte ein Lkw Kräutlers Volkswagen; sein Beifahrer, ein italienischer Priester, war sofort tot. Der Bischof prallte mit dem Kopf auf das Lenkrad, sein Kiefer war zertrümmert, fast verlor er ein Auge. Er bekam noch mit, wie der Fahrer des Lastwagens flüchtete, dann wurde er bewusstlos. Nach dem Unfall drangen die Täter ins Krankenhaus ein. Sie schlugen die Decke zurück, die den Leichnam des Italieners bedeckte, und klagten: »Es hat den Falschen erwischt.«

Ärzte flickten den schwer verletzten Bischof zusammen, heute erinnert nur der Abdruck des Lenkrads auf seinem Brustkorb an den Unfall. Kaum jemand nimmt dem vitalen Bischof ab, dass er schon 73 Jahre alt ist. Jeden Morgen walkt er fünf Kilometer durch Altamira, am liebsten trägt er Tennisschuhe und Polohemd.

Für seine Leibwächter ist der ungezwungene Lebensstil ihres Schützlings ein Alptraum. Er macht sich zu einem leichten Ziel für das »Mord-Konsortium« (Kräutler), das auch den Tod von Dorothy Stang zu verantworten hat.

Die Feinde des Bischofs sind leicht zu erkennen: Sie haben bunte Aufkleber mit der Aufschrift »Belo Monte gehört uns« auf ihre Geländewagen gepappt. Das ist der Name des Staudamms, den die Regierung am Rio Xingú errichtet. Tausende Hektar Urwald sollen überflutet werden, der Stausee wird bis an den Stadtrand von Altamira reichen. Umweltschützer, Indianer und Kleinbauern laufen Sturm gegen das Megaprojekt, Kräutler führt die Protestbewegung an.

Bei einer Demonstration von Geschäftsleuten, die den Bau des Staudamms befürworten, drohte ein Redner: »Wir befinden uns im Krieg, wir müssen den Bischof erledigen!« Heute spielen sie den Konflikt herunter. Der Mordaufruf sei »eine unglückliche Äußerung« gewesen, räumt Vilmar José Soares ein, ein Sprecher des Verbands der Geschäftsleute von Altamira.

Einschüchtern lässt sich Kräutler sowieso nicht, auch wenn er auf direkten Konfliktkurs zur Regierung geht. Kräutler: »Als ich nach Altamira kam, war das hier ein Paradies. Ich werde nicht tatenlos zusehen, wie es unter Wasser versinkt.«

Zwei Jahre verbleiben ihm bis zum Ruhestand, die will er nutzen, um gegen Belo Monte zu kämpfen. Und dann? »Aus Österreich kommen kaum noch Priester«, sagt Kräutler. Der Kirche im Amazonasgebiet fehlt Nachwuchs, die Einheimischen ziehen bequemere Posten vor. 26 Padres hat Kräutler für seine 800 Gemeinden, es müssten zehnmal so viele sein.

»Heute achten die Ausbilder vor allem darauf, dass die Nachwuchspriester schön das Hallelujah singen«, klagt Padre Amaro de Souza, 40, ein Mitstreiter der ermordeten Dorothy Stang. Er führt die Arbeit der Nonne in Anapu weiter. Mit ihrem weißen VW Käfer, der jetzt »Doroteia« heißt, besucht er die Weiler der Landlosen im Urwald.

Nach dem Mord hatte die Regierung Militär geschickt, aber nach einigen Monaten wurden die Soldaten abgezogen. Für seinen Schutz hat Padre Amaro drei kalbsgroße Hunde der Rasse »Fila Brasileira« angeschafft, die ihn auf Schritt und Tritt begleiten. Jüngst wollte die Kirche ihn nach Ost-Timor versetzen, das hat er abgelehnt.

»Aber wer hält mir den Rücken frei, wenn Dom Erwin im Ruhestand ist?« fragt er sorgenvoll.

Zwischen Urwald und Konsumgesellschaft – die Crux der brasilianischen Indianer

Seine Füße steckten in Gummilatschen, den hageren Körper umschlotterten eine grüne Jacke und Bermudashorts, die Glatze hatte er mit einem zerschlissenen Safarihut bedeckt. Sein Bart vibrierte, die Augen strahlten: So sah für die Korubo-Indianer das Gesicht der Zivilisation aus – Sydney Possuelo, heute 73.

Ein Gesicht voller Erwartung war es, voller Spannung aber auch. Possuelo war Leiter der »Abteilung für isolierte Indianerstämme« der brasilianischen Indianer-Schutzbehörde Funai. Eine Woche war ich mit ihm im Regenwald unterwegs, im Tal des Javarí, im Südwesten des Bundesstaates Amazonas, unweit der Grenze zu Peru. Dorthin, wo jene Brasilianer leben, die gerade erst lernen, dass eine Welt jenseits ihrer Wälder existiert.

Rosa Delfine eskortieren die Barkasse, das gefleckte Fell eines Jaguars leuchtet durchs Unterholz. In der Ferne brüllen Affen. Ein verlassener Einbaum ist das erste Zeichen für die Anwesenheit der Korubo. An einer Flussschleife ducken sich zwei Indianer in einem Kanu in die Uferböschung. Zwei weitere beobachten die Besucher vom Land aus. Aufgeregt laufen sie neben dem Boot her. Sie holen es mühelos ein, und Possuelo, der die Bedeutung der Gesten und Zeichen im Urwald kennt, macht Lärm, macht Musik: »Mulher rendeira« schmettert er, ein brasilianisches Volkslied.

Neun Erwachsene, zwei Jugendliche und vier Kinder haben sich am Ufer versammelt. Eine Frau trägt ein Baby auf dem Rücken, ein Junge hat einen kleinen Affen auf der Schulter. Ihre nackten Körper haben sie rot mit dem Farbstoff Urucum bemalt. Die Männer tragen den Penis hochgebunden, sie haben ihn mit Kordeln aus Pflanzenfasern geschmückt.

»Ané?«, fragen sie. »Wer seid ihr?«

Maiá, um die 30 Jahre alt und wohl die Älteste der Gruppe, fasst einer Besucherin an die Bluse und ertastet den Büstenhalter. Sie kann sich kaum einkriegen vor Lachen.

Behende durchstöbern die Indianer das Boot. Eine Schere und zwei Kaffeetassen behalten sie, der Fotograf fürchtet um seine Objektive. Aber sie verlieren rasch das Interesse an den Dingen und legen sie achtlos beiseite.

Aufgeregt führen sie die Besucher in den Wald. Am Rande einer Lichtung, die mit Mais bepflanzt ist, haben sie vier Hütten aus Palmwedeln errichtet. Über einem Herdfeuer gart ein Affe.

Ein Junge kehrt von der Jagd zurück, auf dem Rücken trägt er ein Faultier. Die Beute hat er mit der »Zarabatana« erlegt, einem rund vier Meter langen Blasrohr, dessen federleichte Pfeile ein Korubo-Jäger mit Lianengift bestreicht.

Xixú, der Stammesälteste, bietet gegrillte Maiskolben an und den Saft der Buruti, einer bitteren, mangoähnlichen Frucht. Ein Trunk, der offenbar nicht nur als Erfrischung, sondern auch als Rauschmittel dient: Wie in Trance stimmt Xixú einen schleppenden, traurigen Gesang an: »Re-Re tupi choe moxe, osmaie.« Die indianischen Dolmetscher bleiben die Übersetzung schuldig. »Choro«, sagen sie nur. »Klagegesang«. Xixú fasst die Besucher an den Händen und beginnt zu tanzen.

Possuelo tanzt mit, dann kümmert er sich um einen Jungen, der an Malaria erkrankt ist, entnimmt eine Blutprobe, schiebt dem Kleinen eine Tablette in den Mund. Moskitoschwärme tanzen um seinen Kopf. Zur Regenzeit ist Malaria im Amazonasgebiet so verbreitet wie in Europa die Grippe. Possuelo wirkt entspannt, doch seine Aufmerksamkeit lässt keine Sekunde nach. Besorgt ermahnt er seine Begleiter, nicht versehentlich auf die Tontöpfe am Boden zu treten. Bloß keinen Ärger. Der Kontakt zu den Korubo ist zwar »etabliert«, wie es im Funai-Jargon heißt, aber noch nicht »gefestigt«. Beim geringsten Anlass kann die freundliche Stimmung in Aggression umschlagen.

Der Funai-Mann kennt die Geschichten von blutigen Zusammenstößen zwischen Weißen und Indianern, und er weiß: Viele sind wahr.

Vor 30 Jahren erst hatten Holzfäller über feindselige Ureinwohner in einem der letzten unerschlossenen Gebiete des Amazonasbeckens berichtet. Bei Erkundungsflügen fotografierten Funai-Mitarbeiter Hütten und Maisfelder der Indianer. »Caceteiros« heißen die Korubo in der Sprache der Anwohner, »Schläger«, weil sie mit langen Holzknüppeln bewaffnet sind. In den vergangenen 20 Jahren, so wird erzählt, hätten sie 24 Weiße getötet – unter ihnen zwei Mitarbeiter des Staatskonzerns Petrobras, der im Indianergebiet nach Öl gesucht hatte, aber keines fand.

Immer näher ist der Rest der Welt nun dem Lebensraum der Korubo gerückt. Drei Tage dauert die Bootsfahrt von Tabatinga, einer schnellwachsenden Stadt an der Grenze zu Kolumbien. Holzschmuggler, Wilderer und Drogenhändler dringen immer tiefer in den Dschungel vor. Sie haben viele Korubo umgebracht und damit gewalttätige Reaktionen der Indianer provoziert. »Wir zählen unsere Opfer«, sagt Possuelo. »Aber die Toten der Indianer verschluckt der Wald.«

Drei hatte er kurz vor unserem Besuch freigegeben: Weiße hatten sie ermordet und am Ufer einer Lagune verscharrt. Als das Wasser nach Regenfällen anstieg, fanden Funai-Mitarbeiter die aufgeschwemmten Leichen.

Jahrelang versuchte die Behörde vergebens, Kontakt zu den Korubo aufzunehmen. 1984 lockten die Indianer einen Funai-Mitarbeiter und einen Petrobras-Arbeiter in einen Hinterhalt.

Sie tanzten am Ufer und winkten freundlich zum Petrobras-Boot herüber, das im Fluss verankert war. Der Funai-Mann, der die Ölarbeiter vor den Korubo schützen sollte, setzte mit einem Begleiter ans Ufer über, sein Gewehr ließ er auf dem Boot. Die Indianer führten die beiden in den Wald und fielen mit Knüppeln über sie her. Ihre Kollegen hörten die Todesschreie, aber als sie zu Hilfe eilten, fanden sie nur noch die Leichen vor.

Erst Possuelo gelang es, friedlich Kontakt aufzunehmen. Und er hielt diesen Kontakt damals auch nur deswegen für gerechtfertigt, weil es die Konflikte gibt: weil er das Territorium der Korubo schützen wollte, »weil Leben auf dem Spiel stehen«, sagte er. Sechs Monate lang hatte er seinen Vorstoß vorbereitet. Matís-Indianer, die eine ähnliche Sprache sprechen wie die Korubo, dienten ihm als Kundschafter.

Bei seiner ersten Expedition stieß er auf ein verlassenes Dorf.

Sechsmal kehrte er in die Siedlung zurück und hinterlegte Töpfe und Messer als Geschenke. Die Gaben verschwanden, doch die Bewohner ließen sich nicht blicken. Beim siebten Besuch sah er zwei Indianer auf einem Maisfeld. Spontan stimmte er das Volkslied »Mulher rendeira« an: »Singen signalisiert friedliche Absichten. Die Indianer glauben, dass nur Feinde sich lautlos nähern.«

Wer Bewaffneten begegnet, die noch nie mit der Außenwelt Kontakt hatten, muss sich auf eindeutige Signale verstehen. Eine unbedachte Geste, ein falsch intoniertes Wort können das Leben kosten. Nie lässt sich vorhersagen, wie das Gegenüber reagiert.

Die Korubo-Gruppe, zu der Possuelo Verbindung hatte, besteht aus 18 Indianern. Zwölf Jahre vor seinem Besuch, so erfuhr er mit Hilfe der Matís, hatte sie sich von der Hauptgemeinschaft getrennt. Ihr Anführer Xixú war mit Maiá durchgebrannt, der Frau eines Stammesgenossen.

Das Hauptdorf, in dem schätzungsweise 300 Indianer leben, liegt etwa hundert Kilometer tief im Busch. Possuelo hat es nie aufgesucht, weil diese Indianer noch nicht durch Abgesandte der Zivilisation bedroht werden. Mehr als 50 Stämme gibt es noch, nach Schätzung der Funai, die so leben wie vor 500 Jahren, bevor die Weißen kamen. Die will er in Ruhe lassen. Es war schwierig genug, die Verbindung zu den Abtrünnigen zu pflegen.

Nur wenige Monate nach dem ersten Kontakt töteten Korubo den Funai-Angestellten Sobral Magalhães, einen engen Mitarbeiter Possuelos. Das Motiv ist bis heute unklar. Angeblich hatte er versucht, die Indianer zu fotografieren. Einer von ihnen zerschmetterte ihm mit einem Knüppel den Schädel, den Leichnam ließen sie am Ufer zurück.

Jetzt sitzt der Mörder am Herdfeuer und lacht freundlich. Wenn die Matís ihn auf den Vorfall ansprechen, lenkt er ab. Dafür zeigt er bereitwillig die Einschüsse von Schrotkugeln, die weiße Eindringlinge ihm verpasst haben. Possuelo hatte damals den Sarg ausfliegen lassen; er trauerte um seinen Mitarbeiter, aber er nahm auch die Indianer in Schutz: »Wahrscheinlich haben sie eine Geste falsch interpretiert.«

Solche Vorfälle schüren den unerklärten Krieg am Rio Javarí. »Ich habe Angst vor den Indianern«, sagte mir Neuza Juvenal da Silva, 54. Die zierliche Frau war eine »Ribeirinha«, wie die weißen

Bewohner der Flussufer im Amazonasgebiet genannt werden. Am Strand vor ihrer Hütte baute sie Bohnen an.

Als sie sieben Jahre alt war, drangen Indianer in Neuzas Zimmer ein, verprügelten sie und verwüsteten die Hütte. Ihre Eltern arbeiteten auf dem Feld und bekamen von dem Überfall nichts mit. »Die Indianer sind wie Tiere«, schimpfte sie schaudernd. »Wenn man sie nicht zähmt, werden sie zu Bestien.«

Die meisten Ribeirinhos sind arm, sie leben von Fischfang und Wilderei. Sie verstehen nicht, dass die Regierung den Korubo ein Reservat von der Größe Portugals zugesprochen hat. »Das ist viel Land für wenige Indianer«, klagte Dona Neuza mir gegenüber.

»Der Wald ist alles, was die Korubo haben«, hält Possuelo dagegen. »Wenn man in dein Haus eindränge, würdest du dich auch wehren.«

Possuelo wollte das Gelände der Korubo markieren, deren Lebensraum sichern, und er wusste, er machte sich Feinde damit.

An der strategisch wichtigen Gabelung der Flüsse Ituí und Itacoaí, wo das Indianerland beginnt, hat die Funai einen schwimmenden Wachposten errichtet. Ein Hausboot ist im Fluss vertäut, Boote sichern es nach allen Seiten wie eine Wagenburg. Am Ufer hat Possuelo einen Mast mit der brasilianischen Flagge errichtet, Hinweisschilder verbieten die Weiterfahrt. Nachts suchen Wachleute mit Scheinwerfern den Fluss ab.

In den Dörfern der Gegend fürchten sie den »Alten«, wie sie Possuelo nennen. Er hat Polizeigewalt im Indianergebiet, kein Mitarbeiter verlässt den Posten ohne Schusswaffe. Possuelo hat Todesdrohungen erhalten, auch seine Leute wurden von den Siedlern der Gegend angefeindet. Den Bürgermeister der nächstgelegenen Stadt ließ er festnehmen, weil der im Indianergebiet Warntafeln niederreißen ließ. Gegen einen Kongressabgeordneten, der seine Mitarbeiter bedroht hatte, erstattete er Anzeige. Wenige Jahre vor meinem Besuch entdeckte er zwei Landepisten von Drogenhändlern im Korubo-Gebiet.

Sein einsamer Kampf hat Possuelo verbittern lassen. Er ist unduldsam und aufbrausend, Widerspruch erträgt er nicht. Unruhig wie ein gefangener Tiger lief er auf dem Funai-Floß auf und ab, wenn er nicht bei den Indianern war. Er schlürfte literweise süßen schwarzen Kaffee, ein Magengeschwür hatte er sich bereits eingehandelt. Drei Ehen waren zerbrochen, seine fünf Kinder wuchsen bei verschiedenen Müttern auf. »Keine Frau hält so was auf Dauer aus«, sagte er. Aber hinter der ruppigen Fassade steckte ein Romantiker. Stundenlang sang er Boleros, wenn er bei Laune war.

Als Abenteurer, nicht als Helfer war er einst in den Busch gezogen. »Die Indianer waren mir damals gleichgültig«, gab er zu. In São Paulo ist er aufgewachsen, der Vater war Wanderschauspieler, der Sohn verschlang die Reiseberichte der »Sertanistas«, der »Waldläufer«, die einst das Riesenland erschlossen. Er wurde Spezialist für Verfahrenstechnik in einer Fabrik, aber in Gedanken zog er durch das Amazonasgebiet.

Ende der 1950er Jahre suchte er die Gebrüder Villas Bôas auf, Brasiliens bekannteste Sertanistas. Der junge Possuelo bedrängte sie, bis sie ihn auf eine Expedition nach Mato Grosso mitnahmen. Orlando Villas Bôas hatte Brasiliens ersten Nationalpark am Rio Xingu begründet, Possuelo wurde zum ersten Direktor ernannt.

Monatelang lebte er unter Indianern. Seine einzigen Begleiter waren ein Hund, ein zahmes Tapir und ein Gürteltier, das er im Käfig hielt. Als er Hunger litt, schlachtete er das Tapir und aß es auf. 36 Malariaanfälle hat er überstanden, zweimal wurde er von Jaguaren angegriffen, in den 1980er Jahren hatte er 23 Tage als Geisel der Indianer überlebt – damals stritten sie sich mit der Regierung um die Kontrolle über ein Flussufer, Possuelo sollte den Konflikt schlichten. »Meine Begleiter machten sich vor Angst in die Hosen, aber ich habe mich amüsiert«, erzählt er. »Die Indianer sind meine Freunde. Sie hätten mir nichts getan.«

1991 ernannte ihn Staatspräsident Fernando Collor zum obersten Chef der Funai, er sollte diese verfilzte, korrupte Behörde renovieren, sollte verhindern, dass sich Mitarbeiter von Holzkonzernen bestechen ließen und sich mit Wilderern verbündeten. Possuelo wollte Ernst machen mit der Einrichtung von Reservaten, die die Verfassung von 1988 versprach. In seiner Zeit als Funai-Präsident ließ er die Pisten der Goldsucher im Yanomami-Gebiet in die Luft sprengen und markierte das erste Indianerreservat.

Intern bekämpfte er die überbordende Bürokratie und die korrupten Funktionäre. Doch das System war stärker. Als Collors Nachfolger 1993 einen politischen Freund an die Spitze der Funai hieven wollte, trat Possuelo zurück.

Als Leiter der Abteilung für isolierte Indianer betreute er anschließend sieben Konfliktregionen, die meisten im Amazonasgebiet. Sein Büro in Brasília sah er kaum, die meiste Zeit war er im Busch unterwegs.

Bei der Navigation bediente er sich hochmoderner Satelliten-Ortungssysteme. Ohne technische Hilfsmittel wäre die gefährliche Arbeit kaum zu bewältigen. Einmal ließ er 23 Mitarbeiter mit dem Hubschrauber ausfliegen, nachdem Indianer die Funai-Station niedergebrannt hatten, aber er machte ihnen keinen Vorwurf daraus: »Woher sollten die wissen, dass wir ihnen helfen wollen?«

Ohne Geld aus dem Ausland wäre seine Abteilung vermutlich längst geschlossen worden. Eine englische Hilfsorganisation finanzierte seine Funkgeräte, die Spanier schenkten ein Flugzeug, und »National Geographic« spendierte einen Antennenmast. Die Demarkation des Korubo-Reservats wurde mit deutschen Entwicklungsgeldern finanziert.

1997 zeichnete der spanische König Possuelo für seine Verdienste um die Indianer mit dem angesehenen Preis »Bartolomé de las Casas« aus. In Brasília galt er dagegen immer als Außenseiter und Störenfried. Die Regierung lässt die Funai verkommen; Präsidentin Rousseff hat sie weitgehend entmachtet.

Possuelo kämpfte erbittert für den Erhalt der Behörde. Doch das größte Dilemma seiner Arbeit könnte die Funai selbst dann nicht lösen, wenn sie funktionieren würde: Der Kontakt mit den Weißen macht die Indianer zwangsläufig zu Abhängigen.

Nachdem sie Vertrauen geschöpft hatten, erschienen die Korubo gelegentlich am Flussufer gegenüber der Funai-Station und riefen »Banane, Banane!« Possuelo schickte ihnen Früchte, Maniokmehl und Medikamente. Aber er hat keine Illusionen: »Wir haben sie zu Bettlern gemacht.«

Inzwischen ist er in den Ruhestand versetzt worden, zurückgezogen lebt er in Brasília. Er kennt die Hälfte der 305 Ethnien Brasiliens, und er fürchtet, dass die letzten, die noch isoliert im Urwald leben, keine Überlebenschance haben. »Jeder Erstkontakt ist der Anfang vom Ende«, sagt er. »Ich habe nur Kontakt gesucht, wenn die Indianer akut bedroht waren.«

Nur 0,48 Prozent der Brasilianer sind Indianer, insgesamt sind sie etwa 900 000. Doch ihre Anzahl wächst seit einigen Jahren wieder, und zwar stärker als die der nichtindianischen Einwohner. Viele Brasilianer haben indianische Vorfahren, die sie allerdings oft verleugnen. Der Rassismus den Ureinwohnern gegenüber ist noch stärker als der gegenüber den Afrobrasilianern. Vor allem im Landesinneren werden sie oft wie Tiere behandelt – und getötet.

Auf den unvermeidlichen Kulturschock, der jedem Erstkontakt mit der »Zivilisation« folgt, sind die letzten isolierten Stämme nicht vorbereitet. Nur wer sich mit den Eindringlingen arrangiert, hat eine Chance.

So wie der Stamm der Cinta-Larga (»Breite Gürtel«). Die einstigen Jäger und Sammler leben heute vom Diamantenschmuggel. Als ich sie besuchte, machte gerade die Bundespolizei Jagd auf die illegalen Schürfer.

»Operation Roosevelt« nannte sich die Aktion, sie begann wie ein Actionfilm. Vier zivile Geländewagen rasten durch den Regenwald, jeder war mit sechs schwerbewaffneten Agenten besetzt. Der Konvoi stoppte vor einem Zeltlager. Generatoren brummten, Wasser plätscherte, ein Bulldozer wühlte die Urwalderde auf. Diamantensucher hatten den Wald in eine Mondlandschaft verwandelt.

Mit Maschinenpistolen im Anschlag trieben die Polizisten zehn Männer und eine Frau zusammen. »Zeig' mal dein bezauberndes Lächeln«, forderte der Einsatzleiter die Blondine auf. Als die junge Frau den Mund öffnete, blitzten und funkelten ihre Zähne: Sie waren mit Diamantsplittern verziert. »Die darfst du behalten, wenn du nett bist«, versprach der Chef der Rambotruppe.

Alles andere nahmen sie mit: schweres Gerät, Autos und Ausrüstung im Gesamtwert von einigen hunderttausend Real. Die Männer mussten sich einer rigorosen Leibesvisitation unterziehen, jeden Schlafsack durchwühlten die Polizisten. Im Necessaire der Köchin wurden sie fündig: In einem Pillenröhrchen entdeckten sie einen kleinen Diamanten.

Auf Nachfragen reagierten die Garimpeiros, wie die illegalen Edelsteinsucher genannt werden, mit Schulterzucken: Nein, sie kennen die Hintermänner nicht, sie wissen nicht, wem die Ausrüstung gehört, sie haben keine Ahnung, wer die Diamanten kauft.

Sie waren sich nur sicher, dass die Polizei gegen diese Mafia kaum eine Chance hatte: Schätzungsweise 50 Millionen Dollar setzten die Diamantenschmuggler zeitweise monatlich um. Mit dem Erlös eines einzigen Edelsteins lassen sich leicht mehrere Bulldozer finanzieren.

Solch hochkarätige Steine haben sie hier schon viele rausgeholt. Die Mine liegt direkt an der Grenze zu dem Indianerreservat Roosevelt in einem vergessenen Winkel des Amazonas-Bundesstaats Rondônia. Das Schutzgebiet von der Größe Portugals galt lange weltweit als der vielversprechendste Spot für Diamanten. Mit der Operation Roosevelt versuchte die Regierung, Ordnung im Niemandsland zu stiften.

Seinen Namen verdankt das Reservat US-Präsident Theodore Roosevelt, der einst auf einer Expedition das Amazonasgebiet durchstreifte. Heute zieht das Diamantenfieber Glücksritter aus dem ganzen Land an. Experten schätzen, dass die Erde unter dem Reservat die größten Edelsteinvorkommen der Welt beherbergt. 20 Kimberlites, diamantträchtige Gesteinsformationen, haben Spezialisten beim Überfliegen des Gebiets entdeckt.

Die Edelsteine könnten Brasilien nach Meinung von Experten jährlich über eine Milliarde US-Dollar einbringen. Bislang blüht der Schmuggel, denn die Verfassung verbietet Bergbau in Indianerreservaten. Das Land gehört 1300 Indios vom Stamm der Cinta-Larga. Von dem Verbot lassen sich allerdings weder Garimpeiros noch Indianer schrecken: Die Ureinwohner reißen selbst die Erde auf der Suche nach Diamanten auf. Garimpeiros klauben monatlich Edelsteine im Wert von 50 Millionen Dollar aus dem Urwaldboden, schätzt die Regierung. Oft kommt es zu Schießereien und Massakern.

Präsidentin Rousseff will die Verfassung ändern und Bergbau in Indianerreservaten erlauben. Die Ureinwohner sollen an dem Gewinn teilhaben, doch wie das aussehen soll, ist unklar. Bislang führt der Streit um den Reichtum unter der Erde nur zu Mord und Totschlag.

Im Jahr 2004 ermordeten Krieger der Cinta-Larga mindestens 29 Garimpeiros, die in ihrem Reservat schürften, über hundert sind im Urwald verschollen. Die Regierung ließ das Reservat abriegeln, doch die aufgebrachten Männer drohten mit Rache. Auf Anraten der Funai rief Präsident Lula den einzigen Mann zur Hilfe, dem die Cinta-Larga vertrauten: Apoena Meirelles.

Der legendäre Waldläufer, einer der letzten Indianerexperten

Brasiliens, hatte vor 35 Jahren erstmals Kontakt zu den Cinta-Larga aufgenommen. Er glaubte, dass die Indianer sich friedlich in die Welt der Weißen integrieren könnten. Die Schuldigen für die Gewalt in der Region benannte er in einem Geheimpapier für die Regierung: Holzhändler, Garimpeiros und die Diamantenmafia, die sich das Indianerreservat aneignen wolle.

Wenige Tage bevor das Dokument bekannt wurde, kam der Indianerfreund bei einem Raubüberfall ums Leben. Viele seiner Kollegen glauben an einen Auftragsmord: Meirelles hatte sich mit mächtigen Interessengruppen des Bundesstaats Rondônia angelegt. Für die Cinta-Larga kam das Verbrechen einem Vatermord gleich.

»Apoena haben wir es zu verdanken, dass wir noch am Leben sind«, sagt Piu-Naçoca, ein Kazike der Cinta-Larga. Er war neun und Waise, als Meirelles ihn im Wald auflas. Seine Eltern waren an Masern gestorben, die von den Edelsteinsuchern eingeschleppt worden waren. Wer nicht an Krankheiten zugrunde ging, wurde ein Opfer der Gewalt: Die Eindringlinge ermordeten Indianer wie Tiere. Innerhalb weniger Jahre war der Stamm von 5000 auf 1000 Indios zusammengeschmolzen.

Indianerschützer Meirelles lehrte Piu-Naçoca: Wenn du überleben willst, mußt du den Feind studieren. Der junge Häuptling lernte Portugiesisch, verhandelte mit der Funai über die Absteckung des Reservats, fuhr zu Protestaktionen vor den Kongress in Brasília. Und ganz nebenbei fand er Gefallen an der Lebensweise der Weißen.

Heute ist Piu-Naçoca reich und dick. Sicher, er trägt noch Federschmuck auf der Brust, und im Kochtopf hinter seinem Haus köchelt ein Affe vor sich hin. Aber die meiste Zeit verbringt er in seiner Villa in der Stadt. Zum Jagen fährt er mit seinem Toyota: »Wir gehen kaum noch zu Fuß, deshalb sind wir so fett«, sagt er entschuldigend und klopft auf seinen Wanst. Das Blasrohr hat ausgedient, die Affen schießt er mit einem Karabiner. Autos, Gewehre und seinen weißen Chauffeur bezahlt er mit Diamanten.

Die Indios sind die Herren des Geschäfts mit den Edelsteinen. Im Reservat ist von dem Reichtum jedoch wenig zu spüren. Die meisten Familien wohnen in einfachen Häusern. Der einzige Gesundheitsposten wurde mangels Geld geschlossen, in der Schule müht sich eine junge Lehrerin, den wenigen Kindern das Rechnen beizubringen. Jugendliche sieht man kaum: Sie sind in der Stadt, daddeln in Internetcafés vor Videospielen. »Denen ist es hier zu langweilig«, klagt Piu-Naçoca.

Stolz zeigt der Kazike Palmpflanzungen, Fischtanks und 800 Rinder, die er mit den Edelsteinen bezahlt hat. Bewirtschaftet werden die Anlagen allerdings von Lohnarbeitern, die Indios sehen nur ab und zu nach dem Rechten. »Das haben wir von den Weißen gelernt«, sagt Piu-Naçoca.

So ist es auch in der Mine, die 40 Kilometer flußaufwärts am Rio Roosevelt liegt. Die Indianer kassieren einen Anteil von den Garimpeiros, dafür dürfen sie im Reservat schürfen. Die Arbeitsteilung funktioniert, solange sich beide Seiten an das Abkommen halten. Doch immer wieder versuchen Garimpeiros, auf eigene Rechnung zu arbeiten. Wen die Indios ertappen, dem nehmen sie Pumpen und Maschinen ab und zwingen ihn, das Reservat zu verlassen.

Als ein streitsüchtiger Garimpeiro die Arbeiter aufwiegelte, erschlugen die Indios ihn, alle Zeugen beseitigten sie ebenfalls. »Wir sind ein Kriegervolk«, sagt Piu-Naçoca. »Wenn man uns bedroht, schlagen wir zurück.«

Für die Weißen gibt der reiche, dicke Häuptling das ideale Feindbild ab. Bei den Pionieren von Rondônia galten die Ureinwohner schon immer als faul und verschlagen. »Indios taugen nichts«, wurde mir im Gouverneurspalast der Hauptstadt Porto Velho ungefragt beschieden. Ökologen und Indianer gelten als lästige Störenfriede, die dem Fortschritt im Wege stehen.

Dabei hatten sich die Kolonisten eigentlich ganz gut mit den Ureinwohnern arrangiert. Schließlich sind die Kaziken gute Kunden bei Autohändlern und Häusermaklern. Ihre Toyotas und Häuser kaufen sie klaglos zu überhöhten Preisen, in Hotels und Restaurants bezahlen sie schon mal mit Rohdiamanten. Die Cinta-Larga galten als tumb, aber gutmütig. Bis zum Massaker. Danach herrschte Krieg am Roosevelt-Fluß. Aufgebrachte Garimpeiros versuchten, einen Indianer auf dem Hauptplatz von Espigão d'Oeste zu lynchen, ein anderer wurde erschossen. Früher hielten die Indianer zu einem Schwatz an der Dorfbäckerei, bei einem Cafezinho feilschten sie mit den Diamantenaufkäufern um Mengen und Preise. Heute geben sie Gas, wenn sie durch die Stadt fahren.

Piu-Naçoca fürchtet, dass der Streit um die Naturschätze das Verhältnis zu den Weißen auf Jahre belasten wird. »Diamanten sind schlimmer als Kokain«, sagt er. »Die Weißen haben uns nie verziehen, dass wir das Geschäft machen, dabei haben wir das von ihnen gelernt. Jetzt stehen wir als die Schurken da, dabei sind wir die Opfer.«

Misstrauisch verfolgt er, wie die Regierung ihnen das Geschäft mit den Steinen entwinden will. Bergbaufirmen aus Kanada und Belgien haben sich für den Run auf das Reservat positioniert. Wer eine Konzession erhält, muss einen Teil des Gewinns an die Indianer abführen. »Aber werden die uns nicht mit Almosen abspeisen?«, fragt Piu-Naçoca.

Er hat das Beispiel des Lucas Bonfim, 88, vor Augen. Der hatte in den 1950er Jahren den ersten Edelstein im Roosevelt-Reservat entdeckt. Mit einer Bronzeplatte lief er durch den Wald, die Vibrationen des Glücksbringers zeigten ihm, wo Diamanten schlummerten. Er wurde reich, doch das Geld brachte er mit Frauen und Schnaps durch. Der Gouverneur versprach dem treuherzigen Alten einen Toyota, wenn er der Regierung die Diamantvorkommen zeige. Mit GPS-Satellitenortung spürten Geologen seinen Angaben nach. Nachdem sie alles vermessen hatten, markierten sie die staatlichen Claims. Den alten Lucas schickten sie mit einer Busfahrkarte nach Hause. Auf den Toyota wartet er bis heute.

Lebensraum Favela – wie Brasiliens Arme wohnen

Der Streit mit Dona Angela begann, als José Reinaldo den ersten Sack Zement aufs Dach seines Hauses schleppte. Dona Angela wohnt nebenan, von ihrer Terrasse blickt sie direkt auf José Reinaldos Dach. »Was hast du vor?« fragte sie misstrauisch. Dabei ahnte sie schon die Antwort: Sein Haus um eine Etage aufstocken.

Mit seiner Frau und zwei Kindern wohnt José Reinaldo in zwei winzigen Zimmern plus Bad, eine Abseite hat er zur Küche umfunktioniert. Auf der Suche nach Arbeit kam er vor zehn Jahren aus dem armen Nordosten nach Rio, jetzt hat er einen Job in einer Putzkolonne. Im Monat bringt er 600 Real nach Hause, 230 Euro. Damit kann er sich keine großen Sprünge leisten.

Aber wenigstens ist er Herr seiner vier Wände. Vor zwei Jahren hat er dieses Häuschen in der Rocinha gekauft, der größten Favela von Rio. Ziemlich weit oben, wo es billiger ist, Haus Nummer 20 in der Gasse zwölf, die von der Straße eins abzweigt, es ist nicht leicht zu finden.

Etwa 6000 Euro hat er bezahlt, ein Schnäppchen für Rocinha-Verhältnisse. Denn die Favela liegt in der reichen Südzone von Rio, wo es Arbeit gibt und der Strand nah ist. José Reinaldo braucht nur 20 Minuten mit dem Bus zu seinem Arbeitsplatz in einer Apartmentburg unten auf dem »Asphalt«, wie sie in der Rocinha die Wohnviertel der Reichen nennen.

Sein Häuschen klebt auf Pfeilern an einem Felsen; die Wände sind feucht, das Dach ist undicht, bei Regen läuft das Wasser an seiner Wohnzimmerwand herunter. Ein neues Stockwerk, so hatte er sich ausgerechnet, würde gleich zwei Probleme lösen: Der Wassereinbruch wäre gestoppt, und er würde mehr Platz gewinnen.

Wäre da nicht Dona Angela. Sie ist klein und stämmig und geht keinem Streit aus dem Weg; nicht mal ihr Mann Francisco wagt es, gegen sie aufzumucken. »Nur über meine Leiche«, ruft sie José Reinaldo zu. Sie blickt von ihrer Mauer auf ihn herab, ihre Augen blitzen: »Du willst mir den Eingang verbauen!«

José Reinaldo hat Respekt und auch ein wenig Angst vor Dona Angela; ein Mannweib sei sie, sagt er, deshalb hat er Ayrton Evangelista gerufen, einen Architekten der Stadtverwaltung, er soll ihm beistehen.

Ayrton, ein schlanker Mann mit melancholischem Blick, ist eine Autorität in der Rocinha. Als Erstes schickt er José Reinaldo vom Dach, er will allein mit Dona Angela reden. Der Nachbar dürfe ihren Eingang nicht versperren, beschwichtigt er sie, das werde er ihr schriftlich geben. Andererseits könne sie ihm das Aufstocken nicht verbieten, zwei Etagen seien erlaubt. Murrend zieht sie sich in ihr Haus zurück, der Konflikt ist fürs Erste entschärft. Ayrton klettert über eine Stiege zu José Reinaldo in die Wohnung.

Er zeigt ihm, wie er seine Treppe anlegen muss, ohne dass Dona Angela ihren Eingang verliert. »Versuche nicht, das neue Stockwerk größer zu machen als dein Erdgeschoss«, ermahnt er den Jungen zum Abschied. »Damit würdest du die Ventilation blockieren.«

Genau das hatte José Reinaldo eigentlich geplant: Er hatte einen Überhang von einem Meter einkalkuliert, um mehr Platz zu gewinnen, so machen das alle in der Favela. Jetzt blickt er ein wenig enttäuscht. Aber er verspricht, sich an die Auflagen zu halten. »Wenn du fertig bist, komme ich vorbei und sehe mir den Umbau an«, kündigt Ayrton an. Er ist die letzte Instanz in den Nachbarschaftskriegen, die hier genauso leidenschaftlich ausgefochten werden wie unten auf dem »Asphalt«.

Der einzige Unterschied: Unten gelten die städtischen Bauvorschriften, in der Favela ist jeder sein eigener Baumeister. Jeder Quadratmeter wird erbittert umkämpft, nur das Gesetz der Schwerkraft oder aufgebrachte Nachbarn setzen der Kreativität Grenzen. Dann muss Ayrton schlichten.

Die Stadtverwaltung hat ihm ein kleines Büro in der Rocinha eingerichtet. Eigentlich ist die Siedlung illegal und müsste abgerissen werden, aber davor scheuen die Regierenden zurück. Es fehlt an Wohnraum für die Armen, außerdem stellen die Favela-Bewohner ein großes Wählerpotential.

Über 700 Favelas gibt es in Rio; man schätzt, dass etwa zwei Millionen Einwohner in Slums leben. Die illegalen Siedlungen sind auf keinem Stadtplan verzeichnet. Um nicht ganz die Kontrolle zu verlieren, berät die Stadtverwaltung die Leute beim Bau ihrer Behausungen. So will sie verhindern, dass die Hütten beim ersten Sturzregen zusammenfallen.

Die meisten Elendsviertel sind in den 1970er und 1980er Jahren entstanden, als Landarbeiter aus dem armen Nordosten auf der Suche nach Arbeit in die großen Städte strömten. Ihre Behausungen zimmerten sie aus allem zusammen, was sie ergattern konnten: Abfallholz, Pappkartons, Baustellenabsperrungen, verbeulte Wellblechreste.

Wer in der Rocinha wohnt, hat es geschafft: »Verglichen mit anderen Favelas ist das hier ein Luxus«, schwärmt José Reinaldo. Die Rocinha ist ein lautes, pulsierendes Labyrinth aus Tausenden Gassen, Stiegen und Winkeln, eingeklemmt zwischen Bergen und Meer. Die meisten Häuser sind aus rostroten Ziegeln, schätzungsweise 120 000 Menschen drängen sich in dem Chaos. Von oben hat man einen phantastischen Blick auf den Atlantik und die Wohntürme von São Conrado, das teuerste Wohnviertel der Stadt.

Im Vergleich zu anderen Favelas gilt die Rocinha als entwickelt: Es gibt Kabelfernsehen, zwei Banken, mehrere Buslinien, Sportstudios mit einem Schwimmbad und den neuesten Fitnessgeräten aus den USA. Strom leiten die Einwohner illegal von den Hochspannungsleitungen der Elektrizitätsgesellschaft ab, wie Krähennester hängt das Kabelchaos über den Gassen.

Horizontal kann sich die Favela nicht mehr ausbreiten: Auf der einen Seite begrenzt eine Schnellstraße das Gewusel, auf der anderen ragt das wuchtige Granitmassiv des Zwillingsbergs Dois Irmãos in den Himmel, eine Landmarke von Rio. Also bauen die Bewohner in die Höhe.

Bis zu elfstöckige Gebäude erheben sich zwischen den Hütten, wer Nachwuchs erwartet oder sein Einkommen mit Mieteinnahmen verbessern will, stockt einfach eine Etage auf. Die Hochbauten überschatten Gassen und Plätzchen, jeder freie Quadratmeter wird bebaut. »Favelas wachsen ungeordnet, so wie europäische Städte im Mittelalter«, sagt Stadtplaner Luiz Carlos Toledo.

Er hat die gesamte Rocinha im Computer. In seinem Büro im Stadtzentrum entwirft er Plätze, Wege und Häuser für den Slum. Ein eigenes Krankenhaus soll er bekommen, breite Straßen und großzügige Plazas. Stararchitekt Oscar Niemeyer hat eine neue Fußgängerbrücke entworfen, die das Elendsviertel mit dem reichen São Conrado verbindet. In wenigen Jahren soll sich das Gewusel in ein menschenfreundliches Stadtviertel verwandeln.

Die Urbanisierung der Rocinha kostet rund 300 Millionen Real, etwa 120 Millionen Euro, und wird aus dem Etat des PAC finanziert, dem wohl ehrgeizigsten Entwicklungsprojekt Lateinamerikas. Das Kürzel steht für »Programm zur Beschleunigung des Wachstums« und ist das Lieblingskind von Präsidentin Dilma Rousseff.

Über 400 Millionen Euro hat die Regierung für die Urbanisierung der Rocinha und zwei weiterer Megaslums in Rio freigestellt. Sie will die als Brutstätten der Gewalt verfemten Ghettos in die Stadt integrieren. »Wir wollen die Favela durchlässig machen«, sagt Toledo. Dafür muss er Hunderte Hütten abreißen lassen, die Bewohner werden entschädigt und umgesiedelt.

Ayrton, der Architekt der Stadtverwaltung, ist an dem PAC-Projekt nicht beteiligt, obwohl er die Rocinha besser kennt als alle anderen. Aber dieses ist ein Projekt der Bundesregierung, der Bürgermeister redet nicht mit. Skeptisch sieht Ayrton den Bauarbeiten zu. Nur hinter vorgehaltener Hand äußert er seine Zweifel an dem ehrgeizigen Urbanisierungsprojekt.

Der Regierung geht es nicht nur darum, Licht und Luft in die dunklen Gassen zu bringen. Vor allem will sie die Herrschaft der Drogengangs brechen, die in vielen Favelas das Sagen haben. Die »Soldaten«, wie das Fußvolk der Kokainmafia genannt wird, bewegen sich im Labyrinth der Elendshügel wie Fische im Wasser. Von den Gipfeln kontrollieren sie die Slums wie einst mittelalterliche Zwingherren ihre Burgen in Europa.

Eine mit Maschinenpistolen, Granatwerfern und Schnellfeuergewehren ausgerüstete Armee von Tausenden zumeist jugendlichen Gangstern hat in den Ghettos eine Terrorherrschaft errichtet. Von Dächern und Terrassen überwachen sie ihr Revier, halten Ausschau nach der Polizei oder rivalisierenden Gangs.

Die »Traficantes« kennen jeden Winkel in den Elendshügeln. Die meisten sind hier aufgewachsen, sie haben noch nie ein normales Stadtviertel betreten. Die Polizei traut sich zumeist nur mit Panzerwagen in das Häuserlabyrinth. Viele Einfahrten haben die Gangster mit Stahlträgern und Eisenbahnschwellen blockiert. In den Slums herrscht das Gesetz der »Parallelmacht«, wie die Drogenhändler euphemistisch von den Einwohnern genannt werden.

Mörderisches Brasilien – der Krieg in den Favelas

Marcelo S. war elf Jahre alt, als er zum ersten Mal einen Menschen tötete. Es war Nacht, rund 20 Jungen hatten sich auf dem Gipfel der Favela in einem Vorort von Rio de Janeiro versammelt. Um die Schultern hatten sie Gewehre und Maschinenpistolen gehängt, im Bund ihrer Bermudas steckten Pistolen. Den ganzen Abend schon hatten sie Kokain geschnupft, jetzt waren alle Hemmungen gefallen.

Vor ihnen kniete ein wimmernder Teenager, sein Gesicht war von Schlägen entstellt. Die anderen Jungen hatten ihn mit glühenden Zigaretten und Messern gefoltert. Er war ein »X9«, wie die Drogenhändler Verräter nennen; er hatte ein Bandenmitglied verpfiffen. Darauf steht das Todesurteil.

Der Bandenboss drückte Marcelo einen 38er in die Hand. Er hielt den schweren Revolver mit beiden Händen, dann feuerte er dem Jungen in den Kopf.

Die Zuschauer applaudierten und klopften Marcelo auf die Schulter: Er hatte die Aufnahmeprüfung für das »Terceiro Comando« bestanden, Rios zweitgrößte Verbrecherorganisation. Jetzt war er ein »Soldat« der Mafia. Gemeinsam mit den anderen Jungen zerrte er den Toten in eine Grube, überschüttete ihn mit Benzin und steckte ihn an. »Ich habe nichts dabei gefühlt«, sagt er. »Ich war vom Kokain bedröhnt.«

Ich traf Marcelo S. in einer Jugendbesserungsanstalt auf der Ilha do Governador in Rio, unweit des Internationalen Flughafens, man hörte den Lärm der Flugzeuge. Er hatte die Haare kurz geschoren und trug blaue Anstaltskluft. Sein Gesicht war von Pubertätspickeln übersät, auf seinen Armen leuchteten martialische Tätowierungen.

Mit sanfter Stimme beschrieb er, wie er Gefangenen bei lebendigem Leibe Arme und Beine absägte: »Wir hatten einen speziellen Tisch, auf dem wir Verräter folterten.«

Brasilien ist ein gewalttätiges Land. Über 50 000 Menschen sterben jedes Jahr eines gewalttätigen Todes, die meisten sind dunkelhäutige junge Männer zwischen 15 und 25. Meistens stehen die Verbrechen mit Drogenhandel im Zusammenhang. Brasilien ist nach den USA der wichtigste Rauschgiftmarkt des Kontinents. Das Kokain kommt zumeist über die grüne Grenze aus den Andenländern. Der meiste Stoff wird im Land konsumiert, nur ein kleiner Teil geht von Brasilien nach Europa oder in die USA.

Drei Rauschgiftkartelle kontrollieren etwa 300 der über 700 Favelas von Rio. Wie mittelalterliche Zwingherren herrschen die Drogenbosse über die Favelas. Sie beschäftigen ein Heer von Tausenden »Soldaten« und sind mit Schnellfeuergewehren, Pistolen und Revolvern bewaffnet. Auch Panzerfäuste, Granaten und Luftabwehrraketen hat die Polizei schon sichergestellt.

Der Staat ist in den meisten Favelas nicht präsent, die Drogenhändler sind die einzige Autorität. Sie entscheiden über die Öffnungszeiten von Geschäften und Kneipen und bestimmen, wer in die Favela vorgelassen wird.

Dort herrscht das Gesetz der Bosse, die Gangster entscheiden über Leben und Tod der Bewohner.«»Unsere Banditen gebärden sich wie Territorialfürsten«, sagt Rios Sicherheitsminister José Mariano Beltrame.

Die meisten Morde gehen auf das Konto rivalisierender Banden. Die Gangs führen untereinander Territorialkriege. Je mehr Favelas in der Hand eines Kartells sind, desto größer die Macht der jeweiligen Mafia. In Konvois aus gestohlenen Autos stürmen sie gegnerische Favelas, bei den Schießereien gibt es Dutzende von Toten.

Auch die Polizei ist nicht zimperlich: Rios Militärpolizei gilt als eine der gewalttätigsten Truppen der Welt, über tausend Menschen sterben jährlich von Polizistenhand.

Ich lebe in Urca, einem ruhigen Viertel direkt am Zuckerhut. Das ist die sichere Seite von Rio, der »geteilten Stadt«, wie der Journalist Zuenir Ventura Rio einmal in einem Buch über die Drogengewalt geschrieben hat. Die Gewalt beschränkt sich zumeist auf die Favelas im Norden und Westen der Stadt. In der touristischen Südzone, wo die Strände von Copacabana und Ipanema liegen, ist es relativ friedlich. Nur wenn ich nachts aus der Kneipe kam, habe ich früher manchmal die Schüsse in den Favelas gehört.

Beruflich musste ich mich leider oft mit dem Drogenkrieg befassen. Die erste Favela erklomm ich 1991, gleich nach meiner Ankunft. Der Morro da Providência ist das älteste Elendsviertel von Rio, es liegt am Rande des Stadtzentrums. Ein optimistischer Jungunternehmer aus dem Slum wollte damals auf dem Elendshügel Touren für Touristen veranstalten. Ein paar Monate ging das gut, dann fand man den Mann tot in der Gosse. Das Motiv für den Mord wurde nie geklärt, wahrscheinlich war eine Drogengang verantwortlich. Der Morro da Providência war damals in der Hand des »Comando Vermelho« (Rotes Kommando), der größten Verbrecherorganisation von Rio.

Drei Jahre später führte ich zum ersten Mal ein Interview mit einem Drogenboss. Über die Hausangestellte eines Fotografen hatte ich Kontakt zu der Gang, die den Morro dos Prazeres beherrschte, eine Favela in dem Boheme-Viertel Santa Teresa.

Bunte Papierdrachen stiegen über dem Hügel auf. Kinder zerrten an den Schnüren, ein junger Mann huschte über ein Blechdach im ziegelroten Häusergewirr. Ich stellte mein Auto am Fuß der Favela ab und wartete im Schatten einer Mauer.

Die Drachen meldeten meine Ankunft, sie sind Teil eines ausgeklügelten Kommunikationssystems, mit dem sich Rios Drogenhändler untereinander verständigen. Drachen kündigen die Ankunft einer neuen Ladung Kokain an, warnen vor einer Polizeirazzia oder melden Fremde.

Nach einigen Minuten lösten sich drei Jugendliche aus dem Schatten der Häuserwaben. Ihre Füße steckten in Plastiksandalen, hinter den Bund ihrer Bermudashorts hatten sie Pistolen geschoben. Einer sicherte die Treppe zur Favela; mit dem Lauf seiner Uzi-Maschinenpistole wies er den Weg. Sein flackernder Blick verriet den Süchtigen.

Schweigend geleiteten mich die Jungen durch das Labyrinth. Es stank nach Urin, die Stufen waren schlüpfrig. Der Weg wand sich durch kaum mannshohe Löcher und dunkle Gänge und endete schließlich vor einer Holztür. Auf ein Klopfzeichen hin rollte jemand von innen eine Tonne beiseite. Dort führte eine Treppe auf eine kleine Terrasse mit prächtigem Blick auf die Bucht von Rio. »Geh aus dem Licht«, mahnte Luiz Carlos da Silva, der Boss der Drogenhändler, und zog mich hinter einen Mauervorsprung. Grinsend wies er auf eine gegenüberliegende Favela. »Unsere Konkurrenten da drüben schießen ab und zu herüber, das kann ins Auge gehen.«

Höflich bot er einen Platz auf einem durchgesessenen Sofa an. Links und rechts postierten sich einige Halbwüchsige mit Schnellfeuergewehren. Ein Transvestit, offenbar der Geliebte des Drogenbosses, kam aus einem Hinterzimmer; seine wunde Nase triefte.

»Das sind meine Soldaten«, prahlte Luiz Carlos und zeigte auf die Halbstarken. Die Jungen blickten kriegerisch, keiner war älter als 16. Für den Fotografen zogen sie sich Kapuzen über den Kopf, sie wollten nicht erkannt werden.

Nach dem Interview wollte ich noch zur Anwohnervereinigung. In jeder Favela gibt es so eine Organisation, ihr Präsident wird von den Bewohnern gewählt. Sie ist für alle Alltagsprobleme auf dem Hügel zuständig. Ich wollte wissen, wie der Präsident mit der Drogenmafia auskam, die die Favela beherrschte.

»Komm, ich bringe dich hin!«, sagte Luiz Carlos, der Drogenboss. Er führte mich durchs Gassengewirr zum Büro der Organisation. Eine Sekretärin saß im Vorzimmer und lackierte die Fingernägel, in der Ecke flimmerte ein Fernseher. Luiz Carlos ging ins Büro des Präsidenten, setzte sich hinter den Schreibtisch und fragte grinsend: »Was willst du wissen?« Der Drogenboss war gleichzeitig Chef der Anwohnervereinigung. Damals waren viele Favela-Organisationen von der Drogenmafia unterwandert.

Seither habe ich insgesamt bestimmt an die 50 Favelas besucht, Gangster und Polizisten interviewt, Süchtige begleitet und Anwohner befragt. In São Paulo habe ich 1997 eine der ersten großen Reportagen über den Siegeszug von Crack recherchiert, in Rio ließ die Mafia damals diese Horrordroge nicht zu – sie verdarb das Geschäft, weil die Süchtigen total die Kontrolle über sich verloren und oft aggressiv wurden.

Wie Zombies wankten Hunderte Crack-Süchtige nachts durch die Gassen von Vila Guilherme, einem Mittelschichtsviertel von São Paulo. Sie priesen gestohlene Autoradios an; für ein paar Real oder einen Brocken Crack hätten sie ihre Mutter verkauft. Viele waren Jungen und Mädchen der Mittelschicht, sie hatten mit Marihuana und Kokain angefangen, irgendwann waren sie bei Crack und damit in der Gosse gelandet. Mittlerweile hat sich Crack im ganzen Land wie eine Epidemie verbreitet, selbst in Kleinstädten gibt es oft ein »Cracolândia«, wie die Treffpunkte der Süchtigen genannt werden.

Als Journalist muss man sich emotional gegen das Elend abschotten, sonst kann man in einer Stadt wie Rio nicht auf Dauer leben. Wie alle Cariocas, wie die Einwohner von Rio genannt werden, hatte auch ich die »geteilte Stadt« verinnerlicht. Nur zwingt mich mein Beruf oft, die Seite zu wechseln.

In Rio ist das nicht besonders schwierig. Man konnte hier schon immer gut leben, wenn man auf der »richtigen« Seite wohnt. Die Strände, die Kneipen, die Freunde konzentrieren sich in der Südzone. Wer die Gewalt nicht sehen möchte, bleibt am besten in diesem Teil der Stadt.

Das andere Rio beginnt jenseits der beiden Tunnel, die die Südzone mit dem Zentrum und dem Norden verbinden. Doch manchmal holt einen die Gewalt auch zuhause ein, im bukolischen Urca.

Ich beschäftigte jahrelang eine Hausangestellte, sie wohnte mit ihrem Mann und ihren beiden Kindern bei mir. Ihre Tochter hieß Marília, sie war das Nesthäkchen, ein aufgewecktes Mädchen. Der

Name des Jungen war Mauricio, er war ein Jahr älter und das Sorgenkind der Familie: Lernen fiel ihm schwer, als Baby war ihm ein Unfall zugestoßen, er wirkte etwas zurückgeblieben. Die beiden tobten stundenlang in meinem Garten, sie gingen in Urca zur Schule, ihre Mutter war glücklich – in der Nordzone, wo sie aufgewachsen war, sind die Schulen schlecht, die Kriminalität ist höher als im Süden der Stadt. Irgendwann zog ich um, im neuen Haus war kein Platz für Hausangestellte. Neusa zog zurück in die Nordzone, sie kam fortan dreimal pro Woche zum Saubermachen und fuhr abends nach Hause – so wie Hunderttausende andere »Empregadas« in Rio. Sie wohnte am Fuß einer Favela, ich half ihr beim Kauf des Hauses. Die beiden Kinder sah ich nur noch selten. Marília kam ab und zu vorbei, von Mauricio hörte ich nur über seine Mutter. Mit 17 wurde er zum ersten Mal Vater, so wie viele Jungen aus den Armenvierteln, seine Freundin war 15.

Neusa war kurz angebunden, wenn ich sie nach Mauricio fragte. Es ginge ihm gut, sagte sie, aber er habe die falschen Freunde. Dann wandte sie sich ab. Eines Tages kam sie weinend zur Arbeit, Mauricio war nicht nach Hause gekommen. »Ich weiß nicht mehr weiter«, sagte sie schluchzend. »Er ist bei den Drogenhändlern, ich kann ihn nicht zuhause anbinden, er ist so rebellisch.«

Einige Wochen später erhielt sie einen anonymen Anruf. Deinen Sohn haben sie verbrannt, oben auf dem Berg, sagte eine Männerstimme. Er hat seine Drogenschuld nicht bezahlt.

Zwischen den Resten verbrannter Autoreifen fand die Polizei ein paar verkohlte Knochen und Teile eines Unterkiefers mit Zähnen. Die menschlichen Überreste ließen sich nur anhand eines DNA-Tests identifizieren: Es war Mauricio. Kurz darauf gab Neusa Hals über Kopf ihr Haus auf, die Drogenhändler hatten sie bedroht, sie war in der Gegend nicht mehr sicher.

Daran musste ich denken, als ich in der Jugendhaftanstalt Marcelo S. interviewte. Er war einer wie Maurício, aber er hatte überlebt.

Marcelo hatte sich im Alter von zehn Jahren bei den Drogenhändlern verdingt. Er verkaufte Briefchen mit Kokain auf der Straße, mit elf stieg er zum »Radio« auf. Von einem Hausdach auf dem Gipfel der Favela hielt er Ausschau nach Eindringlingen. Verdächtige Fremde meldete er per Walkie-Talkie. Um nicht einzuschlafen, schnupfte er Kokain. Seine Mutter, eine Hausangestellte, hatte die Kontrolle über ihren Sohn verloren, seinen Vater kennt er nicht.

Mit zwölf wurde Marcelo »Soldat«. Er musste schwören, sich an das ungeschriebene Gesetz des Terceiro Comando zu halten: niemanden in der Favela zu bestehlen und nicht die Geliebte eines Freundes anzumachen.

Sein Lohn hatte sich vervielfacht, er bekam jetzt täglich etwa 90 Euro. Während seine Altersgenossen die Schulbank drückten, führte Marcelo das Leben eines Favela-Königs. Er hatte mehrere Freundinnen, bei den Mädchen stehen Lover aus den Drogengangs hoch im Kurs – sie können sich schicke Klamotten leisten, machen Geschenke und werden respektiert. »Mein Leben drehte sich um Sex, Drogen und Waffen.«

Irgendwann wäre er wohl zum »Gerente« aufgestiegen, dem Chef einer Drogenverkaufsstelle, wenn ihn die Polizei nicht geschnappt hätte: Ein »X9« hatte ihn verpfiffen. Er wurde inhaftiert, aber auch in Gefangenschaft blieb er seiner Gang treu. Während unseres Gesprächs formte er mit der rechten Hand ein »C« und eine »III«, das Symbol des »Terceiro Comando«.

Die meisten Gefängnisse in Brasilien werden von Drogengangs kontrolliert. In Rio setzt sich die Rivalität der drei Mafiaorganisationen in den Haftanstalten fort: Jede Gang kontrolliert einen Zellentrakt.

São Paulo dagegen ist in der Hand einer einzigen, mächtigen Verbrecherorganisation, dem »Primeiro Comando da Capital« (PCC). Marcos Marcola, der inhaftierte Chef der Organisation, kommandierte per Handy von seiner Zelle aus Anschläge auf Polizisten, Busse und öffentliche Einrichtungen, bei denen im Jahr 2010 über 90 Menschen ums Leben kamen. Auch für eine Mordserie an Polizisten in der Hafenstadt Santos im Jahr 2012 war das PCC verantwortlich.

In Rio machte die Regierung jahrelang keine Anstalten, das an die Drogenmafia verlorene Terrain zurückzuerobern. Die Polizei betrat die Favelas nur für kurze Razzias, dabei kam es oft zu Schießereien, viele Unschuldige starben. Viele Polizisten standen zudem auf der Lohnliste der Drogenhändler. Vor allem die Militärpolizei, die dem Gouverneur untersteht, gilt als korrupt.

Doch dann bewarb sich die Stadt für die Ausrichtung der Olympischen Spiele 2016. Ohne ein nachhaltiges Konzept zur Bekämpfung der Kriminalität hätte die Bewerbung keine Chance, das war den Verantwortlichen klar. Der Gouverneur berief einen erfahrenen Polizisten zum neuen Sicherheitsminister: José Mariano Beltrame kam von der Bundespolizei, er stammt aus dem südlichen Bundesstaat Rio Grande do Sul und war unbelastet von der in Rio waltenden Korruption.

Der Mann aus dem Süden entwickelte eine neue Strategie zur Verbrechensbekämpfung: Die Regierung richtete feste Revierwachen in den Favelas ein, dort wurde eine neue »Friedenspolizei« stationiert. Die Beamten kamen direkt von der Polizeiakademie, sie wurden in Menschenrechten unterrichtet und müssen jedes Jahr rotieren. So will die Regierung verhindern, dass sie sich korrumpieren lassen.

Pricilla de Oliveira Azevedo, 31, steht im Kampf um Rios Sicherheit an vorderster Front. Eine Orchidee, eine Bibel und ein Laptop schmücken ihren Schreibtisch hoch über der Favela Santa Marta, einem Elendshügel in Botafogo in der Südzone von Rio.

Die charmante junge Frau trägt die blaue Uniform der Militärpolizei, eine Waffe ist in ihrem kleinen Amtszimmer nicht zu sehen. »Wir sind das neue Gesicht der Polizei«, sagt Pricilla im schleppenden Singsang der Cariocas.

Normalerweise geben sich Rios Militärpolizisten als breitbeinige Rambos. Über dem Bierbauch spannt eine kugelsichere Weste, die Hand liegt auf dem Revolverhalfter, aus dem offenen Fenster der Streifenwagen ragt der Lauf eines Schnellfeuergewehrs. Wer bei kleineren Verkehrsverstößen erwischt wird, regelt das oft mit ein paar Scheinen. Viele Polizisten stehen auch auf der Lohnliste der Drogenmafia. Wer überfallen wird, spart sich oft die Anzeige: Nicht einmal zehn Prozent aller Verbrechen werden aufgeklärt.

Pricilla verkörpert die neue Polizei von Rio. Die Leute in der Favela grüßen sie freundlich; sie rufen sie zur Hilfe, wenn es in der Ehe kracht oder der Nachbar zu laute Musik macht. Einen Mord gab es in Santa Marta seit über einem Jahr nicht mehr, das ist auch Pricillas Verdienst. Sie leitet die erste »Polizeiliche Befriedungseinheit« (UPP) von Rio.

Mit Hilfe der UPPs hat die Stadt das Olympia-Komitee überzeugt, dass die Sieben-Millionen-Metropole trotz der hohen Kriminalität friedliche Olympische Spiele garantieren kann. Ein speziell auf die Olympiade zugeschnittenes Sicherheitskonzept legte die Regierung nicht vor: »Wir wollen die Sicherheit dauerhaft verbessern, nicht nur punktuell für drei oder vier Wochen«, sagte mir Sicherheitsminister Beltrame.

Die Favela Santa Marta war bis Ende 2008 in der Gewalt des »Comando Vermelho« (Rotes Kommando«), der größten und ältesten Verbrecherorganisation von Rio. 10 000 Leute hausen in dem Slum, der Aufgang zu dem Hügel liegt gleich hinter der Deutschen Schule. Vom Gipfel hat man einen prachtvollen Blick auf die Sehenswürdigkeiten der Stadt: Christusstatue, Zuckerhut, die Stadtviertel Copacabana und Ipanema.

12-jährige Soldaten der Drogenmafia in T-Shirts und Badelatschen kontrollierten früher den Eingang zur Favela. Über ihren schmächtigen Schultern trugen sie Kalaschnikows. Nur wenige Schritte von einer der Hauptverkehrsstraßen der Südzone entfernt verkauften sie Kokain, Crack und Marihuana. Die Polizei traute sich nur sporadisch in den Slum.

Im Jahr 2008 ordnete der Gouverneur die Besetzung der Favela an. Einige hundert Polizisten stürmten den Slum – und blieben. Sie vertrieben die Drogenhändler und errichteten eine Revierwache auf dem Gipfel.

Sergeantin Pricilla wurde die Chefin von Santa Marta. 120 Polizisten unterstehen der energischen jungen Frau. Rund um die Uhr patrouillieren sie zu Fuß durch die Gassen des Häusergewirrs. »Die Kriminalität ist gleich null«, frohlockt José Mario Hilário, der Präsident der Anwohnervereinigung von Santa Marta.

Zusammen mit der Polizei schickte die Regierung ein Heer von Sozialarbeitern in den Slum. Die Elektrizitätsgesellschaft legalisierte die Stromversorgung, die Wassergesellschaft verlegte eine neue Kanalisation, die Müllabfuhr kommt heute selbst in die entlegenste Gasse. Als Clou ihres Befriedungsprogramms ließ die Regierung eine Bergbahn errichten, die über fünf Stationen bis zum Gipfel führt. »Schritt für Schritt erobert der Staat die Favelas zurück«, sagt Sicherheitsminister Beltrame.

Insgesamt 40 strategisch wichtige Favelas will die Regierung bis zu den Olympischen Spielen 2016 besetzen. Es ist ein gewagtes Spiel mit offenem Ausgang, doch bislang scheint die Strategie aufzugehen: Morde und Überfälle sind drastisch zurückgegangen, die befriedeten Slums blühen auf, der Immobilienmarkt boomt.

Der Drogenhandel geht weiter, aber das hat die Regierung einkalkuliert: Rauschgiftsucht sei ein gesellschaftliches Problem, dem mit polizeilichen Mitteln nicht beizukommen sei, sagt Beltrame. »Entscheidend ist, dass es uns gelingt, die bewaffnete Herrschaft der Gangster über die Favelas zu brechen.« Die Regierung kündigt die Besetzung der Elendsviertel vorher an, so will sie blutige Kämpfe vermeiden.

Über 30 Slums wurden in den vergangenen Jahren auf diese Weise befriedet, darunter die durch den gleichnamigen Film berüchtigte »Cidade de Deus«, die »Stadt Gottes«.

Natürlich lösen sich die Drogenhändler nicht in Luft auf. Viele finden Unterschlupf in den Favelas der Vororte. In Rios Westzone, in Niterói und in der Baixada Fluminense, dem Bauch der Millionenstadt, ist die Kriminalität angestiegen.

Drogengangs haben mittlerweile auch die Armenviertel in anderen brasilianischen Städten unter ihre Kontrolle gebracht. Die gefährlichsten Städte des Landes liegen heute im Norden und Nordosten: Maceió, Belem, Salvador und Fortaleza weisen höhere Mordraten auf als Rio oder São Paulo.

In Rio versucht die Drogenmafia, die befriedeten Favelas zurückzuerobern, es kommt gelegentlich zu Angriffen auf die Polizeistationen. Wenn ein Drogenboss stirbt, zwingen seine Statthalter oft die Anwohner »ihrer« Favela, zur »Trauer« Geschäfte und Schulen zu schließen. So demonstrieren sie, dass sie immer noch über Einfluss verfügen.

Gleichzeitig bringen rechtsgerichtete paramilitärische Gruppen immer mehr Armenviertel in ihre Gewalt. Ihnen gehören viele Polizisten, Soldaten und Feuerwehrleute an, vor allem im Westen der Stadt haben sie die Drogenhändler aus vielen Elendsvierteln vertrieben. Etwa 100 Favelas von Rio sind heute in der Hand der Milizen. Sie erpressen Schutzgelder von den Anwohnern, kontrollieren den Verkauf von Gasflaschen und illegalem Kabelfernsehen, viele private Transportunternehmen sind ebenfalls in ihrer Hand. Sie verfügen über beste Beziehungen in die Politik, mehrere Abgeordnete des Landesparlaments von Rio sind mit den Milizen verbandelt.

Mord ist weiterhin die häufigste Todesursache unter Brasiliens Jugendlichen, 40 Prozent aller Opfer sind zwischen 15 und 25 Jahren alt.

Von Göttern, Entertainern und Wunderheilern – Brasiliens Supermarkt der Religionen

Vor einigen Jahren kam meine Hausangestellte Neusa auf mich zu und sagte, ihr Vater würde mich gern kennenlernen. Er könnte bei der Gelegenheit auch mein Haus von bösen Geistern säubern.

Ihr leiblicher Vater war schon lange tot, also konnte es sich nur um ihren Pai de Santo handeln, ihren »religiösen« Vater.

Viele Brasilianerinnen haben einen solchen Pai de Santos. Sie sind die Zeremonienmeister der Umbanda, der vor allem im Südosten Brasiliens verbreiteten Religion der Afrobrasilianer.

Über 60 Prozent der Brasilianer sind offiziell katholisch, doch das schließt gelegentliches Fremdgehen bei anderen Kirchen nicht aus. Viele Brasilianer sind gläubig, aber in der Auswahl ihrer Religion sind sie flexibel und pragmatisch – man probiert gern mehrere Kirchen aus und bleibt dann bei der, die einem am besten gefällt. Die katholische Amtskirche konkurriert mit Hunderten verschiedener evangelischer Gemeinden, afrobrasilianischen Kulten und Spiritisten um die Seelen der Menschen.

Das Verhältnis der Katholiken zu den afrobrasilianischen Religionen ist dagegen entspannt. Seit der Sklaverei ist Synkretismus in Brasilien weit verbreitet. Umbanda und Candomblé, der vor allem in Bahía weit verbreitete afrobrasilianische Götterglaube, existieren problemlos neben dem katholischen Glauben, vor allem in der Umbanda mischen sich katholische Elemente mit afrikanischem Geisterglauben. Die Amtskirche drückt beide Augen zu.

Jedem der Orixás, wie die Götter genannt werden, sind eigene Feste gewidmet, der Pai de Santo spielt den Zeremonienmeister. Meine Hausangestellte Neusa steht in der Umbanda-Hierarchie ziemlich weit oben, sie fungiert bei den Festen als rechte Hand des Pai de Santo. Viele Pais de Santo sind homosexuell; sie sind zumeist von einem Hofstaat von Frauen umgeben, die sich um sie kümmern und ihnen bei den Feierlichkeiten zur Hand gehen.

An einem Freitagabend fuhr ich zum »Terreiro«, wie die Feiersäle des Umbanda heißen, nach Duque de Caxias, einen ärmlichen Vorort von Rio. Das Haus war hell erleuchtet, die Frauen waren in Weiß gekleidet. Es duftete nach würzigem Bohneneintopf, Essen gehört zum Ritual der afrobrasilianischen Religionen wie Geisterbeschwörung und Musik. Mehrere Frauen tanzten zum Klang der Trommeln im Kreis, sie sangen alte Lieder, irgendwann wurden sie von unkontrollierten Zuckungen geschüttelt, sie stießen Schreie aus, der Geist war in sie gefahren. Der Rhythmus der Trommeln steigerte sich, auf einem Sessel thronte der Pai de Santo, er trug ein goldenes Gewand und war mit zahlreichen Ketten behängt. Stundenlang ging das so, dann fielen alle erschöpft über das Essen in den Tontöpfen her.

Der Pai de Santo bot mir an, mich zu besuchen und mein Haus von bösen Geistern zu säubern, ich verzichtete dankend auf den Service. Ich vertraute darauf, dass Neusa vorgesorgt hatte: Als sie noch bei mir wohnte, fand ich oft in versteckten Winkeln des Hauses Spendengaben an diverse Orixas. Als in den 1990er Jahren eine Freundin bei mir einzog, mit der sie nicht zurechtkam, praktizierte sie mit einer kleinen Puppe einen Zauber gegen sie. Kurz darauf ging unsere Beziehung in die Brüche – bis heute bin ich mir nicht sicher, ob Neusas Zauber mitschuldig war.

Spuren der Umbanda kann der aufmerksame Beobachter überall im Stadtbild von Rio entdecken. Morgens liegen an den Straßenecken in meinem Heimatviertel Urca oft Opfergaben aus. Schnaps, Bohnen, Reis und Blumen sind zu einem geheimnisvollen Mosaik drapiert. An den Tagen vor Silvester verwandelt sich der Strand von Urca in ein einziges »Terreiro«. Aus dem ganzen Stadtgebiet kommen weiß gekleidete Gläubige mit Bussen und Privatwagen, sie tanzen die ganze Nacht in Trance auf dem Strand, im Morgengrauen lassen sie Papier- und Holzschiffchen mit Blumen zu Wasser. Das sind die Gaben für Yemanjá, die Meeresgöttin. Zur großen Silvesterfete am Strand von Copacabana geht man ebenfalls in Weiß, am nächsten Morgen spült das Meer Tausende von Schiffchen und Blumen an.

In Bahia, wo die afrobrasilianische Kultur stärker ist als im Rest des Landes, besuchen die meisten Künstler und Politiker ein eigenes »Terreiro«, wo sie dem Candomblé frönen, der Religion der schwarzen Yoruba-Sklaven. Der Schriftsteller Jorge Amado, die Musiker Caetano Veloso und Gilberto Gil – sie alle haben dort ihre »Babalawos«, wie die Priester des Candomblé heißen.

Anfang der 1990er Jahre hatte ich das Privileg, den einzigen weißen »Babalawo« kennenzulernen: Der 1902 geborene französische Fotograf Pierre Verger lebte zusammen mit seinen Katzen in einem Häuschen in einer Favela in Salvador. Eine deutsche Praktikantin organisierte sein umfangreiches Fotoarchiv. Kein anderer Fremder war so tief in die Welt der Afrobrasilianer eingetaucht wie Verger. Sein religiöser Name war Fatumbi; er erhielt ihn bei seiner Weihe zum Babalawo. Dabei hat Verger nie an die afrikanischen Götter geglaubt, ihn trieb allein die Neugier. 1996 starb er in Salvador, eine Stiftung verwaltet sein Erbe.

Salvador ist auch das Zentrum eines Religionskonflikts, der in ganz Brasilien gärt: der Streit zwischen evangelischen Pfingstkirchen und schwarzafrikanischen Religionen. Die Evangelikalen verdammen Candomblé und Umbanda als Teufelszeug. Sie versuchen, die Verkäuferinnen der Acarajé-Pasteten von den Straßen und Plätzen zu verbannen. Die weiß gekleideten Frauen, die diese scharf gewürzten Teigtaschen aus gestampften Bohnen feilhalten, sind zumeist Vertreterinnen von Candomblé-Gemeinden; sie gehören zum Stadtbild von Salvador wie der berühmte Pelourinho oder der Leuchtturm von Barra. Bislang haben die Evangelikalen es nicht geschafft, die Acarajé-Verkäuferinnen zu vertreiben, doch die Macht der Prediger wächst.

Die Pfingstkirchen sind Brasiliens Aufsteiger-Religion; sie haben der katholischen Kirche in den vergangenen Jahren Millionen Gläubige abspenstig gemacht. Überall im Land schießen sie wie Pilze aus dem Boden. Offiziell gehören zwar immer noch über 60 Prozent der Brasilianer der katholischen Kirche an, doch die Evangelikalen machen mittlerweile über 20 Prozent aus. In einigen Regionen wie der Westzone von Rio stellen sie inzwischen die Mehrheit der Gläubigen.

Sonntagabend in Perdizes, einem gutbürgerlichen Stadtteil von São Paulo: Hunderte Teenies strömen zum Gottesdienst in ein ehemaliges Kino. Die Jungen tragen Surfklamotten, die Mädchen sind grell geschminkt, sie haben bauchfreie Tops und knallenge Jeans an. Die meisten Besucher haben eine Bibel unter den Arm geklemmt.

Plötzlich blenden Spotlights auf, das Publikum applaudiert und pfeift wie bei einem Popkonzert. Lichtkegel richten sich auf einen untersetzten Mann in Jeans: Pastor Rinaldo Pereira, 34.

Der Prediger reißt die Arme zur Begrüßung hoch und tritt hinter ein aufgebocktes Surfbrett, das als Altar fungiert. Hinter ihm projiziert ein Laptop kitschige Bilder von Berglandschaften und Sonnenuntergängen an die Wand. »Gott will euch lächeln sehen!«, ruft der Geistliche in den überfüllten Saal. Die Lautsprechertürme neben dem Altar vibrieren. »Jesus, Jesus!«, skandieren die Zuhörer.

Willkommen zum Gottesdienst in der »Church Bola de Neve«, der »Schneeballkirche«, einer von Hunderten evangelischen Pfingstgemeinden in São Paulo. Rund 5000 Gläubige kommen jeden Sonntag zur Show von Pastor Rina, wie der Geistliche genannt wird, die meisten sind unter 30. Während sich ihre Altersgenossen in Shoppingmalls oder Pizzerias vergnügen, gehen die Teenies von Perdizes zum Gottesdienst. »Pastor Rina ist hip!«, kreischt ein Mädchen am Eingang.

Vor drei Jahren eröffnete der ehemalige Baptistenprediger den Saal in Perdizes. Mit Marketingmethoden aus der Privatwirtschaft ködert Pastor Rina die Teenies. Er verkauft modische T-Shirts und Mützen mit dem Kirchen-Logo. Am Wochenende steigt Rina an den Stränden von São Paulo selbst aufs Brett. Er ist ein gewiefter Seelenfänger: Sechs Jahre lang hat er in der Marketing-Abteilung von Nestlé gearbeitet.

Eine spirituelle Erfahrung habe ihn zur Gründung einer evangelischen Pfingstgemeinde veranlasst, behauptet er. Seinen ersten Gottesdienst hielt er vor Freunden in einem Spezialgeschäft für Surfer. »In meiner Generation gibt es ein großes Bedürfnis nach Spiritualität, das die katholische Kirche nicht befriedigt«, sagt er. »Religion galt als spießig. Also mussten wir uns etwas Neues ausdenken.«

Die Schneeballkirche ist auf ein jugendliches Zielpublikum zugeschnitten. Es gibt keine Kleiderordnung, der Umgangston ist locker. »Gott achtet nicht auf das Äußere«, sagt Rina. Er versteht sich als Entertainer im Dienst Gottes. In seine Predigten flicht er Witze ein, Gläubige ruft er für kurze Showeinlagen auf die Bühne. Erstklassige Rockmusiker untermalen seine Gottesdienste. Das Konzept ist aufgegangen: 26 Kirchen betreibt Rina im ganzen Land, einige liegen an den schönsten Stränden des Landes.

Surf-Pastor Rina vertritt eine neue Generation evangelischer Prediger. In seiner Kirche steht nicht die Kollekte im Mittelpunkt wie in den traditionellen Pfingstgemeinden. Sein Geld verdient Rina mit dem Verkauf von Surfklamotten sowie CDs und DVDs mit den Musikprogrammen der Gottesdienste. Die »Schneeballkirche« ist religiöses Wellnesszentrum und Multimediatempel. Ihr Zielpublikum sind nicht die Armen, sondern die kaufkräftigen Kids der Mittelschicht. CDs von Pastor Rina erreichen schnell Auflagen von einigen hunderttausend Exemplaren.

Überall in Brasilien schießen neue Kirchen aus dem Boden, die an Rinas Erfolg anknüpfen wollen. Allein in São Paulo wird täglich eine neue evangelische Kirche gegründet. Es gibt Gotteshäuser für jeden Gusto und jeden Geldbeutel: Einige bieten Wunderheilungen und Teufelsaustreibungen an, andere werben mit Popmusik, manche konzentrieren sich ganz aufs Fernsehmarketing. Die Gläubigen bedienen sich aus dem bunten Angebot wie im Supermarkt. Wenn ihnen ein Produkt nicht zusagt, wechseln sie zum nächsten.

Die Pfingstgemeinden predigen einen direkten Zugang zu Gott, während im Katholizismus der Glaube über den Pfarrer vermittelt wird. »Die Katholiken geben keine schnelle Antwort auf die Bedürfnisse der Gläubigen, die Evangelischen sind dynamischer«, sagt die Religionswissenschaftlerin Regina Novaes.

Brasilianische Prediger beherrschen auch den weltweiten Religionsmarkt. Die »Igreja Universal« des umstrittenen »Bischofs« Edir Macedo und die evangelische Armenkirche »Assambleia de Deus« haben Filialen in Lissabon, London, Berlin und Moskau. In Lateinamerika, Afrika und Osteuropa strömen Zehntausende zu Gottesdiensten brasilianischer Prediger. Edir Macedo füllt mit seinen Gottesdiensten mühelos das Maracanã-Fußballstadion in Rio de Janeiro.

Macedo steht in erbitterter Konkurrenz zur »Assambleia de Deus«, der zweitgrößten Pfingstgemeinde Lateinamerikas. Beide Kirchen leben vom »Dízimo«, dem »Zehnten«, wie die Kollekte genannt wird. Ihre Pastoren agieren wie professionelle Drücker: Nach jedem Gottesdienst werden die Gläubigen zur Kasse gebeten. Aufdringlich wedelt der Pastor der »Assambleia de Deus« während des Gottesdienstes in Botafogo, einem Stadtteil von Rio, mit dem Klingelbeutel: »Wer kann, gibt 50 Real (ca. 20 Euro)!« Helfer kassieren die Reihen der Gläubigen ab. »Wer keine 50 Real hat, gibt 20 oder 30 oder zehn oder fünf!«. Niemand will sich lumpen lassen, die Ärmsten spenden ein oder zwei Real.

Nach dem Gottesdienst steigt der Pastor ins Auto und rast zur nächsten Kirchenfiliale. Sein Job ist gut bezahlt: 3500 Real, rund 1300 Euro plus Dienstwagen offeriert eine Kirche als Salär in einer Zeitungsannonce.

Edir Macedo, ein ehemaliger Straßenhändler aus Rio, ist heute vielfacher Millionär. Er besitzt Villen in den USA, Yachten und ein Privatflugzeug. Seine monströsen Kirchen, die oft Zehntausende Gläubige fassen, prägen mit ihrer kitschigen Mixtur aus Marmor und Glas die Architektur brasilianischer Vorstädte.

Bei den Gläubigen stößt die Geldgier der Kirchenbosse nicht auf Kritik: Reichtum gilt nicht als Sünde, sondern als erstrebenswert. Religionsexpertin Novaes: »In den Pfingstgemeinden können auch einfache Leute zu Pastoren aufsteigen. Ein schönes Auto gilt bei ihnen als Statussymbol.«

Rund 5000 Menschen kommen jeden Sonntag zum Gottesdienst von Pastor Silas Malafaia, 54. Der Mann mit der goldenen Rolex am Handgelenk leitet die »Assembleia de Deus Vitória em Cristo«, eine der großen evangelischen Kirchen Brasiliens. Er stammt aus einer Predigerfamilie, früher hat er Matratzen und Bettwäsche verkauft, mit Anfang zwanzig machte er seine eigene Kirche auf. Heute leitet er ein Imperium von 120 Gotteshäusern, in einem Vorort von Rio baut er gerade eine neue Halle für 10 000 Leute.

Malafaia trägt einen eleganten braunen Anzug, seine Haare sind gegelt. Er ist begnadeter Entertainer und Verkaufstalent, seine Predigt würzt er mit Witzen. Ein Gospelchor begleitet den Pastor, die Liedtexte laufen auf einem riesigen Bildschirm mit. Jede Predigt wird aufgezeichnet und später im Fernsehen ausgestrahlt.

»Das Einkommen unserer Kirche ist um 450 Prozent gestiegen«, ruft der Pastor ins Mikrofon. »Amen!« schallt es zurück, die Leute applaudieren. Helfer in schwarzen Anzügen reichen Umschläge für den »Dízimo« herum, die Kirchenspende. Viele zücken die Brieftasche, einige zahlen mit Kreditkarte, die Kirche stellt eine Quittung aus. Malafaias Anhänger sind überwiegend Aufsteiger aus der unteren Mittelschicht, einige lesen die Bibel auf ihrem IPad.

Sein Kirchenimperium leitet Malafia von einem riesigen Neubaukomplex im Westen Rios; es geht zu wie in einem multinationalen Unternehmen. Die Zufahrt wird von einem privaten Sicherheitsdienst kontrolliert, Kameras überwachen das Gelände. Die Lobby ist mit Marmor getäfelt, schwarze Ledersessel stehen auf flauschigen Teppichen. An der Wand hängt ein Flachbildfernseher, es läuft eine DVD mit Gospelsongs. Elegant gekleidete Empfangsdamen servieren Kaffee, Computer klicken, leise rauscht die Klimaanlage.

Eine blonde Gospelsängerin wartet auf einen Studiotermin, Malafaias Kirche betreibt hier mehrere Fernseh- und Aufnahmestudios. Ein Callcenter mit 250 Kabinen macht Telemarketing für den Gottesmann, in einer Lagehalle beladen Arbeiter Lastwagen mit Bücherkisten. Über eine Million Bücher und CDs hat der Pastor bislang verkauft.

Immer öfter mischen sich die evangelischen Kirchen auch in die Politik ein. Bis zu zwei Millionen Menschen brachten sie allein in São Paulo auf die Straße – mehr als die Massenproteste vom Juni 2013.

Eine Woche nach den Demos riefen Malafaia und andere Pastoren zur Gegenveranstaltung »Marsch für Jesus« in São Paulo auf, eine halbe Million Evangelikale gingen gegen Abtreibung und Schwulenhochzeit auf die Straße. Im Kongress setzen sich evangelische Abgeordnete für die »Gay-Heilung« ein – dieses Gesetzesprojekt soll Psychologen erlauben, Homosexuelle in Heteros zu verwandeln.

Die Regierung scheut vor einer offenen Konfrontation mit den Evangelikalen zurück. Präsidentin Dilma Rousseff berief einen evangelischen Kirchenmann als Minister in ihr Kabinett, er soll die Stimmen der Gläubigen sichern. Der Bundesstaat Rio de Janeiro wurde jahrelang von einem evangelischen Prediger regiert. Auch das Idol vieler junger Demonstranten, die ehemalige Umweltministerin Marina Silva, gehört einer evangelischen Kirche an. »Ohne uns geht nichts«, sagt Pastor Malafaia. Der Prediger hat Psychologie studiert, er hat ein Buch über die »Schwulen-Heilung« herausgegeben. Ein ehemaliger Transvestit schildert darin, wie er sich mit Gottes Hilfe zum heterosexuellen Pastor wandelte. »Homosexualität ist eine Verhaltensstörung«, behauptet Malafaia. »Das kann man ändern.«

Mit seinen provokanten Sprüchen hat er die Schwulenbewegung

gegen sich aufgebracht. Aus Furcht vor Anschlägen von Gay-Aktivisten lässt er sich von zwei Leibwächtern begleiten. Malafaia: »Ich habe Morddrohungen erhalten.«

Doch der Streit um die Schwulen ist nur ein Nebenschauplatz, die evangelischen Kirchen fungieren vor allem als riesige Geldmaschinen. In fünf Jahren habe seine Kongregation 120 Millionen Dollar eingenommen, frohlockt Malafaia. Zu Gottesdiensten im Nordosten fliegt er mit einem Privatjet, das Flugzeug gehört der Kirche. »Forbes« hat ihn Anfang 2013 zum drittreichsten Pastor Brasiliens erklärt, sein Vermögen beträgt angeblich über 300 Millionen Real, rund 120 Millionen Euro. Malafaia bestreitet das: »Das Geld gehört der Kirche, nicht mir.«

Kirchen sind ein lukratives Geschäft: Als gemeinnützige Institution zahlen sie keine Steuern. Kundschaft ist garantiert, Brasiliens Städte sind in den vergangenen Jahrzehnten rasant gewachsen. Viele Zuwanderer in den Metropolen sind entwurzelt, die Familien zerrissen, Alkohol- und Drogensucht sind weit verbreitet. In den evangelischen Kirchen suchen sie Hilfe und Zuflucht. »Die Katholische Kirche vertröstet die Menschen auf das Jenseits, das ist wenig attraktiv«, sagt die Soziologin Christina Vital von der Bundesuniversität Rio de Janeiro, sie hat eine Studie zu dem Thema verfasst. »Die evangelischen Kirchen bieten dagegen praktische Lebenshilfe.«

Vor allem in Gefängnissen und Armenvierteln sind die Pastoren aktiv, viele ehemalige Drogenhändler lassen sich taufen. In Jardim Primavera, einem ärmlichen Vorort von Rio, unterstützt Pastor Malafaia ein Projekt für Alkoholkranke, Demente und Drogensüchtige, die Kirche bietet Alphabetisierungskurse und Hilfe bei der Arbeitssuche.

Julio Pereira, 53, war Alkoholiker und Katholik, als er 1999 in die Institution kam. Der einstige Soldat war obdachlos; er hauste auf einem Schrottplatz in einem Verschlag, den er sich aus einem alten Swimmingpool und Pappkartons gebastelt hatte. Den Kontakt zu seinen beiden Kindern und seiner Ex-Frau hatte er verloren. »Ratten liefen über meinen Körper, bei Regen wurde alles überschwemmt«, erinnert er sich. »Ich dachte: Wenn es einen Gott gibt, dann holt er mich hier heraus.«

Eine Woche später sprach ihn eine Frau an, die für die evangelische »Assembleia de Deus« arbeitet, sie brachte ihn in Malafaias Hilfszentrum. Am ersten Abend türmte er über die Mauer, die Schwestern liefen hinterher und baten ihn: Bleib wenigstens eine Woche. Inzwischen ist er seit 13 Jahren trocken, er hat Jura studiert und arbeitet als Rechtsbeistand für die Kirche. Zu seinen Söhnen hat er wieder Kontakt, sie besuchen ihn oft. Er ließ sich taufen und ist zu den Evangelikalen konvertiert: »Die Bibel hat mich kuriert.«

In der Favela Vigario Geral in Rio gibt es 14 Pfingstgemeinden, aber nur eine katholische Kirche. In den überfüllten Gefängnissen, die zumeist in der Hand der Drogenmafia sind, konvertieren evangelische Prediger Tausende Verbrecher zu »neugeborenen Christen«. Zahlreiche Gangsterbosse und Auftragskiller sind zu Predigern geworden. Pfingstkirchen und Kokainmafia leben in Rios Favelas oft in Symbiose.

Freitagabend in São João de Meriti, einem armen Vorort von Rio. In der Pfingstkirche »Assembleia de Deus dos Ultimos Dias« haben sich einige hundert Gläubige eingefunden, darunter Drogenbosse, Mörder und Räuber. Die Männer tragen Anzüge und Krawatten, die Frauen Röcke. Ihnen hat Pastor Marcos Pereira, der Chef der Kirche, das Tragen von Hosen im Gottesdienst verboten.

Pereira, ein korpulenter Mittvierziger mit stechenden Augen, ist der bekannteste und umstrittenste Prediger von Rio. In den Favelas ist er eine Legende: »Ich habe schon Hunderte Jungen vor Folter und Tod gerettet«, brüstet er sich. Anwohner rufen ihn oft, um Streitigkeiten zwischen rivalisierenden Drogenhändlerbanden zu schlichten. Die Gangster gehorchen ohne zu murren, wenn der Pastor kommt.

Pereiras Gottesdienste sind wahre Spektakel. Er macht Wunderheilungen und Teufelsaustreibungen, reihenweise fallen die Gläubigen in Trance. Der Pastor blickt seinen Schäfchen kurz in die Augen, drückt seine Hand auf die Stirn, schon sinken die »Besessenen« zu Boden. »Weiche, Dämon!«, schreit Pereira und springt wie ein Derwisch um die zuckenden, stöhnenden Menschen. Mit einem Fingerschnippen weckt er sie nach einigen Minuten aus der Kurzhypnose auf. Auch Fremden werden die Knie weich, wenn Pereira sie anblickt, er besitzt eine hypnotische Begabung. Der Taxifahrer, der mich in seine Kirche brachte, sank zu Boden, nachdem Pereira ihn sanft an der Stirn berührt hatte.

Bevor der Wunderpastor seine »spirituelle Berufung« verspürte, arbeitete er als Kellner in einem Restaurant in Copacabana. »Ich trank und hurte herum«, erzählt Pereira, »mein Leben war verpfuscht.« Während einer Busfahrt habe er eine »spirituelle Erleuchtung« verspürt, kurz darauf schloss er sich einer evangelischen Kirche an. Bald sprachen sich seine hypnotischen Fähigkeiten herum. Heute frequentieren Politiker und Showstars seine Gottesdienste.

Der Pastor lässt sich seine Dienste mit »Spenden« entlohnen, er ist heute ein schwerreicher Mann. Die Staatsanwaltschaft vermutet, dass das Geld nicht nur von den Gläubigen stammt. Im Juni 2013 wurde Pereira verhaftet, er soll Geld für die Drogenmafia gewaschen haben, er steht angeblich den Bossen des Comando Vermelho nahe. Außerdem beschuldigen ihn mehrere einstige Anhängerinnen, dass er sie vergewaltigt habe.

Der Vatikan versucht, die evangelischen Starpriester mit ihren eigenen Waffen zurückzudrängen. Papst Johannes Paul II. stärkte die sogenannte Charismatische Bewegung innerhalb der Katholischen Kirche. Diese Strömung soll den Gläubigen die Wärme und Nähe vermitteln, die in der alten Amtskirche verloren gegangen sind. Zu den Gottesdiensten der sogenannten Pop-Padres strömen Tausende, sie singen, beten und tanzen gemeinsam, die Messe ähnelt einem Popkonzert. Der bekannteste dieser katholischen Priester-Entertainer ist Padre Marcelo Rossi. Jeden Sonntag liest er die Messe in einer ehemaligen Fabrikhalle in São Paulo, der Gottesdienst ähnelt einem Happening. Der Padre hat mehrere Millionen CDs und Bücher verkauft, sein Lebenshilfe-Werk »Agapé« ist ein Bestseller. Doch auch den Pop-Padres ist es bislang nicht gelungen, die Abwanderung zu den evangelischen Kirchen zu stoppen.

Das schafft womöglich die neueste Wunderwaffe des Vatikans: Papst Franziskus. Bei seinem einwöchigen Besuch in Rio im Juli 2013 begeisterte der charismatische Argentinier vor allem die Jugendlichen. Über eine Million Menschen strömte an den Strand von Copacabana, um den neuen Pontifex zu sehen. Franziskus geht auf die Menschen zu, darin unterscheidet er sich von seinem spröden deutschen Vorgänger Benedikt. Der Jesuit sucht den Kontakt zu anderen Religionen, hat ein Herz für homosexuelle Priester und zeigte Verständnis für Brasiliens rebellierende Jugendliche. Womöglich wird er auch den Bannstrahl gegen den brasilianischen Befreiungstheologen Leonardo Boff aufheben, das wäre eine wahre Kirchenrevolution.

Soll sich die katholische Kirche weltlichen Strömungen und Anschauungen öffnen, oder soll sie sich zurückbesinnen auf das Mystische und Magische, auf Wunderglauben und Teufelsaustreibung? In Brasilien ist diese Frage nicht einfach zu beantworten. Denn bei aller Offenheit und Modernität glauben die meisten Brasilianer weiterhin an Wunder und Magie. Die Diözese von Rio beschäftigt einen Exorzisten, Pilger aus aller Welt strömen zu brasilianischen Wunderheilern, die sich mit katholischen Symbolen schmücken. Ende 2012 besuchte ich den berühmtesten aller brasilianischen Wunderheiler: João de Deus.

Die Anreise war beschwerlich für Nancy Laska aus Arizona. Dreimal musste die alte Dame umsteigen, bis sie in der brasilianischen Hauptstadt Brasília gelandet war. Ein Kleinbus brachte sie ins 120 Kilometer entfernte Abadiania, eine Kleinstadt inmitten von Rinderfarmen und Sojafeldern.

Jetzt wartet sie geduldig in einer Schlange zwischen Kranken und Krüppeln aus der ganzen Welt. Einige sitzen im Rollstuhl, manche gehen am Rollator, einer wird in einem Bett in den Saal geschoben. Laska stützt sich auf eine Krücke aus Metall, die ihr Arzt verschrieben hat. Sie leidet an schweren Gleichgewichtsstörungen.

Jedenfalls bis zu dem Moment, als sie vor João de Deus tritt. Er sieht ihr kurz in die Augen, dann schlägt er mit einer brüsken Handbewegung plötzlich ihre Krücke weg und ruft: »Die brauchst du nicht mehr!« Aufrecht und ohne Hilfe schreitet die Amerikanerin aus dem Saal.

Als »Miracle Man« (Wundermann) verehren seine amerikanischen Patienten den Brasilianer João Teixeira de Faria, 70. Jede Woche von Mittwoch bis Freitag schleust João de Deus, wie der Wunderheiler genannt wird, Tausende Kranke und Krüppel durch die »Casa Dom Inácio«, sein Behandlungszentrum in Abadiania.

Bettelarme Mütterchen und Landarbeiter mit sonnenverbrannten Gesichtern harren neben Millionären aus, die in Luxuslimousinen vorgefahren sind. Eine Polizistin in Uniform reiht sich in die Schlange ein; Manager aus Frankfurt, Ärzte aus Österreich, Finanzbeamte aus Kanada und Musiker aus Deutschland warten auf Behandlung. Sie leiden unter Krebs, Aids, Multipler Sklerose oder anderen tödlichen Krankheiten. Die Casa Dom Inácio ist für die meisten das Haus der letzten Hoffnung.

Politiker, Schauspieler und Stars haben sich von João de Deus behandeln lassen. Brasiliens Ex-Präsident Lula, der an Kehlkopfkrebs erkrankt war, ließ den Wundermann nach São Paulo einfliegen, Perus schwerkranker Ex-Staatschef Alberto Fujimori und Hollywoodstar Shirley MacLaine schwören auf ihn.

Die amerikanische Talkshowdiva Oprah Winfrey jettete zu »John of God«, wie er in den USA genannt wird, sie widmete ihm mehrere Sendungen. In den USA, der Schweiz und Österreich strömen Zehntausende zu seinen Veranstaltungen.

João de Deus bezeichnet sich als Kardecist, er steht in der Tradition des Spiritisten Allan Kardec, der unter dem Namen Hippolyte Léon Denizard Rivail 1804 in Frankreich geboren wurde. Das Pseudonym nahm Rivail an, nachdem ihm ein Geist bei einer spiritistischen Sitzung mitgeteilt habe, dass er in einem früheren Leben so geheißen habe. Kardec hat mehrere Standardwerke über Spiritismus verfasst. Verehrer aus der ganzen Welt pilgern zu seinem Grab in Paris.

In Brasilien hat der Kardecismus Millionen Anhänger, in allen Großstädten gibt es spiritistische Zentren. Als berühmtestes Medium gilt der 2002 verstorbene Chico Xavier. Bücher, Filme und Telenovelas beschäftigen sich mit seinem Wirken. João de Deus hat bei ihm gelernt, überall in seinem Haus hängen seine Fotos. »Xavier hat mich aufgefordert, in Abadiania zu bleiben«, sagt João de Deus.

Seit 56 Jahren arbeitet der Wunderheiler in dem Städtchen. Er bezeichnet sich als gläubigen Katholiken: »Nicht ich bin es, der heilt, sondern Gott.« Dabei lehnt die katholische Kirche seine Arbeit ab. Anfangs wurde João de Deus als Scharlatan verfolgt, einmal musste er wegen Kurpfuscherei ins Gefängnis.

Im Alter von acht Jahren habe er zum ersten Mal verspürt, wie die Geister Verstorbener ihn als Medium benutzten, behauptet der Wundermann. Sogenannte Wesensheiten bemächtigten sich seines Körpers. Sie seien es, die die Patienten operierten: »Ich bekomme von der Arbeit nichts mit.« Helfer versichern, dass er acht verschiedenen Geisterwesen als Medium diene, darunter dem heiligen Ignatius von Loyola, nach dem seine Behandlungsstätte benannt ist.

Anfangs suchten ihn vor allem arme Menschen auf, die sich keinen Arzt leisten konnten. Heute ist João de Deus der wohl bekannteste Wunderheiler der Welt. Gerade wird in Brasilien sein Leben verfilmt.

Morgens um sieben bilden sich die ersten Schlangen vor der blauweiß gestrichenen Casa Dom Inácio. Die Stadtverwaltung hat dem Wunderheiler das weitläufige Anwesen überlassen. Meditationsmusik lullt die Besucher ein. Alle Patienten werden gebeten, sich weiß zu kleiden, das soll die Stimmung aufhellen und die Besucher gleichstellen.

In einer Abstellkammer stapeln sich Krücken und Prothesen, die Patienten zurückgelassen haben. Helfer stimmen die Patienten ein, sie beten und singen mit ihnen. Bevor die Kranken zu João de Deus vorgelassen werden, müssen sie in einem Vorraum mit geschlossenen Augen gemeinsam meditieren.

Ein Assistent führt den Wunderheiler in den Behandlungssaal, seine hellen Augen blicken starr, er nimmt auf einem gepolsterten Stuhl Platz. Links und rechts stehen riesige Quartzkristalle und eine Marienstatue, dahinter hängt ein Bild des heiligen Ignatius von Loyola. Auf einem Beistelltisch ist eine Bibel aufgeschlagen, ein Notizblock und Stifte liegen bereit.

Die meisten Patienten fertigt João de Deus mit spirituellen Operationen ab: Er fragt kurz nach ihrem Leiden, murmelt ein paar Worte, verordnet eine weitere Behandlung oder erklärt: »Du bist geheilt.« Patienten fallen vor ihm auf die Knie, einige küssen seine Hand, berühren oder umarmen ihn, manche weinen. Viele Besucher haben Fotos von kranken Angehörigen und Freunden mitgebracht, einer hat ein IPad dabei. João de Deus berührt die Fotos kurz und segnet sie.

Ein sehbehinderter Brasilianer deutet auf sein rechtes Auge; João de Deus springt auf, Helfer schieben einen Behandlungsstuhl auf Rädern heran. Mit zwei Fingern greift der Wundermann tief in die Augenhöhle, der Augapfel quillt heraus. Mit einem Küchenmesser schabt er die Netzhaut ab, der Patient zuckt nicht einmal. Nach der Behandlung steht er auf und geht ruhig aus dem Raum.

Sind diese »Operationen« das Werk eines Quacksalbers oder verfügt João de Deus tatsächlich über außergewöhnliche Fähigkeiten? Er »schneidet wirklich die Haut oder den Augapfel auf« und »schabt die Netzhaut ab ohne irgendeine Betäubung oder antiseptische Behandlung«, bestätigte eine Studie der Universitäten von São Paulo und Juiz de Fora aus dem Jahr 2000. Drei Tage nach der Operation wurden die Patienten von Ärzten untersucht, sie hatten keine Entzündungen.

In einem Nebenzimmer operiert João de Deus Patienten mit dem Skalpell. Ohne Narkose schneidet er Geschwüre aus Bauchhöhle und Brust, die Wunden bluten kaum. Der amerikanische Arzt Wayne Dyer behauptet, Joao de Deus habe ihn von Leukämie geheilt; im Interview mit Oprah Winfrey berichtete er, dass er gespürt habe, wie die »Wesenheiten« in seinem Körper zu Werke gingen.

»Es gibt Dinge, die wir mit den Mitteln der traditionellen Medizin nicht erklären können«, meint der österreichische Arzt Hans-Jörg Pabst. Gemeinsam mit einigen Freunden sitzt er in einer Pension in Abadiania. João de Deus habe einen schwer krebskranken Kollegen erfolgreich operiert und ihm selbst das Leben gerettet, weil er ihn auf eine versteckte Erkrankung an der Wirbelsäule hingewiesen habe, beteuert der Hals-Nasen-Ohren-Spezialist aus Zell am See.

João de Deus betont, dass er nicht gegen die traditionelle Medizin ist: »Wer spirituell geheilt werden möchte, sollte gleichzeitig auch normale Ärzte aufsuchen.« Aber wer nach Abadiania kommt, hat zumeist das Vertrauen in die Schulmedizin verloren.

So wie die Kanadierin Galina Loza, 52. Vor drei Monaten wurde bei ihr Schilddrüsenkrebs diagnostiziert, der Arzt riet zur Operation. Seit zwei Wochen ist sie in Abadiania, ihre Tochter hatte von João de Deus gehört. Sie ist nicht religiös, aber sie will den Wunderheiler testen: »Ich glaube an ihn.«

Dreimal hat João de Deus sie bislang behandelt, nach jeder »Operation« musste sie 24 Stunden lang ausspannen. »Heilung ist Arbeit, es strengt an«, sagt sie. Sex und scharfe Speisen sind an den Tagen nach der Operation verboten; viele Patienten berichten, dass sie sich nach der Behandlung wie gerädert fühlten.

Sie habe für ihre Behandlung nichts bezahlt, versichert die Kanadierin. Schilder weisen in mehreren Sprachen darauf hin, dass die Behandlung kostenlos ist. Doch so selbstlos, wie er vorgibt, ist der Wunderheiler nicht.

Der Deutsche Ralf Schäfer berichtet, Mitarbeiter von João de Deus hätten seiner krebskranken Frau erst einen Quartzkristall für 900 Euro und anschließend ein »Kristallbett« für 4800 Euro aufgeschwatzt: »Sie musste cash bezahlen und erhielt keinen Beleg.« Die inzwischen verstorbene Frau war zweimal in Brasilien. »João de Deus hatte ihr versprochen, sie zu heilen«, sagt Schäfer. »Das war unverantwortlich.«

Als die Behandlung keine Wirkung zeigte, bat er den Wunderheiler via Mail um Erklärung. »Er antwortete, dass meine Frau nicht wie versprochen ihren Anteil an der Heilungsarbeit geleistet habe, er könne dann auch nichts tun. Meine Frau war daraufhin am Boden zerstört, sie machte sich Selbstvorwürfe«. Sie starb wenige Monate später, ihr Körper saß voller Metastasen. Schäfer warnt nun in einem Blog vor dem Geisterheiler.

Mir gegenüber rechtfertigt sich João de Deus: »Auch Gott heilt nicht alle Kranken.« Für Behandlungen in Abadiania nimmt er tatsächlich kein Geld, aber bei seinen Auftritten im Ausland müssen die Besucher Eintritt zahlen. In Deutschland kostet ein Drei-Tages-Pass bis zu 338 Euro.

In der »Casa Dom Inácio« in Abadiania blüht das Geschäft mit Büchern, DVDs und esoterischen Utensilien. Im Souvenirshop verkaufen Helfer »geweihtes« Mineralwasser und Kristalle in allen Größen und Formen, sie stammen aus einem Steinbruch des Wunderheilers. Vielen Patienten verschreibt er homöopathische Pillen, eine Schachtel kostet etwa 24 Euro und reicht für drei Monate. Der gesamte Gewinn werde in den Betrieb seines Heilungszentrums investiert, versichert João de Deus. Im Stadtzentrum betreibt er eine Suppenküche und ein Seelsorgezentrum für Arme.

In Abadiania ist João de Deus ein einflussreicher Mann, sein Bild hängt in vielen Wohnstuben, ohne seinen Segen wird niemand Bürgermeister. An der Straße, die zu seinem Behandlungszentrum führt, haben zahlreiche Hotels, Restaurants und Esoterikläden eröffnet. Der Wunderheiler besitzt mehrere Farmen in der Umgebung, aber Luxus stellt er nicht zur Schau: Sein Behandlungszentrum ist einfach und zweckmäßig eingerichtet.

Nancy Laska, die gehbehinderte alte Dame aus Arizona, ist jedenfalls sicher, dass sie ihre Reisekosten gut investiert hat. Ihre Krücke hat sie im Depot abgegeben, mit einer Freundin bummelt sie über den Hof der Casa Dom Inácio. »Der Mann arbeitet seit über 30 Jahren im selben Ort«, sagt sie. »Wenn er ein Quacksalber wäre, wäre er schon lange aufgeflogen. Aber man muss es wohl erleben, um es zu glauben.«

Fußball und Rodeo – Brasiliens Massensport

Juca Kfouri ist einer der angesehensten Sportjournalisten Brasiliens. Seit den 1970er Jahren, als die »Seleção«, wie die Nationalmannschaft genannt wird, die Welt mit dem »Jogo Bonito« begeisterte, dem »schönen Spiel«, kommentiert er das Geschehen rund um den Fußball. Die korrupten Spitzenmanager des brasilianischen Fußballverbands CBF haben ihn zu ihrem Erzfeind erkoren, das kommt einem journalistischen Ritterschlag gleich. Als eingefleischter Paulistano, wie die Einwohner von São Paulo heißen, ist er natürlich Fan von Corinthians. Kfouri lebt, leidet und atmet Fußball. An einem kalten, regnerischen Abend, mehrere Wochen vor den Demonstrationen gegen die überteuerten WM-Stadien, besuchte ich ihn in seinem Apartment in São Paulo; ich wollte seine Meinung zu dem umstrittenen CBF-Präsidenten José Maria Marin hören. Marin hatte in den 1970er Jahren die Militärdiktatur unterstützt und war in eine Reihe von Korruptionsskandalen verwickelt. Noch bevor ich dazu kam, meine erste Frage zu stellen, fixierte Kfouri mich und sagte mit ernster Stimme: »Jens, bevor wir beginnen, müssen wir mal mit einem Mythos aufräumen: Brasilien ist nicht das Land des Fußballs.«

Wie bitte?

Der fünffache Weltmeister, Heimat von Pelé und Garrincha, Socrates und Zico, Ronaldo, Ronaldinho, und Neymar – kein Fußballand? Ich bin kein Fußballspezialist, aber an der Bedeutung des »Futebol« in Brasilien hatte ich eigentlich nie gezweifelt – obwohl ich das Klischee vom sambatanzenden, fußballverrückten und ewig gut gelaunten Brasilianer immer für etwas infantil gehalten habe. Und jetzt sagt mir ausgerechnet einer der profundesten Fußballexperten Brasiliens, dass der Sport gar nicht so wichtig sei.

Dabei träumen doch Hunderttausende brasilianischer Jungen von einer Karriere als Kickerstar. Nachts spielen sie im hell erleuchteten Park von Flamengo in Rio, wo die Nachwuchsmannschaften trainieren. Am Zaun lehnen die Olheiros, die Späher der großen Clubs; sie hoffen auf den nächsten Ronaldo, den neuen Pelé, einen zweiten Neymar. Andere bolzen in den Favelas wie einst Romário, manche spielen barfuß. Ihre Plastiklatschen ersetzen die Torpfosten. Wer nie die Hoffnung hatte, jemals berühmt zu werden, vergnügt sich sonntags bei der »Pelada«, dem Bolzen unter Freunden mit anschließendem Churrasco, so heißen in Brasilien die Grillfeste. Und natürlich schwärmen die meisten Brasilianer für einen Club. »Qual é seu time?«, »Was ist dein Team?« ist eine der ersten Fragen, die man als Neuankömmling in Brasilien zu hören bekommt. Stolze Väter decken ihre Babys als Erstes in ihren Vereinsfarben ein, und wehe, das Kind entscheidet sich später, den Club zu wechseln. Bis ins Grab sind sie ihrem Verein treu: Bevor sich der Sarg in die Grube senkt, decken Freunde ihn mit der Vereinsflagge des Verstorbenen ab. Bei Fußball hört der Spaß auf, Brasilien hat 200 Millionen potentielle Trainer, montags im Büro werden als Erstes die Spiele vom Wochenende kommentiert.

Kfouri polemisiert gern. Was er sagen will, ist: So, wie der Fußball in Brasilien organisiert ist, hat er keine Zukunft. Eine korrupte Mafia beherrscht den Fußballverband, viele Vereine sind rettungslos verschuldet, viele Stadien bleiben selbst bei wichtigen Spielen leer. Die Bundesliga zieht mehr Publikum an als das »Brasileirão«, die brasilianische Meisterschaft.

Kein Wunder, dass Tausende brasilianischer Spieler im Ausland kicken, und zwar nicht nur bei den großen europäischen Starvereinen. In Kasachstan und Iran, der Republik Moldau und China, Korea und Dubai verleihen brasilianische Kicker den nationalen Teams Glanz und Ginga – die typisch brasilianische Kunst des Dribbelns.

Als Gastgeber Brasilien bei dem WM-Endspiel 1950 im Maracanã gegen Uruguay verlor, stürzten sich enttäuschte Fans aus dem Fenster. 1970 nutzten die regierenden Militärs den WM-Sieg, um ihr Image aufzupolieren – Pelé und Konsorten spielten klaglos mit. Das ist glücklicherweise Vergangenheit, Fußball gilt heute »nur« als schöne Nebensache. Siege werden natürlich gefeiert, aber die Brasilianer lassen sich nicht mehr wie früher über ihren Volkssport manipulieren.

»Wir wollen nicht Brot und Spiele«, stand auf den Transparenten der Demonstranten, die im Juni 2013 vor den Stadien aufmarschiert waren. Oder, noch treffender: »Wenn mein Sohn krank wird, bringe ich ihn ins Stadion« – eine Anspielung auf den beklagenswerten Zustand der brasilianischen Krankenhäuser.

Nur 45 Prozent der Brasilianer unterstützen die Ausrichtung der WM im eigenen Land, ergab eine Umfrage des Instituts Nielsen Sports im August 2013. Das war eine kalte Dusche für die Regierenden und die Fifa – und für Ex-Präsident Lula, ohne dessen Unterstützung 2007 kaum die Entscheidung für Brasilien gefallen wäre.

Jetzt rächt es sich, dass die Herrschenden die Kontrolle des brasilianischen Volkssports jahrzehntelang zwei Männern überlassen haben: João Havelange und Ricardo Teixeira. Havelange, Sohn eines belgischen Waffenhändlers und Olympiasieger im Schwimmen von 1936, regierte jahrzehntelang den Weltfußballverband Fifa. Teixeira, sein einstiger Schwiegersohn und Vater seiner Enkelin Joana, beherrschte bis Ende 2012 den brasilianischen Fußballverband CBF. Beide nutzten ihre Posten, um sich kräftig zu bereichern – bei der Vergabe von Fernsehrechten kassierten sie Millionen an »Kommission«.

Havelange habe ich erstmals Mitte der 1990er Jahre persönlich erlebt, er hatte die Auslandskorrespondenten damals zu einem Gespräch in sein Büro im Zentrum von Rio eingeladen. Im Vorzimmer warteten beflissene Vereinspräsidenten und Lobbyisten auf eine Audienz bei dem Sportpaten. Havelange thronte am Ende eines langen Konferenztisches vor einem riesigen Ölgemälde seiner selbst. Als eine junge Korrespondentin der *New York Times*, die mit dem Umgangston des Patriarchen nicht vertraut war, eine kritische Frage stellte, verwies Havelange sie wie ein tropischer Don Corleone mit einer knappen Geste des Raums.

Sein damaliger Schwiegersohn Teixeira brachte es als CBF-Präsident zum Multimillionär. Juca Kfouri erhielt bei wichtigen Spielen jahrelang keine Akkreditierung, weil er es gewagt hatte, die Teixeira-Sippschaft zu kritisieren.

Fußballkönig Pelé versuchte als Sportminister unter Präsident Cardoso in den 1990er Jahren, den Spielern mehr Rechte gegenüber den Vereinen einzuräumen, er war mit Teixeira verfeindet. Doch das Gekungel zwischen Vereinen, Spielern und CBF ist nach wie vor undurchschaubar. Die Regierung hat die Fußballidole Ronaldo und Pelé ins Feld geschickt, um dem brasilianischen Fußball vor der WM 2014 nach außen ein freundlicheres Gesicht zu verleihen. Beide spielten die Demonstrationen gegen die WM-Stadien herunter – und machten sich damit bei den meisten Brasilianern unbeliebt.

Pelé ist trotz aller gegenteiligen Beteuerungen schon lange nicht mehr das Idol aller Brasilianer. Viele werfen ihm vor, dass er sich von der Diktatur vereinnahmen ließ. Er gilt als Opportunist, ein »Schwarzer mit weißer Seele«. Dass er mehreren außerehelichen Kindern die Anerkennung verweigerte, trug auch nicht gerade zu seiner Beliebtheit bei. Für außereheliche Abenteuer haben die meisten Brasilianer Verständnis, aber wenn es um die Folgen dieser Beziehungen geht, versteht man keinen Spaß – bekannte Fußballspieler wie Romário wurden schon eingebuchtet, weil sie die Zahlung der Alimente »vergessen« hatten.

Nur beim Vergleich mit seinem ewigen Konkurrenten Diego Maradona wird jeder Brasilianer Pelé verteidigen; das ist der traditionellen Rivalität mit Argentinien geschuldet. Aber geliebt, wie etwa der legendäre Garrincha, wird Pelé in Brasilien nicht. Diese Ehre kommt nur einem einzigen brasilianischen Sportidol zu – und das ist bezeichnenderweise kein Fußballspieler: Formel-Eins-Weltmeister Ayrton Senna. Nach seinem Unfalltod in Italien 1994 weinte das ganze Land. In dem schüchternen, introvertierten Rennfahrer aus São Paulo erkannten sich mehr Brasilianer wieder als in ihren hochgejubelten Kickerstars.

Natürlich lieben die Brasilianer noch ihren Futebol: die »Pelada«, das Bolzen unter Freunden, am Sonntagnachmittag mit anschließendem Churrasco. Fußball ist das ideale Thema für Smalltalk auf Partys, bei Geschäftstreffen oder im Taxi. Aber immer öfter sind Fußballgeschichten Themen für die Polizeiseiten oder Klatschspalten. Vielen Profispielern steigen Ruhm und Geld zu Kopf, sie verkraften den Aufstieg aus der Favela nicht. 2011 hatte ich Gelegenheit, die Halbwelt des brasilianischen Fußballs zu erkunden – bei Recherchen zu dem größten Spielerskandal der vergangenen Jahrzehnte: dem Prozess gegen den einstigen Flamengo-Torwart Bruno Fernandes.

Im März 2013 wurde Bruno wegen der Ermordung seiner einstigen Geliebten Eliza Samudio zu 22 Jahren Gefängnis verurteilt. Samúdio war eine »Maria Chuteira«. So nennt man in Brasilien Frauen, die Fußballspielern nachstellen. Sie dienen sich den Stars als Gespielin oder Ehefrau an, sie träumen von einer Karriere als Sängerin, Model oder Fernsehsternchen an der Seite des Kickerstars. Ihr Ziel ist der rasche Aufstieg in die Glitzerwelt des großen Geldes. Ich habe eine von ihnen in São Paulo begleitet.

Bevor Susana Pitelli auf die Pirsch geht, wirft sie einen prüfenden Blick in den Spiegel. Sie kämmt ihre platinblonde Mähne, zieht den Lippenstift nach und strafft ihre Bluse, damit die 300 Milliliter Silikon in jeder Brust gebührend zur Geltung kommen. Dann lenkt sie ihren schwarzen Ford Ecosport in die Nacht von São Paulo.

Ihr Revier sind die Bars, Nachtclubs und Diskotheken der Millionenmetropole: Das O'Malley's im Reichenviertel Jardins, das Bamboo, der Tanzclub Unha de Gato. Das Wild, das sie am liebsten stellt, sind Fußballer. Vor allem sonntags und montags ist Jagdsaison: Dann haben die Spieler der großen Clubs frei und gehen auf die Piste.

Pitelli sagt, sie habe Medizin studiert; anschließend jobbte sie als Empfangsdame, Friseuse und Model. Sie hat in ein paar Pornofilmen mitgespielt und war Covergirl in Männerzeitschriften. Einmal hat sie sich vor versammelter Mannschaft im Stadion des Erstligaclubs Coritiba ausgezogen.

Früher gehörte Pitelli einem Duo an, sie nannten sich »Ronaldinhas« nach ihrem Idol Ronaldinho Gaucho. Dreimal reiste sie ihm nach Europa nach, auch bei seiner Abschiedsparty in Barcelona war sie dabei. Einmal habe sie ihn im Hotel besucht, sagt sie, es sei aber nichts gelaufen. Sie habe ein Verhältnis mit einem anderen Spieler, dessen Namen sie nicht nennen möchte, er sei nämlich verheiratet. Sie schüttelt ihren Blondschopf und lächelt. »Ich kenne keinen Fußballspieler, der nicht mehrere Frauen hat.«

Bruno Fernandes, 25, Ex-Torwart von Flamengo, hatte mindestens vier. Zwei, die Ex-Gattin und eine Geliebte, saßen neben ihm auf der Anklagebank im Strafgericht von Contagem, einem Vorort seiner Heimatstadt Belo Horizonte.

Die Angeklagten sollen in das mysteriöse Verschwinden einer vierten Gespielin verwickelt sein: Eliza Samudio, 25. Bruno habe die junge Frau ermorden lassen; acht Mittäter aus seinem Umfeld seien beim Verstecken der Leiche behilflich gewesen, behauptete die Staatsanwaltschaft. Die Angeklagten trugen rote Sträflingskleidung, Bruno saß ganz außen. Er starrte auf den Boden.

Vor dem Gericht standen mehrere Übertragungswagen, Dutzende Fotografen und Reporter drängten sich am Eingang. Es war der Prozess des Jahres in Brasilien, eine südamerikanische Version des Mordverfahrens gegen US-Footballstar O. J. Simpson. Als die Richterin für fünf Minuten Fotografen und Kameraleute in den Gerichtssaal ließ, rempelte Bruno einen Fotografen an und stürmte zur Toilette, angeblich war ihm schlecht.

Früher hatte Bruno das Blitzlichtgewitter genossen. Er war einer der ganz Großen im brasilianischen Fußball. Flamengo verdankte ihm die Meisterschaft, der AC Mailand umwarb ihn mit einem Millionenangebot. Er ist groß, schlank und muskulös, die Frauen lagen ihm zu Füßen. Auch bei seinen Mitspielern war er beliebt: »Bruno war jovial und umgänglich«, erinnert sich Paulo Andrade, sein Ex-Trainer bei Flamengo. Die Maria Chuteiras hatten mit ihm leichtes Spiel.

Eliza Samudio stammte aus dem Süden, sie lernte Bruno auf einer Fete in São Paulo kennen. Sie hatte in einigen Pornofilmen mitgewirkt und suchte die Nähe zu berühmten Fußballern. Beim FC São Paulo ging die hübsche Brünette ein und aus.

Bei einer Menage a trois mit zwei weiteren Spielern von Flamengo kamen Bruno und Eliza sich näher, die Orgie dauerte bis in den Morgen. Bruno sagt, er habe 15 Minuten Sex mit Eliza gehabt, das Präservativ sei geplatzt. Eliza wurde schwanger.

Bruninho, »Kleiner Bruno«, heißt der Junge, sie hat ihn nach dem Fußballer benannt. Die Chance, dass er der Vater sei, betrage 99 Prozent, bekannte Bruno. Er habe ihr nur 1000 Real Unterhalt im Monat bezahlt, etwa 420 Euro, klagte Samudio kurz nach der Geburt.

Es war ihr nicht genug, sie stammt aus armen Verhältnissen. In der Liaison mit Bruno sah sie die Chance ihres Lebens. Sie drohte zur Presse zu gehen. Eliza sei verrückt vor Eifersucht gewesen, sagt eine Freundin. Einmal zeigte sie den Fußballer wegen Entführung an: Bruno habe sie gewürgt und in seiner Wohnung festgehalten. Der Vorwurf wurde nie aufgeklärt.

Seit Juni 2010 ist Eliza spurlos verschwunden. Zuletzt wurde sie in Brunos Wochenendhaus nahe Belo Horizonte gesehen. Ihr Baby befand sich in der Obhut von Brunos Ex-Frau. Der Fußballer habe Eliza vorgegaukelt, dass er mit ihr zusammenleben wolle, und sie so in eine Falle gelockt, behauptete die Anklage.

Sie ist offenbar eines bestialischen Todes gestorben: Erst habe Bruno die junge Frau einsperren und foltern lassen, anschließend habe er einen Auftragskiller angeheuert. Die Leiche habe der Mörder, ein Ex-Polizist, zerhackt und seinen Rottweilern zum Fraß vorgeworfen.

Bruno stammt aus Ribeirão das Neves, dem ärmsten Vorort von Belo Horizonte. Seine Mutter hat ihn nach der Geburt verstoßen, er wuchs bei der Großmutter auf. Seinen Vater hat er nicht gekannt. Am Wochenende bolzte der Junge mit Freunden auf einem Erdplatz zwischen Müllhalde und Autobahn. Ein Späher des Lokalvereins Atlético Mineiro wurde auf ihn aufmerksam, bald stieg er zum ersten Torwart auf. Flamengo holte ihn nach Rio. Sein Gehalt schnellte auf 240 000 Real im Monat, über 100 000 Euro. Plötzlich war er ein reicher Mann.

Flamengo ist Brasiliens berühmtester Club, jeder Provinzspieler möchte bei dem Verein in Rio landen. Aber die Schwarz-Roten sind auch berüchtigt für ihre Eskapaden. Mittelstürmer Vagner Love ließ sich von bewaffneten Drogenhändlern zu einer Fete in einer Favela eskortieren. Adriano machte mit Drogengeschichten und Alkoholexzessen Schlagzeilen. Superstar Ronaldo ließ sich mit zwei Transvestiten im Motel erwischen.

Ex-Nationalspieler Zico, eine brasilianische Legende, gab nach wenigen Monaten seinen Job als Sportdirektor von Flamengo auf. »In Europa werden die Spieler mit harten Geldbußen bestraft, wenn sie über die Stränge schlagen«, sagt er. »In Brasilien gelten sie als unberührbar.«

Bruno brachte Freunde und Verwandte aus der Provinz nach Rio mit, er kam für den Unterhalt des gesamten Clans auf. Sein größter Freund war ein Kumpel aus Jugendzeiten: Luiz Henrique Ferreira, genannt »Macarrão« (Makkaroni). Der Dicke stellte sein Dasein in den Dienst des berühmten Freundes. »Bruno und Macarrão sind unzertrennlich« ließ er sich auf den Nacken tätowieren.

Viele brasilianischen Spieler haben stille Diener wie Macarrão.

Sie leben in Symbiose mit den Stars, bezahlen ihre Rechnungen, bringen das Auto in die Werkstatt, besorgen die Mädchen für die Partys. Bruno hatte Macarrão auch seinen Ärger mit Eliza anvertraut. »Schaff mir das Problem vom Hals«, soll er seinen Freund gebeten haben.

»Bruno wurde wie ein Gott verehrt«, sagt Gislaine Nunes. »Er fühlte sich allmächtig, dabei ist er ein Opfer seines Aufstiegs.« Nunes ist eine bekannte Sportanwältin, viele Fußballer verehren sie als eine Art Ersatzmutter. An den Wänden ihrer Kanzlei in São Paulo hängen Trikots mit Danksagungen ihrer Klienten. Auch Lúcio, der bei Leverkusen und Bayern München spielte, hat ihr eine Widmung geschrieben.

Nunes löst die Spieler aus den Knebelverträgen der Clubs, sie berät sie in Familiendingen, und sie leistet praktische Lebenshilfe. Spieler rufen sie an, wenn sie in einen Autounfall verwickelt sind oder ihre Kreditkarte gesperrt wurde, ihre beiden Handys sind rund um die Uhr eingeschaltet. Oft ermahnt sie die Spieler zum Gebrauch von Präservativen, als Geschenk hat sie immer ein paar Packungen dabei. »Aber viele verzichten auf Verhütung«, klagt sie.

Fußball und Sex gehörten in Brasilien schon immer zusammen, Kicken gilt als Macho-Sport. Schon Fußballkönig Pelé wurde eine legendäre Manneskraft zugesprochen. Während der WM 1958 in Schweden sollen er und Mitspieler Garrincha ganze Riegen junger Skandinavierinnen beglückt haben, berichtet Garrincha-Biograf Ruy Castro.

Flamengo-Star Vagner Love hatte seinen Spitznamen weg, nachdem er im Trainingslager mit einem Mädchen erwischt wurde, der Club drückte beide Augen zu. »Die Vereine sind nicht die Kindermädchen der Spieler«, meint der einstige Flamengo-Star Renato Gaucho, später Trainer beim Erstligisten Gremio. Er und der frühere WM-Star Romario galten in den 1980er Jahren als die Bad Boys des brasilianischen Fußballs, zahlreiche Vaterschaftsklagen legen Zeugnis von ihren Eskapaden ab.

In den vergangenen Jahren ist die Anmache noch aggressiver geworden. »Schon auf dem Schulhof stehen die Mädchen Schlange, um mit einem Fußballer anzubändeln«, klagt Silvana Trevisan, Sozialarbeiterin beim FC Santos. »Viele Spieler sehen Frauen nur als Ware.«

Santos ist der Heimatverein von Pelé und Robinho, der Club ist bekannt für seine sorgfältige Nachwuchsarbeit. 250 Jungkicker wohnen und trainieren in der großzügigen Anlage, an der Wand des Speisesaals hängt eine Szene des biblischen Abendmahls. Die Jungen kommen aus dem ganzen Land, viele stammen aus Armenvierteln.

Trevisan, ein burschikoser Muttertyp, ist die erste Fußball-Sozialarbeiterin des Landes, sie soll ihre Schützlinge auf die Tücken des Lebens als Fußballprofi vorbereiten. Sie bringt ihnen bei, wie man mit Geld umgeht, klärt über Drogen und Alkohol auf, erteilt Sexualunterricht und verteilt Präservative. »Rabauken haben bei uns keine Chance«, versichert sie.

Das galt offenbar nicht für ihren Zögling Neymar, einst Santos' Starstürmer und eine der großen Hoffnungen Brasiliens bei der WM 2014, der seit Juli 2013 beim FC Barcelona spielt.

Bei Santos durfte er sich fast alles erlauben: Nach einem Auswärtsspiel pöbelte der leicht aufbrausende Star seinen Trainer an. Santos sperrte nicht etwa den Spieler, der Verein entließ den Trainer.

Auch eine Beinahe-Prügelei mit Nachwuchsspielern hatte keine Folgen für Neymar. Nach einem Spiel im südbrasilianischen Porto Alegre ließ der Star sich angeblich mehrere Callgirls aufs Zimmer kommen, der Verein drückte erneut beide Augen zu.

»Die meisten Maria Chuteiras sind Edelprostituierte«, sagt Anwältin Nunes. »Das wissen die Spieler genau.« Auch Torwart Bruno lud seine Fußballerkollegen oft zu Orgien in sein Wochenendhaus ein, Freund Macarrão organisierte die Callgirls. Eine der Feten endete auf der Polizeiwache: Angeblich hatte sich ein Spieler geweigert, zu bezahlen.

Bei einer von Brunos legendären Feten war auch Tänzerin Susana Pitelli dabei. 20 Männer und 12 Frauen vergnügten sich in dem Landhaus, die meisten waren blond. Pitelli: »Die Männer hatten für die Party zusammengelegt, jedes Mädchen bekam 1500 Real.« Sexuelle Dienste musste sie dafür angeblich nicht leisten. »Sie boten eine große Summe, wenn ich mit ihnen ins Bett gehen würde, aber das habe ich ausgeschlagen.«

Sie sagt, dass sie sich jetzt auf ihre Musiker-Karriere konzentrieren will, als Maria Chuteira habe sie keine Zukunft. »Mit Fußballspielern läuft seit dem Fall Bruno kaum noch was. Viele Mädchen haben Angst.«

Vor allem aber macht sich das Wild rar: Viele Fußballer lassen sich kaum noch in Nachtclubs und Diskotheken sehen, für ihre Feten mieten sie lieber verschwiegene Landhäuser und private Apartments.

Die Diskretion ist verständlich. Als erster Fanclub haben die Anhänger von Atlêtico Mineiro eine Hotline für undisziplinierte Spieler eingerichtet: Wer einen Atlético-Kicker bei Saufgelagen, beim Drogenkonsum oder mit Prostituierten sichtet, wird gebeten, den Partygänger zu denunzieren. Den Namen des Sünders prangern die Fans auf ihrer Website an.

Derartig radikale Maßnahmen sind im anderen Volkssport Brasiliens nicht nötig: Die Profi-Cowboys, die beim Rodeo mitmachen, sind meist sehr gläubig und trinken kaum Alkohol. Sie sind stille Helden, in den großen Städten kennt sie kaum einer. Dabei verkörpern sie den sozialen Wandel im Landesinneren. Man braucht nur ein paar hundert Kilometer aus São Paulo, Brasília oder Belo Horizonte herauszufahren, schon verliert der Fußball an Bedeutung. Von den Pampas des Südens bis ins Amazonasgebiet gibt es nur eine Sportart, die Zehntausende in die Arenen lockt: Rodeo.

»Totó« tänzelt und schnaubt. Der graue Bulle wirft den Kopf zurück, scheuert seinen massigen Körper am Gitter. Mit jeder Bewegung versucht er, die menschliche Last auf seinem Rücken abzustreifen. Doch die klammert sich wie eine lebende Klette an das Tier. Der Stier ist in einer engen Box eingesperrt, er hat keine Chance, den Reiter abzuwerfen.

Noch eine Minute, signalisiert Cowboy Ananías Pereira, 24, dem Helfer an der Gittertür. Er rückt sein Korsett zurecht und setzt einen Helm mit einem vergitterten Gesichtsschutz auf. Für einige Sekunden krümmt er sich über den fleischigen Rindernacken und faltet die Hände zum Stoßgebet. Ein rasches Vaterunser, dann schlüpft er mit der linken Hand in eine straff gezurrte Lederschlaufe und nickt seinem Helfer zu. Der reißt mit einem Ruck das Gitter zur Seite.

Der fast eine Tonne schwere Stier bockt und springt durch die Arena wie ein übermütiges Kalb. Immer wieder reißt er die Hinterläufe hoch, dreht sich in der Luft wie ein Kreisel. Ananías wird durchgeschüttelt wie eine Stoffpuppe, aber er hält sich bravourös auf dem Tier. Nach acht Sekunden ertönt die erlösende Glocke. Mit einem Satz springt der Reiter in den Sand, zwei als Clowns verkleidete Helfer lenken den Bullen ab. Der läuft noch eine Ehrenrunde durch die Arena, dann treiben ihn die Clowns in den Korral zurück.

Ananías hinkt benommen zum Ausgang, er hat sich das Knie geprellt. Aber er ist glücklich: 79 Punkte, verkündet der Schiedsrichter über Lautsprecher. Damit ist er der Sieger des Abends beim Rodeo von Sertãozinho, einer Kleinstadt 450 Kilometer nördlich von São Paulo. Wenn er auch an den nächsten Tagen nicht vom Stier fällt, sind die Chancen groß, dass er am Ende des fünftägigen Rodeo-Marathons 1500 Real Siegergeld einstreichen wird, knapp 500 Euro.

Brasiliens Cowboys verdienen nicht so viel wie ihre Fußballerkollegen Ronaldo und Konsorten. Doch sie werden ebenso bejubelt wie die Kickerstars. Horden von Teenagern warten vor dem Eingang zur Arena, hysterische Mädchen kreischen aufgeregt.

In der Provinz ist Rodeo heute populärer als der Nationalsport Fußball. Dabei wurde es erst 2002 offiziell als Sportart anerkannt. Der damalige Präsident Fernando Henrique Cardoso erließ ein Gesetz, das Brasiliens Rodeos nach US-amerikanischem Vorbild regelt. Es ist in acht Disziplinen unterteilt, darunter »Bulldogging«, das Zusammentreiben und Überwältigen von Kälbern, und »Bareback«, das Reiten ohne Sattel. Als Königsdisziplin gilt das Bullenreiten: Der Cowboy muss sich mindestens acht Sekunden auf dem bockenden Tier halten, dabei darf er sich nur mit einer Hand festklammern.

Tierschützer liefen vergebens Sturm gegen die Anerkennung des rauhen Westernsports: Um die Stiere anzustacheln, werden ihre Lenden mit einem Lederseil eingeschnürt, bevor der Reiter aufsteigt. »Das schmerzt nicht, es kitzelt nur ein bißchen«, versichert Roberto Vidal, der Präsident des nationalen Rodeoverbands. 30 000 Real, knapp 10 000 Euro, zahlte die Organisation für ein tierärztliches Gutachten, das die Unbedenklichkeit bescheinigt. Wenigstens erreichten die Tierschützer, dass der Gebrauch von angeschärften Metallsporen verboten wurde.

»So ein Rodeobulle hat es besser als die meisten Brasilianer«, behauptet Vidal. Tierärzte kümmern sich um das Wohl der Tiere, Pfleger begleiten sie auf jeder Reise. Ein guter Rodeobulle ist eine exzellente Wertanlage: Besonders aggressive Stiere wie der legendäre »Bandido«, der keinen Cowboy länger als fünf Sekunden auf seinem Rücken duldet, kosten bis zu 50 000 Real.

Die Eigentümer großer Rinderfarmen sondern die aggressivsten Bullen ihrer Herde aus und vermieten sie als Rodeobullen. Doch nicht immer erweist sich ein Raufbold auf der Weide auch in der Arena als Kampfstier. Wenn ein Bulle das Bocken verweigert, hat der Cowboy das Recht, ein neues Tier zu wählen. Zu sanfte Rinder enden im Schlachthof.

Seit einigen Jahren gibt es einen nationalen Rodeo-Wettbewerb, der wie ein Wanderzirkus durch die Städte des Landesinneren zieht. Die einzelnen Etappen werden von TV Globo übertragen, dem wichtigsten Fernsehsender des Landes. Millionen verfolgen das Spektakel jeden Sonntagmorgen vor dem Fernsehschirm.

Keine Sportart ist so stark gewachsen. Jährlich finden in Brasilien rund 1400 Rodeos statt. Die Veranstalter setzen mehr Geld um als der Karneval von Rio, das größte Fest des Landes. Zum Finale der nationalen Rodeomeisterschaft in Barretos im Bundesstaat São Paulo reisen Cracks aus den USA, Kanada und Mexiko an.

Über eine Million Besucher strömen jedes Jahr Ende August in die Provinzstadt. Alle Hotelzimmer sind schon Monate vorher ausgebucht. Zehntausende kampieren auf den Zuckerrohrplantagen der Umgebung.

Barretos ist das Wimbledon der Rodeoreiter. Elf Tage dauert der Wettbewerb in dem 1,3 Millionen Hektar großen »Parque do Peão«, dem »Cowboy-Park«. Star-Architekt Oscar Niemeyer, der Erbauer Brasílias, entwarf die hufeisenförmige Arena, sie fasst 35 000 Besucher. Das Preisgeld für den Sieger beträgt 100 000 Real, gut 30 000 Euro. Doch wichtiger ist der Ruhm: Ein Sieg in Barretos bedeutet das Sprungbrett für eine internationale Karriere.

Die Champions von Barretos bewerben sich in Houston und Calgary, den wichtigsten Rodeostädten Nordamerikas. Dort verdienen sie ein Vielfaches ihres brasilianischen Einkommens. Gute Reiter bringen es in wenigen Monaten zum Dollar-Millionär. Rodeostar Adriano Moraes, ein Dauergast bei den amerikanischen

Festivals, ist in Texas so bekannt wie Ronaldo in Europa. »In der Technik sind die Gringos kaum zu schlagen, dafür haben wir Brasilianer mehr Biss«, sagt Schiedsrichter Tião Procópio, 44.

Der schlaksige Farmersohn sieht aus wie eine Figur aus einem Western: Ein schwarzer Hut beschattet das braungebrannte Gesicht, die dürren Beine stecken in engen schwarzen Wrangler-Jeans. Einmal nahm ihn ein Stier auf die Hörner, seither zieht er ein Bein leicht nach. Das Tier durchbohrte seine Lunge und zerquetschte seine Hüfte, die zersplitterten Knochen flickten die Ärzte mit einigen Metallstiften zusammen. Seine Gürtelschnalle ist aus Silber, nur der Colt fehlt. Dafür baumelt eine silberne Trillerpfeife um seinen Hals.

Procópio hat entscheidend zur Anerkennung des Sports beigetragen. Als zweifacher Champion von Barretos schaffte er leicht den Sprung in die USA. In Kalifornien arbeitete er zwei Jahre lang in einer Rodeoschule. Deren Chef war zugleich Präsident des Rodeoverbands, so lernte Procópio die Grundlagen des Cowboy-Sports von der Pike auf.

Nach seiner Rückkehr 1982 setzte er sich dafür ein, den Sport zu professionalisieren. In Brasilien galt Rodeo bis dahin als primitives Volksvergnügen. Die Peoes, wie die Cowboys genannt werden, maßen ihre Geschicklichkeit beim Zusammentreiben und Fesseln von Kälbern, als Mutprobe bestiegen sie die wildesten Bullen der Herde. Das Macho-Gehabe imponierte den Mädchen aus dem Dorf und steigerte so das Selbstwertgefühl der schlecht bezahlten Kuhtreiber.

Mit dem Aufschwung der brasilianischen Agroindustrie wurde Rodeo auch bei den reichen Großbauern salonfähig. Einige neureiche Farmersöhne von Barretos gründeten den Rodeo-Club »Os Independentes«, »Die Unabhängigen.« Sie witterten die Geschäftschancen, die der Ausbau des Sports mit sich bringen würde. Mehrere große Firmen stiegen als Sponsoren ein, durch professionelles Marketing wurde das Spektakel landesweit bekannt.

Heute setzt Barretos jährlich über dreißig Millionen Real um, etwa zehn Millionen Euro. Dutzende von Country-Boutiquen und Andenkengeschäften säumen die Zufahrten zur Arena. Die einst belächelten Cowboys machen Mode: Unter dem Rodeolabel »Cowboy Forever« werden Stetson-Hüte, Hemden und amerikanische

Markenjeans verkauft. Das Outfit eines stilechten Peão kostet leicht über 3000 Real, knapp 1000 Euro.

Ebenso wichtig wie der Reiterkampf sind die Partys und Shows, die den offiziellen Wettbewerb begleiten. Kein Rodeo kommt ohne die Stars der »Música Sertaneja« aus, der brasilianischen Countrymusik. Die Anmache während der Festivals ist legendär: »Bitte fangen Sie keine Mädchen mit dem Lasso ein«, warnen die Veranstalter in Barretos allen Ernstes über Lautsprecher. Mädchen werden ermahnt, nicht allein zwischen den Camps der liebeshungrigen Rodeofans herumzustreifen.

In langen schwarzen Ledermänteln staksen die Möchtegern-John-Waynes zu den Bierbuden und Grillständen. Die Städter von der Küste machen sich lustig über die »Caipiras«, wie die Provinzler genannt werden. Im feinen Jockey-Club von Rio blickt man auf die Rodeoreiter herab wie ein Formel-Eins-Pilot auf einen Stockcar-Fahrer. Viele Cowboys können kaum lesen und schreiben, Autogrammwünsche lehnen sie mit einem verlegenen Lächeln ab. Die meisten haben noch nie das Meer gesehen.

Die großen Rodeostars sind zumeist Söhne armer Landarbeiter. Schon als Kind träumen die meisten von einer Karriere als Rodeoreiter. Bei den großen Festivals im Bundesstaat São Paulo bewerben sich jedes Jahr Zehntausende, mit Bus und als Anhalter reisen sie den Wettbewerben hinterher.

Ananías, der Champion von Sertãozinho, bestieg als Neunjähriger seinen ersten Bullen. Mit 13 Jahren gewann er sein erstes Amateur-Rodeo in einer Kleinstadt bei São Paulo. Er reiste mit dem Omnibus an und schlief nachts unter einem Lkw, weil sein Geld nicht für ein Hotel reichte.

Bei der ersten Profiveranstaltung gewann er ein Motorrad, das er sofort verkaufte, das Geld schickte er an seine Familie. Heute kann er von dem Sport leben. Drei Autos und achtzehn Motorräder hat er bislang gewonnen, einmal wurde er internationaler Champion von Barretos. Von dem Preisgeld kaufte er Land und 300 Rinder. Als Rodeoreiter will er arbeiten, bis er 28 ist, dann strebt er an die Universität. »Mit 30 sind die meisten Cowboys so kaputt, dass sie aufhören müssen.«

Rodeoreiter sind bodenständige, schüchterne Burschen. Ananías raucht und trinkt nicht, er übernachtet in seinem Fiat hinter der

Arena. Wie die meisten seiner Kollegen ist er zutiefst gläubig. Zu Beginn jeden Rodeos reitet ein Priester durch die Arena und erteilt den Cowboys seinen Segen. Bevor sie den Bullen besteigen, beten sie zur »Nossa Senhora da Aparecida«, ihrer Schutzheiligen.

Göttlichen Beistand können die tollkühnen Bullenreiter gebrauchen. Obwohl viele Schutzanzüge und Helme tragen, ist Rodeo hochgefährlich. Jedes Jahr sterben Reiter in der Arena. Ein Freund von Ananías wurde bei einem Wettbewerb vom Stier zertrampelt.

Oft bleiben die Reiter mit einer Hand in der Lederschlaufe am Nacken hängen, wenn der Bulle sie abwirft, das wütende Tier schleift sie dann minutenlang durch die Arena. Ananías zeigt seine Blessuren vor wie ein Offizier seine Orden: Dreimal erlitt er Rippenbrüche, zweimal ist das Schlüsselbein zersplittert, das linke Bein ziert eine lange Narbe, einmal hat ein wütender Bulle fast sein linkes Auge durchbohrt.

Am gefährlichsten ist der Abwurf oder Abstieg. Zumeist hat der Bulle den Reiter auf seinem Rücken so durchgeschüttelt, dass er die Orientierung verliert. Wie in Narkose torkeln die Männer einige Schritte durch die Arena, bevor sie zu Sinnen kommen. Die Bullen nutzen diesen Moment aus, um ihrem Peiniger nachzusetzen. Die tonnenschweren Fleischberge sind erstaunlich behende, nur die wagemutigen Ablenkungsmanöver seiner als Clowns verkleideten Helfer retten den Cowboy. Sie fuchteln vor dem Tier herum und dirigieren es so von dem Reiter fort.

Früher haben sich die Veranstalter kaum um das Schicksal der Verletzten geschert. Wenn ein Reiter ausfiel, heuerten sie einfach einen neuen an, der Andrang ist riesig. Jetzt erhalten die Invaliden zumindest eine Versehrtenrente: Seit Rodeo als Profisport anerkannt ist, sind die Veranstalter verpflichtet, eine Unfallversicherung für die Cowboys abzuschließen.

Stolz zeigt Ananías seine Sozialversicherungskarte vor, die ihn als Rodeoreiter ausweist: »Endlich sind wir Cowboys vollwertige Menschen.«

Bossa Nova, Country und MPB – Brasiliens Musikszene

Die härtesten Fans hatten sich Klappstühle mitgebracht, sie verbrachten die Nacht vor der Theaterkasse. Die Bohemiens machten in einer Kneipe durch, sie kamen morgens um sechs. Um 14 Uhr öffnete die Kasse des Teatro Municipal, der ehrwürdigen Musikhalle von Rio, um 14.30 Uhr schloss sie wieder, da waren alle Tickets verkauft.

Wer Glück hatte, ergatterte zwei Plätze in der Galerie für rund 20 Euro. Der Deckenstuck ist zum Greifen nah, die Bühne liegt tief unter einem. Aber was macht das schon, wenn man einer der Glücklichen ist, die das Konzert des Jahres in Brasilien erleben dürfen: João Gilberto live in Rio de Janeiro.

Der Mann, der den Bossa Nova erfand, macht sich rar: 14 Jahre lang war João Gilberto nicht in seiner Heimatstadt aufgetreten. Dabei hat er einst zusammen mit Tom Jobim den Bossa Nova von Rio in die Welt getragen.

Jobim, der den Welthit »Girl from Ipanema« komponiert hat, ist 1992 verstorben. Joao Gilberto ist 82 und eine lebende Legende. Anfang der 1950er Jahre war er aus der Provinzstadt Juazeiro nach Rio gezogen, im Gepäck seine Gitarre. Mit seiner leichtfüßigen, synkopisierten Spielweise verwandelte er den schweren Samba der Hauptstadt in subtile Kammermusik. Im Jahr 1958 nahm er den Hit »Chega de Saudade« auf, diese Einspielung gilt als Geburtsstunde des Bossa Nova.

Gilberto und Jobim lieferten den Soundtrack zu den »Goldenen Jahren« Brasiliens. Sie besangen das Meer, den Strand und die Liebe, doch die musikalische Struktur ihrer Lieder ist subtiler, als die Texte vermuten lassen.

Mit ihrem legendären Konzert in der Carnegie Hall 1962 stellten Gilberto und Jobim die »New Brazilian Music« in den USA vor. Mit dem Saxofonisten Stan Getz spielte Gilberto die LP »Getz/Gilberto« ein, einen Klassiker der Musikgeschichte. Zuletzt spielte er im Juni 2008 vor ausverkauftem Haus in der Carnegie Hall. Doch die fanatischsten Fans hat er in Japan. Dort respektieren sie seinen Perfektionismus und seine Marotten. In Tokio hat João Gilberto den Bossa Nova zelebriert wie ein Priester das Hochamt.

In seiner Heimat gilt er dagegen als schwierig und exzentrisch. In São Paulo unterbrach er ein Konzert, weil ihm die Klimaanlage zu laut war. In Rio trieb er 1994 die Tontechniker zur Verzweiflung, weil die Gitarre zu dumpf klang. Räuspern und Hüsteln gilt als Kapitalverbrechen und wird mit vorzeitigem Ende der Show geahndet. Gilberto habe ein absolutes Gehör, sagen seine Bewunderer, er empfinde jeden falschen Ton als Belästigung. Sein größter Hit heißt ironischerweise »Desafinado«, »Verstimmt«.

Der Musiker gibt keine Interviews, mit seinen Freunden kommuniziert er am liebsten per Telefon. Er lebt zurückgezogen in einem Apartment in Rios Nobelviertel Leblon, nicht einmal seine Nachbarn haben ihn je zu Gesicht bekommen. Essen bestellt er sich aus den umliegenden Restaurants, am liebsten sitzt er zuhause an seiner Gitarre. Manchmal höre man ihn nachts üben, sagen die Pförtner.

Auf dem Platz vor der Musikhalle drängen sich die Schwarzhändler, sie bieten das Zehnfache für die 10-Euro-Karte. Im Foyer steht ein überglücklicher Japaner, er hat 200 Euro bezahlt. »Ziemlich teuer«, räumt er ein. »Aber João Gilberto ist ein Gott.«

Drinnen sonnt sich die Schickeria im Licht der Fernsehscheinwerfer. Popstar und Ex-Kulturminister Gilberto Gil ist da, der Gouverneur winkt aus seiner Loge, auch Naomi Campbell hat ein Ticket ergattert. Die Korridore summen, alle rätseln: Kommt er überhaupt? Und wenn ja, wann?

In Rio betritt João Gilberto mit nur 50 Minuten Verspätung die Bühne. Er geht bedächtig zu seinem Stuhl, man merkt ihm das Alter an. Er trägt einen dunklen Anzug, ein hellblaues Hemd und eine dunkelblaue Krawatte. Seine Stimme ist leise, sehr leise, er zwingt das Publikum zur Konzentration. Niemand räuspert sich, niemand hüstelt, nicht einmal die Sessel knarren. Der Toningenieur kommt aus Japan, er registriert die feinste Nuance.

Nach zwei Stücken klingt die Stimme fester, seine Gitarre singt. Gilberto spiele heute besser als vor dreißig Jahren, schwärmt ein Kritiker. Es ist wahr. Er verzögert die Melodie, dehnt die Synkopen, singt scheinbar nuschelnd in sich hinein und lässt doch jede Silbe genießerisch auf der Zunge zergehen. Es ist musikalischer Minimalismus auf höchstem Niveau, er kommuniziert allein mit seiner Gitarre. Die Standards von Tom Jobim klingen wie neu, selbst dem Gassenhauer »Girl from Ipanema« gewinnt er neue Facetten ab.

Als doch ein Stuhl knarrt, zischt das Publikum, aber das ist nicht nötig. Der Meister krempelt den rechten Ärmel auf und sagt sichtlich vergnügt: »Die Show macht mir Spaß.« Beifall braust auf, das hatte wohl niemand erwartet. Als er »Chega de Saudade« anstimmt, summen die ersten Zuschauer mit. Das Publikum hält den Atem an, das hat es noch nie gegeben. Aber der alte Mann ermuntert alle zum Mitsingen. Brasilien feiert sich selbst, ein Raunen des Glücks geht durch die Reihen.

Über eine halbe Stunde dauert die Zugabe, dann steigt der Star ins Auto und ist weg. Die Zuschauer strömen wie benommen in die kühle Augustnacht. Taxis hupen, das Theater ist gleißend erleuchtet, die Straßenkneipen sind voll. Es duftet nach Meer und Parfum. Für einen Moment lässt sich erahnen, wie Rios »Goldene Jahre« waren, als man zum Träumen nur einen Stuhl und eine Gitarre brauchte.

Der nostalgische Empfang für João Gilberto im Teatro Municipal kann allerdings über eines nicht hinwegtäuschen: Bossa Nova ist in Brasilien eine Minderheitenveranstaltung. Die meisten CDs verkaufen die Schnulzensänger der »Música Sertaneja«, der brasilianischen Countrymusik. Sie treten zumeist im Duo auf und füllen mühelos Fußballstadien oder Rodeo-Arenas. Sie heißen »Chitãozinho & Chororo« oder »Leandro e Leonardo«. Der Film »Die zwei Söhne von Francisco« (2005) erzählt die Geschichte von Zezé de Camargo und Luciano, einem der bekanntesten Duos. Mit dem Siegeszug der Sojapflanzer und Rinderzüchter ist auch die Música Sertaneja bis in die Vororte der großen Städte vorgedrungen. Ihre CDs verkaufen sie in Millionenauflagen, sie sichern der brasilianischen Musikindustrie heute das Überleben.

In keiner anderen Kunst ist Brasilien so bei sich selbst wie in seiner Musik. Jede Region hat ihren eigenen Rhythmus hervorgebracht: In Manaus und dem westlichen Amazonasgebiet schwoft man beim »Boi«, der Musik des Amazonaskarnevals. Die Tänzerinnen tragen indianische Röcke und Federschmuck, der Rhythmus ist von der Musik des Nordostens beeinflusst. In Belem und dem östlichen Amazonasgebiet ist »Brega« angesagt, hier herrscht die Band »Calypso«, Zehntausende strömen zu ihren Glittershows. Maranhão ist die Heimat des brasilianischen Reggae, Sklaven haben ihn aus der Karibik mitgebracht. Im Nordosten herrschen »Frevo«

und »Forró«, man schmiegt sich zu den rasenden Rhythmen eng an seine Partnerin. Bahia ist die Heimat des »Axé«, die Sängerinnen Ivete Sangalo, Daniela Mercury und Claudia Leitte bringen Zehntausende auf die Beine. Rio ist die Hochburg von Samba und Pagode; die Favelajugend steht vor allem auf Funk, Hiphop und elektronische Rave-Musik. Im Süden, in Curitiba und Porto Alegre, ist der brasilianische Rock zuhause. Schwarz gekleidete Gruftis stampfen zu Heavy-Metal-Riffs.

Einer der berühmtesten brasilianischen Musiker wohnt gleich bei mir um die Ecke: Schlagersänger Roberto Carlos, der Schwarm aller Schwiegermütter. Oft sieht man ihn mit seinem Lamborghini-Cabrio durch Urca rasen, er fährt immer nur um den Block, vor Ausflügen in andere Stadtviertel hat er Angst – seine Luxusboliden würden sofort einen Auflauf verursachen. An seinem Geburtstag versammeln sich ganze Reisegruppen zumeist älterer Damen vor seinem Haus.

In Paris hat ein brasilianischer Künstler seine zweite Heimat gefunden, der wie kein anderer die aufgeklärten Intellektuellen der urbanen Mittel- und Oberschicht repräsentiert: Chico Buarque. Ich habe ihn vor einigen Jahren bei der Aufnahme einer CD in einem Tonstudio seines Freundes Gilberto Gil in Rio getroffen. Der Musiker probte für eine neue Tournee, in dem engen Penthouse hatten sich einige der besten Instrumentalisten des Landes versammelt. Buarque sang im Duett mit Mart'nália, der Tochter der Samba-Legende Martinho da Vila. Er hat vielen Nachwuchsmusikern beim Karrierestart geholfen: »Rios Vororte sind ein unerschöpfliches Reservoir an Talenten.«

Seine Heimatstadt ist das Thema seiner CD »Carioca«. Der Lärm der Metropole liefert den Soundtrack für den Song »Subúrbio«, eine Hommage an den Rap, der in vielen Armenvierteln den Samba verdrängt. »Rap ist die neue Sprache der Peripherie«, sagt Buarque. Er bewundert den harten, metallischen Rhythmus aus den Ghettos als Ausdruck des Protests, doch musikalisch ist ihm das Stakkato fremd: »Das ist das Ende der Songkultur.«

Buarque zählt wie seine Kollegen Caetano Veloso und Gilberto Gil zur Generation der MPB, der »Música Popular Brasileira«. Sein Lehrmeister war Antonio Carlos Jobim, der Altmeister des Bossa Nova. Mit dem Dichter und Diplomaten Vinícius de Moraes, der zusammen mit Jobim den Hit »The Girl from Ipanema« schrieb, zog er Anfang der 1960er durch Rios Boheme-Kneipen. Später wurde sein helles, elegisches Timbre zur Proteststimme gegen die Militärdiktatur. Seine Lieder verkörpern das Lebensgefühl einer ganzen Generation, er kämpfte gegen die Folter und stritt für die Freigabe von Drogen. Mehrere Jahre verbrachte er im Exil in Rom.

Buarque fühlt sich wohl in Europa, er gilt als der Weltläufigste unter den brasilianischen Musikern. Sein Vater, der Historiker und Soziologe Sérgio Buarque de Holanda, schrieb den Klassiker *Die Wurzeln Brasiliens*, seine Mutter war Pianistin. Künstler und Intellektuelle gingen in ihrem Haus ein und aus, oft reiste die Familie nach Europa. Zum Schreiben und Komponieren zieht Buarque sich gern in sein Apartment in Paris zurück. In Frankreich, wo das Chanson gepflegt wird, ist er ein Star; einige vergleichen ihn mit der belgischen Legende Jacques Brel.

Auf der Bühne macht sich Buarque dagegen rar. Das bedauern nicht zuletzt seine weiblichen Fans, denn der Tropen-Beau mit den wasserblauen Augen hat eine magische Ausstrahlung auf Frauen.

Dabei gilt Buarque als schüchtern und introvertiert, sein Privatleben schirmt der mehrfache Großvater ab. Verständnis für die »weibliche Seele« haben Kritiker ihm bescheinigt, weil viele Frauen sich mit seinen Texten identifizieren. Buarque: »Viele Lieder habe ich für Sängerinnen geschrieben, deshalb haben sie diesen femininen Touch.«

Das Multitalent Buarque wandelt gern zwischen den Künsten. Er hat eine Oper und zahlreiche Filmmusiken geschrieben; mehrere seiner Romane sind auf Deutsch erschienen. Buarque hat eine besondere Beziehung zu Deutschland: Er hat einen deutschen Halbbruder. Sein Vater lebte von 1929 bis 1936 als brasilianischer Konsul in Hamburg und zeugte in dieser Zeit ein Kind mit einer deutschen Geliebten.

Die beiden verloren sich aus den Augen, erst während des Kriegs erhielt der Wissenschaftler Nachricht von seinem Sohn: Die Mutter bat ihn um ein Dokument, mit dem sie dem Nazi-Regime beweisen könne, dass der Junge nicht jüdischer Abstammung sei. »Wenn mein Halbbruder noch lebt, müsste er heute weit über 70 Jahre alt sein«, sagte mir Buarque. Er hat seinen Bruder nie ausfindig gemacht.

Brasilianischer Alltag – Überleben in den Tropen

Die Republik des Benjamin

Benjamin heißen in Brasilien die Adapter für Netzstecker, der Name geht auf Benjamin Franklin zurück, den Erfinder des Blitzableiters. Es gibt sie in allen möglichen Formen und Varianten. Zwei Löcher auf drei Löcher, drei Löcher auf zwei Löcher, runde auf flache, flache auf runde und so fort. Die neueste Version ist für drei Löcher; die gesetzlich vorgeschriebenen Stecker sehen drei runde Stifte vor, die in einem flachen Dreieck angeordnet sind, der mittlere ist für die Erdung. Es gibt kein anderes Land auf der Erde, das diese Stecker hat. Es gibt vermutlich auch kein anderes Land auf der Welt, wo so wenige Steckdosen geerdet sind.

Man hat daher zwei Möglichkeiten, wenn man ein neues Elektrogerät kauft, aber nicht sämtliche Steckdosen auswechseln möchte: Man kneift den mittleren Stift mit einer Zange ab oder kauft einen Benjamin. Rabiate Gemüter greifen zur Zange, ich bin ein treuer Kunde der Adapterhersteller – so wie vermutlich die Mehrheit der 200 Millionen Brasilianer. Das Risiko, dass der teure Computer oder der moderne Flachbildfernseher bei einem Blitz durchbrennen, weil die Steckdosen nicht geerdet sind, besteht natürlich weiter. Aber wenigstens passt der Stecker.

Es gibt keinen anderen Gegenstand des täglichen Bedarfs, der Brasilien so treffend symbolisiert wie der Benjamin. Brasilien ist das Land des Benjamins, der ewigen Improvisation und Anpassung. Man simuliert Erste Welt – den Stecker für die Erdung – aber die Fassade dahinter ist das alte, bekannte System mit seinen Kurzschlüssen, Stromausfällen und überlasteten Leitungen. Die Moderne ist schöner Schein – ein Blick auf die kunstvoll zusammengefügten Benjamin-Gebirge vor den Steckdosen genügt, um die Show zu entlarven.

Andererseits: Die Benjamine funktionieren, man darf sie nur nicht überlasten. Angepasste Technologie heißt so etwas im Jargon der Entwicklungshelfer. Der Benjamin überbrückt den Abgrund zwischen einem modernen Computer und den abenteuerlich zusammengeflickten Stromleitungen brasilianischer Heime. Er unterläuft die Moderne, so gesehen ist er subversiv. Im neuen 1,4 Milliarden Real teuren Stadion in Brasília habe ich schon den ersten Benjamin entdeckt, im Maracanã in Rio de Janeiro ebenfalls.

»Alles muss anders werden, damit es bleibt wie es ist«, heißt es in *Der Leopard* von Giuseppe de Lampedusa, dem Sittenbild einer sizilianischen Fürstenfamilie Ende des 19. Jahrhunderts. Der Adel schließt einen Pakt mit dem Bürgertum, unter dem Mantel der Moderne sichert er so seine alten Privilegien. Die neue Herrschaftsschicht der Bürgerlichen lässt sich bereitwillig korrumpieren, sie entdeckt rasch das süße Leben in einem System aus Gefälligkeiten und Privilegien. Der Preis, den die Gesellschaft dafür entrichtet, sind politischer Stillstand und moralischer Verfall – und die Entstehung der Mafia.

Brasilien ist ein gigantisches Sizilien. Unter dem Mantel der Moderne blüht das alte System des Klientelismus und der Gefälligkeiten. Persönliche Beziehungen zählen mehr als demokratische Regeln. Mafias kontrollieren fast alle Bereiche des öffentlichen Lebens, von der Polizei bis zur Wassergesellschaft. Wenn die Bürger gegen das System revoltieren, wie im Juni 2013, reagieren die Politiker wie seinerzeit der sizilianische Adel: Sie versuchen die Unzufriedenen zu vereinnahmen und versprechen Reformen, die das System mit einem neuen Make-up ausstatten.

Wie überlebt nun der einfache Brasilianer in diesem System der Privilegien und Seilschaften? Es gibt ein Zauberwort, das scheinbar Unmögliches möglich macht: »Jeito«. Man kann es am ehesten mit »Dreh« oder »Trick« übersetzen, es beschreibt einen unkonventionellen Weg, ein Problem zu lösen.

Dabei kann es sich zum Beispiel um ein Strafmandat handeln: »Não tem jeito?«, fragt der Falschparker den Polizisten, der ihn ertappt hat, »Gibt es keinen Dreh?« Die Antwort hängt von dem jeweiligen Beamten ab, aber mit der Frage eröffnet man auf jeden Fall einen Dialog – das ist schon die halbe Miete. Wenn der Polizist durchblicken lässt, dass ein Jeito möglich ist, geht es nur noch um die Festlegung des Schmiergeldes. Das wiederum berechnet sich nach dem Aussehen des Autos – von einem Mercedes-Fahrer wird mehr erwartet als vom Besitzer eines klapprigen VW Golf, ein Gringo zahlt mehr als ein Einheimischer. In Rio geschieht es allerdings immer öfter, dass der Gesetzeshüter antwortet: »Não tem« – Nein, es gibt kein Jeito. Ist das nun ein Anzeichen, dass Brasiliens Polizisten ehrlicher geworden sind?

Vor allem bedeutet es, dass Korruption schwieriger geworden ist: Bei Alkoholkontrollen stehen nicht nur Polizisten am Straßenrand, sondern auch andere städtische Beamte. Es ist praktisch unmöglich, einen Polizisten in ein vertrauliches Gespräch zu verwickeln, das die Voraussetzung für den Akt der Bestechung ist. Wer trotzdem insistiert, riskiert eine Anzeige wegen Beamtenbeleidigung und ein zusätzliches Bußgeld.

Die weit verbreitete Steuerhinterziehung versucht der Souverän mit immer neuen Abgaben in den Griff zu bekommen. Bei der Geburt erhält jeder Brasilianer zwei Gaben als Mitgift: ein Trikot des Lieblingsfußballvereins seines Vaters und die Steuernummer vom Finanzamt, genannt CPF, »Cadastro de Pessoa Física«. Ohne CPF geht gar nichts: Man kann kein Konto eröffnen, keinen Kühlschrank kaufen, keinen Personalausweis verlängern, keine Reise buchen, bekommt keine Quittung im Zeitungskiosk und keine vergünstigten Kinokarten. Die CPF begleitet den Brasilianer (und in Brasilien lebenden Ausländer) bis ans Lebensende. Selbst beim Einkaufen fürs Frühstück ist die CPF hilfreich.

Sechs Brötchen, ein Glas Marmelade und ein Päckchen Milch liegen auf dem Laufband im Supermarkt. Mist, jetzt habe ich meine Kundenkarte für die Sonderangebote vergessen. »Kein Problem«, sagt die Dame an der Kasse, »wie ist denn Ihre Steuernummer?« Ich spule die elfstellige Zahlenkombination herunter, ich kann sie inzwischen auswendig. Mein Name und die Adresse blinken auf dem Kassenschirm auf, die Verkäuferin strahlt, der Kunde ist zufrieden, die Brötchen werden etwas billiger, und das Finanzamt weiß jetzt vermutlich, was ich soeben fürs Frühstück eingekauft habe.

Dem CPF-Wahn liegen zwei Annahmen zugrunde:
1. Die Bürger betrügen den Staat, wo sie nur können.
2. Der Staat kassiert bei den Bürgern ab, wo immer er ihrer habhaft wird.

Kaum ein anderes Land besitzt ein so kompliziertes Geflecht an Steuern und Abgaben. Der Staat erfindet immer neue Gesetze, Regeln und Register, um seinen Bürgern auch den letzten Real aus der Tasche zu ziehen. Gleichzeitig denken sich die Bürger immer neue Tricks aus, um das zu vermeiden.

Ein ganzer Berufsstand, die »Despachanten«, lebt davon, dass er dem Bürger Gehör beim Souverän verschafft. Diesen Service lassen sie sich fürstlich bezahlen, schließlich dient ein Teil ihres Honorars dazu, den steinigen Weg durch die Amtsstuben zu ebnen. Auf Regierungsebene nennt sich dieses Verfahren »Tráfico de Influencia«, das »Handeln mit Einfluss«.

Für den einfachen Bürger ist es immer hilfreich, eine persönliche Beziehung zu seinem Gegenüber in der Amtsstube aufzubauen.

Ich brauchte einmal ein Dokument von der Stadtverwaltung von Rio, in dem aufgelistet wird, wieviel Grundsteuer ich für mein Haus in den vergangenen 20 Jahren entrichtet habe. Als steuerzahlender Bürger habe ich ein Anrecht auf dieses Dokument, aber die Ausstellung dauert 20 Werktage. Ich benötigte das Papier jedoch schnell, weil meine steuerliche Behandlung in einer anderen Behörde davon abhing. Der Beamte, der meinen Antrag entgegennahm, zeigte keinerlei Willen, die Ausstellung meines Dokuments zu beschleunigen. Nötig war ein zusätzliches Argument, das möglichst auf persönlichen Motiven beruhen sollte – die kranke Schwiegermutter, deren Zukunft aus irgendeinem Grund von diesem Papier abhängt, das Verhältnis zur Ehefrau, das wegen dem Papier auf dem Spiel steht, oder ähnliches. Wer es schafft, das überzeugend genug vorzutragen, erweicht den Beamten und bekommt das Dokument innerhalb weniger Tage auch ohne Bestechung. Es hilft, wenn man beim Betreten einer Amtsstube nicht sofort auf sein Anliegen pocht, sondern den Beamten erst mal mit einem freundlichen »Bom dia!« begrüßt. Das fällt leider vielen Deutschen schwer; sie stürmen in die Amtsstube, wedeln mit ausgefüllten Formularen und belehren den Beamten über ihre Rechte und Pflichten. Damit läuft man in Brasilien eigentlich immer gegen Wände.

Gesetze und Vorschriften sind flexibel, das ist eine für Europäer neue Erfahrung. Alles ist relativ und verhandelbar – und unterliegt dem Jeito.

Wie man das im Einzelfall ausgestaltet, hängt vom eigenen Geschick, der Eloquenz, eventuell vom Geldbeutel, manchmal vom sozialen Status und oft von Beziehungen ab.

Bei der Konfliktbewältigung im Alltag ist das Jeito sympathisch, weil es den Umgang miteinander menschlicher gestaltet. Wenn es um die Vergabe von Staatsaufträgen oder wichtigen Posten geht, zeigt sich jedoch seine dunkle Seite: Dann steht das Wort meist für die eine oder andere Form von Korruption. Auf Regierungsebene oder bei der Planung von Großereignissen wirken die Jeito-Mentalität und der Hang zur Improvisation auf Dauer kontraproduktiv.

Das Jeito stammt wie so vieles in Brasilien aus Kolonialzeiten. In der Monarchie hatte der Untertan keine Chance, auf institutionellem Weg seine Probleme zu lösen. Unternehmer und andere Bittsteller bemühten sich deshalb um einen privilegierten Kontakt bei Hofe. Wer Zugang zum Herrscher hatte – sei es wegen familiärer Bande oder weil ihm jemand einen Gefallen schuldete –, gewährte Bittstellern eine Art »Schirmherrschaft«. Der konnte sich auf ihn berufen; mit Glück setzte er sich sogar selbst aktiv für sein Anliegen ein. Natürlich war das kein selbstloser Akt: Der Bittsteller steht bei seinem Fürsprecher in der Schuld, bei Bedarf wird dieser ihn um einen Gefallen bitten, den er nicht ausschlagen kann. Wer sich bei dem System an den Paten Don Corleone erinnert fühlt, liegt nicht falsch.

Das Jeito und die Despachanten existieren nicht nur, weil die Bürokratie in Brasilien so byzantinisch ist. Sie gedeihen auch auf dem Humus einer extrem ungleichen Gesellschaft. Die brasilianische Demokratie basiert zwar formell auf dem Grundsatz der Gleichheit, doch in Wirklichkeit verweigern die Herrschenden den Bürgern die Gleichbehandlung, Reiche und Mächtige werden bevorzugt. Staatsbedienstete und Abgeordnete sind die Aristokraten der Neuzeit.

A Família – das Herz der brasilianischen Gesellschaft

Der Rechercheauftrag schien ein Kinderspiel: Berichten Sie über den Alltag einer normalen brasilianischen Mittelschichtfamilie, bat mich ein Kollege von *Spiegel Online*. Vater und Mutter, zwei Kinder, beide Eltern berufstätig.

Kein Problem, dachte ich, und wählte die Nummer von Marcia, 38, und Paulo, 39: sie Kinderärztin, er Anwalt, zwei kleine Töchter, ein winziges Apartment in Ipanema, typische Mittelschicht in Rio.

Betretenes Schweigen am anderen Ende der Leitung, Marcia ist dran. Weißt du nicht, dass wir uns getrennt haben? Paulo hat eine Affäre mit seiner Sekretärin. Jetzt sind die Kinder bei der Mutter, die Alimente werden vor Gericht verhandelt.

Pech, kann ja passieren. Also die nächste Nummer: Adriana, Bankangestellte, und Jorge, Computerspezialist. Halt, Moment, hat Adriana nicht vor kurzem was mit einem Typen aus der Werbebranche angefangen? Aber da ist ja noch die Clique vom Strand: Rund 20 berufstätige Mütter und Väter, da muss eine intakte Familie dabei sein.

Fehlanzeige. Sämtliche Freunde und Bekannte sind entweder mehrfach geschiedene Singles oder stecken gerade in einer neuen Beziehung. Die Kinder wachsen bei der Mutter, dem Vater oder der Oma auf.

Nachdem ich 20 Namen im Adressbuch abgehakt hatte, stieß ich auf die letzte Hoffnung: Jorge und Marcela. Er Ingenieur bei dem Ölkonzern Petrobras, sie Psychologin, ein Sohn und eine Tochter, Häuschen im klassischen Mittelschichtsviertel Tijuca. Perfekt.

Am Telefon meldet sich Jorge. Klar, eine Reportage über unser Familienleben, da mache ich gerne mit. Ich rede mit Marcela, dann rufe ich dich zurück.

Doch das Telefon bleibt stumm.

Am nächsten Morgen rufe ich bei Jorge an. Der druckst herum: Weißt du, es gibt da ein Problem. Ich bin einen Tag später als geplant von einer Dienstreise zurückgekommen. Jetzt ist Marcela sauer, weil sie glaubt, dass ich in Salvador etwas mit einer Bahianerin angefangen habe. Ist natürlich Quatsch, aber sie glaubt mir nicht. Sie hält das für einen ganz schlechten Moment, um über unser Familienleben zu reden. Ich hoffe, du verstehst.

Ich verstehe: Die intakte Mittelschichtfamilie aus Vater, Mutter und zwei Kindern ist eine aussterbende Lebensform in Brasilien, zumindest in der Altersklasse der 30- bis 50-Jährigen. Normal sind Verhältnisse wie beim »Gatão da Meia-Idade«, dem typischen Single in der Midlife-Crisis, dessen Erlebnisse täglich in der Zeitung *O Globo* als Comicserie gedruckt werden.

Gatão ist ein etwa 40-jähriger, gut verdienender Intellektueller mit Pferdeschwanz und Bierbäuchlein, der nach etwa neun gescheiterten Beziehungen ein Verhältnis mit einer 17-jährigen Studentin angefangen hat, die kaum älter ist als seine Tochter aus dritter Ehe. Die träumt unterdessen von einem Trip nach Miami mit dem neuen Freund ihrer Mutter, die sich gerade in einen Trainer aus dem Bodybuilding-Studio um die Ecke verschossen hat, nachdem sie zuvor ein Verhältnis mit einem verheirateten Mann hatte, der ihretwegen seine Familie verlassen wollte, dann aber doch lieber zu seiner Ex-Geliebten gezogen ist.

Der Typ aus dem Bodybuilding-Studio leidet auch noch unter Trennungsschmerz, weshalb die Aussichten für die neue Partnerschaft nicht besonders gut sind: Er hat sich gerade von einer blonden Psychologin losgeeist, die zwei Söhne mit ihm hat. Ihre dritte Tochter stammt von ihrem zweiten Ex-Mann, mit dem sie sich wegen der Alimente streitet. Der will nicht bezahlen, weil er noch den Unterhalt für seinen Sohn aus erster Ehe abstottert. In Wirklichkeit hat er sich aber gerade ein neues Auto gekauft, dessen erste Monatsrate jetzt fällig wird.

Alles klar? Die meisten Mittelschicht-Cariocas, wie die Einwohner von Rio genannt werden, leben in Patchwork-Familien, jedenfalls wenn sie der Generation der Babyboomer angehören. Ihre wichtigste Orientierungsmarke im Leben ist die eigene Mutter, die sie wie eine Heilige verehren. Der Muttertag im Mai ist in Brasilien deshalb wichtiger als Weihnachten.

Mamãe passt auf die Kinder auf, wenn die Tochter mit dem neuen Freund zum Tête-à-Tête ins Motel will, und sie gewährt Zuflucht, wenn die Ehe des Sohnemanns gerade mal wieder in Scherben liegt. Am Sonntag versammelt sie die ganze Bande aus gescheiterten Ehemännern und -frauen, Stiefvätern und Stiefmüttern, Cousins und Cousinen, Enkeln, Neffen und zugehörigen Freunden zum Mittagessen.

Das Matriarchat funktioniert in Brasilien perfekt, ansonsten herrscht allgemeines Beziehungschaos. In vielen Familien hängen die Jungen und die Alten finanziell von der mittleren Generation ab, die auch »Sandwich-Generation« genannt wird. Alte Menschen können vom Staat kaum Hilfe erwarten, die Renten sind kümmerlich. Die 20- bis 30-Jährigen wiederum schaffen es oft nicht, sich abzunabeln, weil sie nicht genug verdienen oder den Komfort im Elternhaus nicht missen möchten.

So wächst in Brasilien eine Generation von Muttersöhnchen heran. Zwei Drittel aller 20- bis 30-Jährigen und knapp ein Drittel aller 30- bis 34-Jährigen wohnen noch bei ihren Eltern. Kinder haben sie frühestens mit 30 und selten mehr als zwei.

»Ich will erst Nachwuchs, wenn meine Freundin und ich uns das finanziell leisten können«, sagt Lucas Franco, ein junger Mann aus einer Mittelschichtfamilie. Das sei »frühestens in fünf oder sechs Jahren« der Fall, fürchtet sein Vater Luíz Claudio: »Die Kaufkraft der Mittelschicht ist in den vergangenen 20 Jahren brutal geschrumpft.« Er misst den Niedergang anhand des »Lamas«: »Mit dem Geld, das ich als junger Mann verdient habe, konnte ich mir täglich ein Steak im ›Lamas‹ leisten, meiner Stammkneipe. Der Verdienst meiner Söhne reicht nicht einmal für die Pommes frites.«

Lucas' Vater ist Architekt, er gehört einer Generation an, die mit halbwegs funktionierenden staatlichen Institutionen aufgewachsen ist. Er hat öffentliche Schulen besucht und auf staatlichen Universitäten studiert. »Damals waren die Lehrer gut ausgebildet«, erinnert er sich.

Heute schicken nur die Armen ihre Kinder auf öffentliche Schulen. Die meisten Mittelschicht-Eltern bezahlen Privatschulen, weil das öffentliche Bildungssystem kaputt ist: Staatliche Lehrer verdienen schlecht und sind daher wenig motiviert, Streiks sind an der Tagesordnung. »Vom Staat können wir absolut nichts erwarten«, sagt Luiz Claudio. Das gilt auch für den Umgang mit den Senioren: Die demografische Entwicklung wird Brasilien innerhalb von 20 Jahren in eine Nation von Grauköpfen verwandeln. Vor allem in der Mittelschicht werden immer weniger Kinder geboren, zugleich werden die Menschen immer älter. Die staatliche Sozialversicherung weist jedoch bereits jetzt ein riesiges Defizit auf, sie ist für den Ansturm der Alten nicht gewappnet. Das Gleiche gilt für die staatliche Krankenversorgung. Überdies herrscht im Land ein Jugendkult, die Gesellschaft ist mentalitätsmäßig nicht auf die kommende Überalterung vorbereitet. So bleibt die Pflege der Alten an den Familien hängen.

Tatsächlich ist die Familie die einzige Institution, der die Brasilianer uneingeschränkt vertrauen. Sie gilt als sicherer Hafen vor den Unbilden des Staats und der Regierung. Sie genießt deshalb in der Sicht des Bürgers absoluten Vorrang vor Gesetzen oder staatlichen Institutionen. Wer als Europäer eine Brasilianerin heiratet, wird automatisch Mitglied in einem mächtigen Clan – mit allen Vor- und Nachteilen, die dazu gehören. Der deutsche Individualismus ist den meisten Brasilianern fremd. Nur Europäer kommen auf die Idee, im Urlaub möglichst einsame Strände zu suchen – Brasilianer freuen sich, wenn sie ihre Clique oder ihre Familie treffen.

Kulturschock Karneval – als Hamburger im Sambafieber

Die Bartfusseln made in China kleben im Mund, der Helm mit den Hörnern rutscht, die pinkfarbenen Kunstlederschuhe sind zwei Nummern zu klein, die Reißverschlüsse an den Seiten haben sich gerade verabschiedet. Helfer zerren an dem Reifenkorsett, das meinen Kostümmantel in Form halten soll, es guckt unten raus, so lassen sie mich nicht ins Sambodrom, die Karnevalsarena von Rio, das gibt Punktabzug.

Also alles noch mal runter: Jemand hebt den riesigen Federkranz samt Kragen aus der Verankerung und setzt ihn auf dem Straßenpflaster ab. Vorsicht mit den scharfen Stahlhaken, die sich in den Nacken bohren, eigentlich bräuchte man für dieses Kostüm einen Waffenschein. Ein Totenkopf aus Plastik löst sich vom Mantel, rasch ist ein Helfer mit einem Klebespray zur Stelle, bei meinem Kollegen zur Linken hat er gerade ein Horn wieder an den Helm gepappt, als Einhorn macht Mephisto keine gute Figur.

Ich bin schon oft im Sambodrom defiliert, aber nie war es so anstrengend wie im Karneval 2013. Defilieren hat was von Masochismus, jedenfalls wenn man so ein Monsterkostüm mit sich herumschleppt. Zehn Kilo Schaumstoff, Synthetikpelz und Federschmuck verbargen sich in den schwarzen Plastiksäcken, die mir ein Konsulatsmitarbeiter zwei Tage vor dem großen Umzug in die Hand gedrückt hatte.

Ist das womöglich die Rache der Sambaschule »Unidos da Tijuca« dafür, dass sich die Deutschen mit ihrem Auftritt bei der »größten Fete der Welt« so schwergetan haben? Wollen sie uns arme Teufel vor Zehntausenden Zuschauern den Hitzetod sterben lassen?

Grund genug hätten sie ja: Erst mussten sie ihr Thema von »Richard Wagner« in »Verzaubertes Deutschland« ändern, weil Wagner zu nah an den Nazis schien, dann machten sich die erhofften Sponsoren aus der Deutschen Wirtschaft rar, schließlich drohte das Projekt Deutschlandthema in der deutschen Kulturbürokratie zu versanden. Der Generalkonsul in Rio schaffte es schließlich, drei deutsche Firmen ins Boot zu holen, aber das Geld reichte nicht, die Schule musste abspecken. Ausgerechnet ein französisches Unternehmen sprang beim Karneval 2013 als größter Sponsor ein.

Aber irgendwie hat dann doch noch alles geklappt. Wir laufen als dritte Schule, zwei Stunden dauert es noch, das Thermometer am Straßenrand zeigt um 21 Uhr immer noch 30 Grad, die Bierverkäufer frohlocken. Und irgendwie haben sie es jetzt auch geschafft, mein Reifenkorsett unter dem Teufelsmantel verschwinden zu lassen.

Touristen können bei den meisten großen Sambaschulen mitlaufen, man muss nur das Kostüm kaufen. Die Organisatoren positionieren die Gringos strategisch so zwischen Gruppen von Brasilianern, dass es nicht auffällt, wenn sie den Samba nicht auswendig können oder mehr stolpern als tanzen. Bei »Unidos da Tijuca« machen rund 4000 Leute mit, da lassen sich locker ein paar Dutzend Gringos verstecken. Glücklicherweise war der Unidos-Samba so eingängig, dass auch Ausländer schnell den Refrain beherrschten. Er erzählt die Reise des Donnergotts Thor, der zur Erde fährt und einen Streifzug durch die deutsche Geistes- und Erfindergeschichte unternimmt. Die Jahre zwischen 1933 und 1945 spart er freundlicherweise aus.

Vor uns tanzen Elfen und Drachen, hinter uns schiebt sich der »Fliegende Holländer« als weiß leuchtender Karnevalswagen Richtung Sambodrom. Ein bisschen Wagner hat Paulo Barros, der Regisseur dieser Karnevalsoper, doch noch belassen, die alten Damen der Sambaschule gehen als Walküren. Vor uns heben Kräne die Tänzerinnen auf die Karnevalswagen, die Truppe hinter uns stimmt den Samba an, gleich geht es los. Schnell noch ein letztes Bier, Straßenhändler mit Kühlboxen wuseln zwischen den Teufeln. Betrunkene werden aussortiert, sie dürfen nicht defilieren, aber ein bisschen Mut antrinken ist erlaubt.

Nur: Wie wird man die Flüssigkeit wieder los? Wenige Meter vor dem Sambodrom gibt es keine Chemieklos mehr, Aus- und Anziehen dauert bei diesen Klamotten mindestens eine halbe Stunde. Mein Teufelsnachbar, dpa-Korrespondent Helmut Reuther, hat sich in weiser Voraussicht eine Pinkelflasche gebastelt, die er irgendwo unter dem Reifenrock versteckt hat.

Feuerwerksraketen in Blau und Gelb, den Farben der Sambaschule, zischen in den Nachthimmel, sie kündigen unseren Auftritt an. Die Batería, wie die Trommlertruppe heißt, spielt sich warm. Schubweise nähern wir uns dem Sambodrom. Der Chef unserer Teufelstruppe, ein stämmiger Brasilianer, heizt uns ein, ich reiße die Arme hoch. Plötzlich tauchen wir in gleißendes Scheinwerferlicht ein. »E Campeao!« grölen Zuschauer von den voll besetzten Tribünen, »Ihr seid der Champion!«, sie schwenken blau-gelbe Fähnchen.

Sambatanzen ist in diesem verteufelten Kostüm praktisch unmöglich, der Rock beschränkt die Beinfreiheit, ich gebe trotzdem mein Bestes. Orangefarbene Federbüsche wippen um mich herum, beim Singen kaue ich auf falschen Barthaaren, mein Hintermann rempelt mich an. Eine Zeitlang treten wir auf der Stelle, mit dem Karnevalswagen vor uns gibt es Probleme, er hat sich offenbar festgefahren.

Links winken Bürgermeister und Gouverneur aus ihren Logen, Präsidentin Dilma Rousseff hat abgesagt, ihre Begeisterung für den Karneval ist etwa so groß wie die von Angela Merkel. Irgendwo in der VIP-Loge steht Megan Fox, auch ihr Schauspielerkollege Will Smith ist da, Harrison Ford hat sich angesagt.

Der Schweiß brennt in den Augen, in meinem Kostüm herrscht Saunatemperatur. Der Vordermann vorne links macht schlapp, er kann sich gerade noch zur Absperrung schleppen, hoffentlich haben die Juroren das nicht gesehen. Ich versuche zwischen den wippenden Federbüscheln einen Blick auf den riesigen Bikinipo zu erhaschen, so heißt der von Oscar Niemeyer entworfene Betonbogen am Ende des Sambodroms im Volksmund. Er ist die Zielmarke, da müssen wir hin, 750 Meter können ganz schön lang sein.

Links rückt die erste Loge mit den Juroren ins Blickfeld, ich gröle den Sambarefrain und drehe mich, vielleicht macht das Eindruck. Eine Dame neben mir hüpft wie frenetisch über den Asphalt, wie hält die das nur durch? Der Aufbau unserer Teufelstruppe ist längst dahin, den dpa-Kollegen habe ich aus den Augen verloren, ob er wohl seine Urinflasche zum Einsatz gebracht hat?

Die ersten Bärte fallen, mein Nachbar hat ein Horn verloren, Kollateralschäden. Langsam nähern wir uns dem Galgen mit den Fernsehkameras. Vor dem riesigen Betonbogen zittern alle Sambaschulen, manch ein Karnevalswagen ist hier schon hängengeblieben, jedes Jahr werden die Wagen höher. Der Fliegende Holländer geht glatt durch, die Leute klatschen, jetzt fehlen nur noch hundert Meter zum Bikinipo, gut eine Stunde sind wir am Tanzen.

Völlig ausgepumpt traben wir auf den »Platz der Apotheose«, den Platz am Ende des Sambodroms. Ich reiße mir den Helm vom Kopf und den Federschmuck vom Rücken, irgendwie winde ich mich aus dem Totenkopfmantel, der Reifenrock fliegt in die Ecke, endlich frei, in Bermudas, T-Shirt und pinkfarbenen Stiefeln lehne ich am Gitter, erschöpft, aber glücklich.

Für meine Frau ist schon vor dem Rosenmontag alles vorbei. Wenn die großen Sambaschulen durchs Sambodrom defilieren, wenn die größte Fete der Welt in einem Festival der Musik und Farben explodiert, wenn die ganze Stadt im Sambafieber vibriert – dann ist für meine Frau der Karneval gelaufen.

Sie ist dann bereits etwa 50 Blocos gefolgt, wie die Umzüge des Straßenkarnevals heißen. Sie hat die Baterías, die Trommlergruppen von mehreren Sambaschulen, begleitet. Und sie hat mehrere Dutzend neue T-Shirts im Schrank.

Mit dem Verkauf von T-Shirts finanzieren die Blocos den Straßenkarneval. Jedes Jahr entwerfen sie ein Hemd mit dem neuen Thema ihres Umzugs.

Ein paar Tage vor dem Umzug im Sambodrom waren wir bei »Imprensa que eu gamo«, auf Deutsch etwa »Presse mich, bis ich stöhne«. So heißt der Bloco der Journalisten in Rio, der Name ist wie die meisten Karnevalstexte doppeldeutig. Meine Frau war als

Braut gegangen, weil ich mitgekommen bin. Wenn ich nicht dabei bin, geht sie auch schon mal als lustige Witwe mit Peitsche und Stiefeletten.

Jetzt stehen die Sambatreter in der Ecke, ein Hauch von Mandelöl liegt über unserem Schlafzimmer – das reiben sich die erfahrenen Sambatänzerinnen zwischen die Beine, damit die Haut beim Tanzen nicht wund wird. Außerdem gehören noch Lippenstift, hochhackige Sandalen und ein Bierkühler zur Karnevals-Grundausstattung der echten Carioca. Bei vielen auch ein Präservativ.

Zumbizum dröhnt es über die Bucht von Botafogo, es ist zehn Uhr morgens. Im Stadtzentrum schieben sich gerade eineinhalb Millionen Menschen beim Umzug von »Bola Preta« durch die Straßen, dem größten und ältesten »Bloco« von Rio. »Simpatía é quase Amor« (Sympathie ist fast schon Liebe), auch so ein Mammut-Bloco, wird am Nachmittag mit 800 000 Menschen Ipanema lahmlegen, und im Jardim Botánico läuft sich gerade der »Suvaco de Cristo« warm, die »Achselhöhle des Erlösers«.

Meine Frau blinzelt in die Morgensonne, schüttelt das Konfetti von gestern abend aus dem Haar und wälzt sich auf die andere Seite: »Das ist jetzt was für Touristen«, sagt sie.

Meine Frau ist nicht nur Carioca, wie die Einwohner von Rio heißen, sondern Carioca da Gema, wörtlich übersetzt heißt das »Eigelb-Carioca«. Das ist so etwa die höchste Auszeichnung, die man in Rio bekommen kann. Sie besagt, dass man in der »Cidade Maravilhosa«, der »wunderbaren Stadt«, geboren wurde. Das wiederum bedeutet, dass man bestimmte Dinge mit der Muttermilch aufgesogen hat: Eigelb-Cariocas zischeln das S wie die Portugiesen, halten die Quadratköpfe aus São Paulo für Wesen von einem anderen Stern und applaudieren dem Sonnenuntergang am Strand von Ipanema. Und natürlich sind sie Fans eines Fußballvereins und einer Sambaschule.

Meine Frau ist Mangueira, ich bin Salgueiro. Das sagt eigentlich schon alles über unsere Beziehung. Mangueira ist traditionell die Sambaschule der Boheme von Rio. Chico Buarque ist Mangueira, die bekannte Sambasängerin Beth Carvalho ist Mangueira. Cartola, einer der berühmtesten Sambakomponisten, war Mangueira, er hat in der gleichnamigen Favela gelebt.

Salgueiro ist dagegen die Schule der Fußballspieler und Neureichen. Sie wird von der Glücksspielmafia kontrolliert und hat weitaus mehr Geld für die Wagen und Kostüme zur Verfügung. Salgueiro ist das Gegenmodell zu Mangueira.

Aber ich habe einen Trumpf, den ich meiner Frau immer unter die Nase rühre, wenn sie mal wieder über Salgueiro lästert: Meine Schule hat den schönsten Samba der letzten 20 Jahre komponiert. »Explode Coração« heißt er, »Das Herz explodiert«. Ich bin damals, 1993, im Sambodrom mitgelaufen, es war mein erster Karneval in Rio, ein Rausch, eine Katharsis. Noch immer singen sie den Samba. Damals ist mein Herz explodiert, seither bin ich Salgueiro. Meine Frau hat mir das nie verziehen, aber unsere Ehe ist daran nicht gescheitert.

Krach gibt es nur, wenn ich einzuwenden wage, dass die Cariocas keinen Alleinanspruch auf den Samba haben. Dass es auch in Bahia oder sogar in São Paulo Karneval gibt. Ein Vortrag über die wahre Natur des Sambas und des Karnevals ist garantiert.

Der Samba stamme von den Morros, den Favela-Hügeln, er sei Rios Hausmusik, sagt sie. Er stelle die ureigenste Ausdrucksform der Cariocas dar; er sei der Rhythmus, der diese widersprüchliche, chaotische Stadt zusammenhält. Und das größte Missverständnis überhaupt sei, dass er nur als Soundtrack für die närrischen Tage im Februar tauge.

Für meine Frau beginnt die Sambasaison im April oder Mai, wenn der südamerikanische Winter naht und der Karneval fern ist. In der heruntergekommenen Hafengegend von Rio tat sie sich vor einigen Jahren mit einigen anderen sambabegeisterten Cariocas zusammen und gründete die »Escravos de Mauá«, heute einer der bekanntesten Blocos von Rio.

Einmal im Monat trafen sie sich auf einem kleinen Platz nahe der Praça Maua und sangen alte Sambas. Sie saßen auf Plastikstühlen an Blechtischen, manchmal blies ein kühler Wind vom Hafen herüber, bei Regen spannten sie eine blaue Plastikplane über den Musikern. Das Dosenbier kaufte man bei Straßenhändlern, es war eiskalt, Straßenkinder sammelten die leeren Behälter auf, bei Recyclingfirmen verhökern sie das Aluminium. Einmal im Jahr entrichtete jeder einen Obolus von 200 Real, damit finanzierten sie den Bloco. Den Rhythmus klopfte man auf der Bierdose mit, manche schüttelten eine mit Sand gefüllte Shampooflasche.

Sie nannten sich Escravos de Mauá, die Sklaven von Mauá, weil hier im Hafenviertel früher die Sklaven angelandet wurden. Hier stand die Wiege des Sambas, meine Frau kennt selbstverständlich alle Texte auswendig. Ich bin froh, wenn ich wenigstens den Refrain behalte.

Die Escravos de Mauá waren anfangs in keinem Veranstaltungskalender verzeichnet, die Fans riefen sich gegenseitig an, allenfalls schickte man eine E-Mail an Freunde. Aber wenn die Escravos riefen, kamen sie alle: Luizinho, der Caipirinha-Zauberer; Helena, die Walküre aus Copacabana; Jair, der Lebenskünstler aus Lapa, der selbst Finninnen das Sambatanzen beigebracht hat. Die Escravos waren ein Jour fixe unter Freunden, eine Samabrunde unter freiem Himmel. Und sie markierten das Comeback des Straßenkarnevals von Rio.

Früher galt die Hafengegend als No-go-Area. Die Straßen waren verfallen und schlecht beleuchtet, Prostituierte, Drogendealer und Straßenkinder bevölkerten die Straßenecken, in vielen Fassaden gähnten leere Fensterhöhlen. Meine Frau ging keine zehn Meter zu Fuss, sie hatte Angst vor Überfällen.

Erst mit den Escravos eroberten die Cariocas das historische Viertel zurück. Anfangs kamen einige Dutzend, dann Hunderte, schließlich drängten sich an den Escravos-Freitagen Tausende auf dem Platz. Bis Jahresende, wenn der Karneval naht, schwoll die Menge an. Aber das Ambiente blieb familiär, selbst viele Taxifahrer hatten nie von dem Sambatreffpunkt am Hafen gehört.

Heute bringen die Escravos im Karneval Hunderttausende auf die Beine. An den Freitagen ab November ist es auf dem Platz kaum noch auszuhalten. Nur meine Frau tut weiterhin so, als ob die Escravos noch immer die gemütliche Samabrunde von damals wären. »Heute abend spielen die Escravos«, zischelte sie im Verschwörerton, als schon halb Rio von dem Ereignis wusste. Wie groß ihr kleiner Bloco geworden war, merkte sie erst, als sie kein T-Shirt mehr abbekam.

Während des Karnevals 2013 sind über 200 Blocos durch Rio gezogen. Die Stadtverwaltung stellte eine strenge Agenda für die Narrentruppen auf: Jeder Bloco durfte nur zwei Stunden defilieren, die Ersten liefen morgens um sieben. Organisatorisch war es eine Höchstleistung, doch meine Frau war genervt. Als sie in Botafogo zwischen zwei Blocos geriet, die sich in die Quere kamen, riss ihr der Geduldsfaden. »Die Typen wissen nicht einmal mehr, zu welchem Bloco sie gehören«, schimpfte sie.

Sie geht jetzt lieber zu den kleinen, unbekannten Blocos. Ihre Lieblingstruppe heißt »Está pirando, pirado, pirou!«, auf Deutsch etwa: »Jetzt ist er vollkommen durchgedreht!« Sie besteht aus Patienten, Ärzten und Schwestern des Instituto Pinel, einer psychiatrischen Anstalt, gleich bei uns vor der Haustür in Urca. Einmal im Jahr dürfen die Kranken sich im Karneval austoben, das ist Teil ihrer Therapie. Sie laufen vom Krankenhaus bis zum Strand Praia Vermelha, wo die Seilbahn zum Zuckerhut abfährt. Ein Lastwagen mit Verstärkern führt den Umzug an, hoch auf dem Wagen spielt die Kapelle. Unten auf dem Asphalt mischen sich fröhlich Patienten, Ärzte und Besucher, bald kann man nicht mehr unterscheiden, wer zu den Kranken gehört.

Meine Frau winkt mir aus der Ferne zu, sie läuft am liebsten mitten zwischen den Trommlern, wo es am meisten fetzt. In einer Hand balanciert sie eine Bierdose, mit der anderen hält sie das Handy ans Ohr. Ihre Füße meißeln den Asphalt, sie ist in ihrem Element. »Mein Schatz, ich bin gleich zurück!«, ruft sie mir zu. So heißt ein Bloco, der im Stadtzentrum defiliert. Da haben wir uns am Abend wiedergetroffen.

Trautes Heim und wilde Straße – warum das mit dem Gemeinwohl so schwierig ist

In Ipanema und Leblon, den feinen Vierteln von Rio de Janeiro, sind Parkplätze knapp. Besser also, man lässt das Auto zuhause, wenn man dort essen geht? Weit gefehlt, es gibt ja den Valet-Service. Vor dem Restaurant wartet ein »Manobrista« in schwarzem Anzug, für zehn Real parkt er das Auto. Platz findet er immer: Er hat ein paar schwarz-gelbe Plastikhütchen am Straßenrand aufgestellt, so reserviert er die Parkbuchten.

Natürlich ist das verboten – die Straße ist öffentlicher Raum und darf nicht von irgendeinem Restaurantbesitzer in Beschlag genommen werden. Aber das Eigeninteresse ist stärker als die Macht des Ordnungsamtes.

So ist es oft in Brasilien – wo der Staat schwach ist, setzen sich Privatinteressen durch. Die meisten Favelas sind durch die illegale Besetzung öffentlichen Grundes entstanden. Anfang der 1980er Jahre wurde das letzte Mal in Rio ein Slum abgerissen und der Grund und Boden in einen öffentlichen Park verwandelt. Mittlerweile ist das politisch nicht mehr durchzusetzen, zu viele Menschen wohnen in den Elendsquartieren. Zudem blüht auch in den Favelas die Immobilienspekulation. Also überlässt die Stadt immer mehr öffentliche Flächen den Besetzern. Die Folge: Rio erstickt nach und nach in einem Meer aus Favelas. Natürlich ist das nicht die Schuld der Armen, sie machen sich nur die Abwesenheit des Staates zunutze. Außerdem vernachlässigt die Stadt seit Jahrzehnten den sozialen Wohnungsbau, der öffentliche Nahverkehr ist in einem miserablen Zustand. Die Mieten sind zugleich explodiert, immer mehr Mittelschichtbrasilianer können sich keine reguläre Wohnung leisten und ziehen in die Armenviertel.

Selbst die Strände, die früher als unantastbar galten, werden immer öfter Privatinteressen geopfert – wer Geld und Macht hat, baut sein Haus so, dass der Zugang zum Strand für die Öffentlichkeit so versteckt ist, dass ihn keiner findet. Zwar sind Privatstrände in Brasilien verboten, aber die Ordnungsmacht des Staates endet oft schon vor der Tür des Rathauses.

Bereiche, die nicht dem Privatinteresse unterliegen, gelten oft als Niemandsland, obwohl sie eigentlich allen gehören. Doch die Idee, dass es Interessenssphären gibt, die der Allgemeinheit dienen, ist immer noch unterentwickelt. Der Moloch São Paulo ist eine tödliche Falle für Fußgänger und Radfahrer, weil seit Jahrzehnten der Individualverkehr gefördert wird, d.h. die Autofahrer. Wer es sich leisten kann, nimmt inzwischen den Hubschrauber, um die kilometerlangen Staus zur Rushhour zu überfliegen.

Privatinteressen und Privilegien beherrschen auch das Verhalten im Straßenverkehr. Wer ein teures, dickes und schnelles Auto fährt, bedrängt unbekümmert die vielen Kleinwagen und Fußgänger, schließlich ist man wer. Am stärksten fühlen sich die Busfahrer: Wer sich mit ihnen anlegt, zieht meistens den Kürzeren. In Rio rasen sie wie Ayrton Senna, überqueren die Ampeln bei Rot und nehmen mitten auf der Straße Passagiere auf. Über 40 000 Menschen sterben in Brasilien jedes Jahr bei Verkehrsunfällen.

»Auf der Straße gilt das Recht des Stärkeren«, schreibt der brasilianische Anthropologe Roberto DaMatta, einer der profundesten Kenner brasilianischer Lebensart. »Wir leben in dem Wahn, dass es heißt Erfolg zu haben, wenn man ein Auto besitzt.«

DaMatta führt viele Eigenschaften des brasilianischen Nationalcharakters auf den Gegensatz zwischen Haus und Straße zurück. Das Heim ist in Brasilien eine heilige Burg – egal ob Favelahütte oder Millionärsvilla. Nur im Kreise der Familie fühlt sich der Brasilianer wirklich wohl und beschützt. Im Zentrum seines Sonnensystems strahlt die Figur der Mutter. Sie würdigt jeden, der zur Familie gehört, und verzeiht – fast – alles. Ihre Söhne behandelt sie wie kleine Könige. Die huldigen dafür ihrer Mutter: Sie ist nicht nur die Erzeugerin, sondern die wahre Herrscherin zuhause.

Das Heim steht nur wirklichen Freunden offen. In Rio kann es Monate dauern, bis man von einem Freund oder einer Freundin nach Hause eingeladen wird, man trifft sich auf der Straße. Wenn die Einladung erfolgt, gilt das als eine besondere Ehre: Die Mutter richtet ein Essen aus, das Wohnzimmer wird hergerichtet, dem Besucher wird Eintritt in die Familie gewährt – allerdings nur in die Wohnstube. In alten brasilianischen Wohnungen und Häusern sind Küche und Schlafzimmer regelrecht versteckt – sie gelten als nicht repräsentabel, die Küche war früher nur fürs Gesinde bestimmt, das Essen wird im Speisezimmer aufgetragen. Die deutsche Sitte, Besuchern gleich beim ersten Mal das ganze Haus zu zeigen, gilt in Brasilien als befremdlich, Wohnküchen sind erst vor wenigen Jahren in Mode gekommen.

Sein Heim ist der Ort, wo der Brasilianer sich gehen lässt, da ist er keinen gesellschaftlichen Regeln und Hierarchien unterworfen. »Zuhause haben wir alles, wir werden anerkannt und respektiert, zuhause ist eine eigene Welt, wo die Zeit sich nicht nach der Uhr bemisst«, schreibt Roberto DaMatta.

Die Straße ist die Gegenwelt: Hier ist man niemand, nur Teil einer Masse. Hier herrschen anonyme Regeln und Gesetze, hier gibt es keine Liebe, sondern Sex. Die Straße wird von Hierarchien beherrscht, hier wird oben und unten immer neu verhandelt. Hier bekommt der arme Ordnungshüter zu hören: »Weißt du eigentlich, mit wem du sprichst?«, wenn er es wagt, einem unbekannten Anzugträger einen Strafzettel auszustellen. DaMatta: »Das Gesetz zu befolgen wird als Eselei betrachtet; als Anzeichen für Minderwertigkeit.«

Die Straße ist der Dschungel, überall lauern Gefahren, hier herrscht das Recht des Stärkeren. Natürlich ist sie auch der Ort der Arbeit. Die genießt in Brasilien längst nicht dieselbe Bedeutung wie in den protestantischen Ländern des Nordens: Es ist verpönt, nach Feierabend über den Job zu sprechen, Arbeit nimmt man auch nicht mit nach Hause.

Nur eine Institution bringt Ordnung in das Chaos: das Mittagessen. Der Tag wird in die Zeit vor dem Mittagessen und nach dem Mittagessen eingeteilt. Eine der größten Sünden, die ausländische Journalisten in Brasilien begehen können, ist es, ihren brasilianischen Mitarbeitern unter irgendeinem Vorwand das Mittagessen zu verweigern (»Wir machen jetzt einfach durch, dann kannst du früher nach Hause«, geht überhaupt nicht). Die meisten Brasilianer sind fleißige Menschen, sie arbeiten bereitwillig bis in die Nacht, wenn es sein muss. Aber nie würden sie auf das Mittagessen verzichten, es strukturiert ihren Tag. Es ist der einzige Moment, wo Mamas Ordnung auch das Leben auf der Straße bestimmt – Mittagessen im Kreise der Familie sind heilig.

Für das Gemeinwohl ist in diesem System kein Platz. Die Vorstellung, einen anonymen Ort oder eine Vorschrift zum Wohle aller mit Unbekannten zu teilen und zu respektieren, wirkt in dem Gegensatz von Haus und Straße befremdlich. Jeder sorgt zunächst für sich und seine Familie, die Straße ist Niemandsland.

Ermessen lässt sich diese Haltung nur, wenn man versteht, wie traumatisch sich die rapide Urbanisierung ausgewirkt hat. Bis zur Machtübernahme Getúlio Vargas' war Brasilien kaum mehr als eine von Familien verwaltete Kaffeefarm mit klar geregelten Hierarchien. Die Industrialisierung unter Vargas lockte Millionen vom Land in die Städte, weil sie dort auf einen Job in der Industrie und bessere Schulen für ihre Kinder hofften. Die Eltern meiner brasilianischen Frau sind in den 1950er Jahren aus einem Städtchen in Minas Gerais nach Rio gezogen, ihre Werte haben sie auch dort bewahrt. Doch bei den folgenden Generationen sind diese aufgebrochen. »Viele Brasilianer sind wurzellos«, sagt der Soziologe Sérgio Abranches. »Sie ziehen oft um, viele sind rasch sozial aufgestiegen. Sie haben die Erfahrung gemacht, dass das Leben unvorhersehbar ist, deshalb denken sie nur an das Heute. Mein Vater zum Beispiel war noch Analphabet, er lebte auf dem Land. Ich bin nach São Paulo gegangen und Universitätsprofessor geworden; das ist ein sehr schneller, brüsker Wandel. In Europa gibt es das kaum. Gesellschaftlich führt es dazu, dass die Zukunft einerseits als unvorhersehbar gilt, andererseits herrscht genereller Optimismus. Niemand stellt kritische Fragen, niemand denkt darüber nach, welche Unglücke geschehen könnten. Wir erwarten immer nur das Beste«.

Ich sprach mit Abranches wenige Tage nach einer Brandkatastrophe in einer Diskothek in Südbrasilien im Januar 2013, über 250 zumeist junge Menschen waren dabei ums Leben gekommen. Die Disko besaß keine Notausgänge, die Feuerwehr hatte bei der Inspektion der Feuerschutzanlagen geschlampt, die Besitzer hatten mehr Besucher zugelassen, als erlaubt waren. »Brasilianer legen wenig Wert auf Vorsorge«, sagte Abranches. »Wir hegen ein historisches Misstrauen gegen die Idee des Sparens, der Voraussicht, der langfristigen Planung. Das ist unter anderem eine Folge der Inflationskultur: Jahrzehntelang herrschte in Brasilien Hochinflation, das Geld verlor praktisch täglich an Wert. Viele Familien, die eine Lebensversicherung oder langfristige Anlagen besaßen, mussten mit ansehen, wie ihr Geld über Nacht an Wert verlor.«

Die Menschen vergessen auch schneller, so Abranches: »Brasilien hat ein kurzes Gedächtnis, das steht in direktem Zusammenhang mit der mangelnden Voraussicht. Weil wir nicht weit in die Zukunft blicken, erinnern wir uns auch nicht lange zurück. Brasilien interessiert sich nicht sehr für seine Vergangenheit. Wir lassen unsere historischen Altstädte, Bauten und Denkmäler verkommen.«

Das hat allerdings auch einen sehr menschlichen Aspekt: Es trägt zur Lebensfreude bei, wenn man schnell vergisst. Die Menschen leben im Hier und Jetzt; sie fragen nicht, woher du kommst oder was du machst. Brasilien ist wie eine großherzige Mutter: Immer ist noch für einen mehr an ihrem Busen Platz, alles wird verziehen und vergessen.

Ist das Land der Zukunft also in Wirklichkeit ein Land ohne Vergangenheit? Ist die Bereitschaft zum Vergessen womöglich sogar eine Voraussetzung für eine menschlichere Gesellschaft? Ist Ungerechtigkeit leichter zu ertragen, wenn man schneller vergisst?

Die Massendemonstrationen vom Juni 2013 geben eine klare Antwort: Eine ganze Generation junger Brasilianer möchte nicht länger als freundliches und feierfreudiges Fußballvolk wahrgenommen werden, das vor den riesigen Missständen im Land die Augen verschließt. Sie haben nicht vergessen, sie wollen nicht länger als Statisten in einer Show auftreten, die nur der Bereicherung einer Minderheit dient.

Brasilien erlebt eine Zeitenwende: Auf dem langen Weg von der Sklaverei zur Demokratie entdecken viele Brasilianer das Wir. Erstmals bildet sich ein Bürgertum, das diesen Namen auch verdient. Erstmals sind es die Bürger, die das Gemeinwohl definieren, nicht eine Klasse Privilegierter.

Brasilien war immer ein Projektionsraum für die Sehnsüchte der Europäer, Stefan Zweigs Buch *Brasilien. Ein Land der Zukunft* legt davon beredt Zeugnis ab. Oft hat es diese Hoffnungen enttäuscht. Jetzt wird es diesem Klischee womöglich erstmals gerecht, wenn auch anders als von den Mächtigen vorgesehen: nicht als Wirtschaftssupermacht und neuer Global Player, sondern als Vorbild für bürgerliche Zivilcourage.

Die Probleme, welche die Brasilianer auf die Straße treiben, sind ja auch in Europa wohlbekannt: der Verdruss über die politische Klasse, die Kluft zwischen Volk und Volksvertretern.

Wenn der Preis für die Bürgerrevolution eine verkorkste Fußball-WM und ein Fiasko bei den Olympischen Spielen sind – o.k., heute sind die meisten Brasilianer bereit, diesen Preis zu zahlen. Krankenhäuser und Schulen sind ihnen wichtiger als Stadien.

Der Riese ist erwacht, und wehe dem, der sich ihm in den Weg stellt.

Anhang

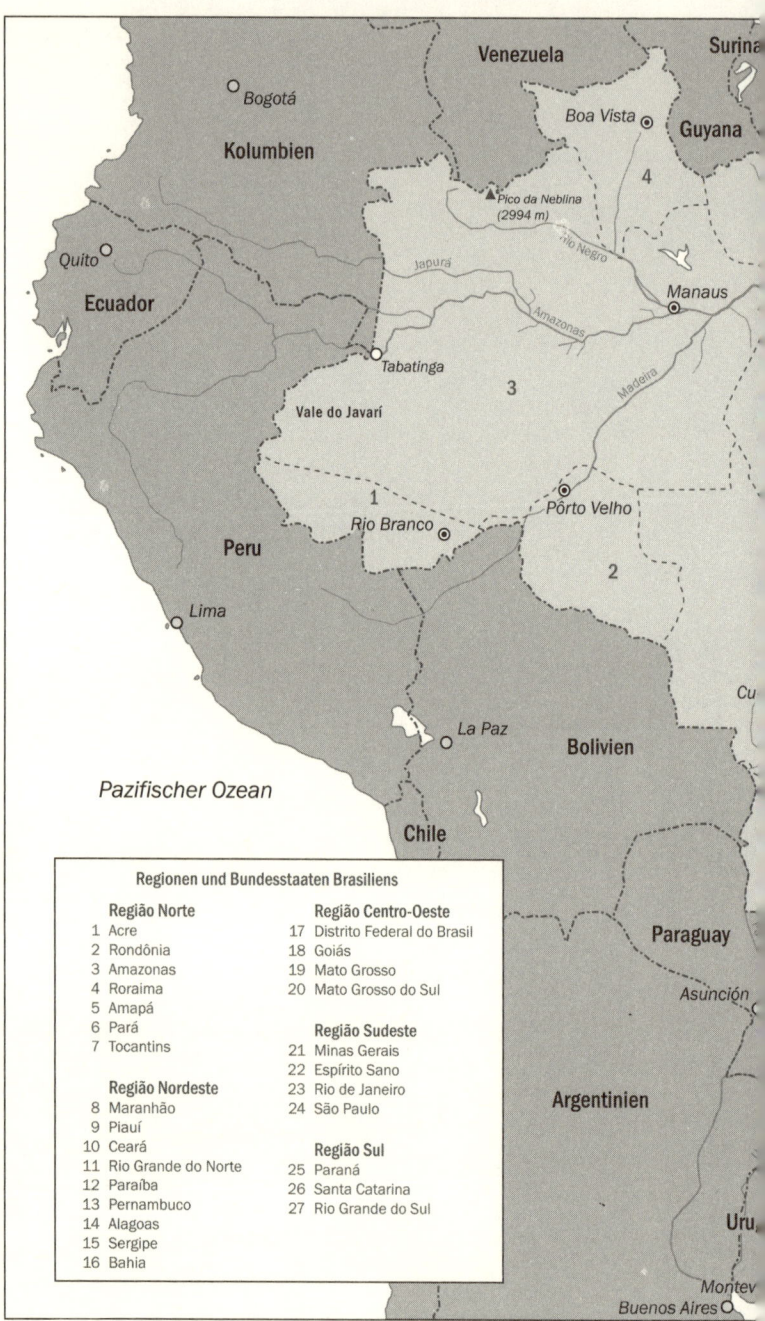

Basisdaten

Fläche: 8 514 215 km²; Deutschland 357 121 km²

Einwohner: 201 009 622 (Schätzung Juli 2013). Nach dem Instituto Brasileiro de Geografia e Estatística bezeichneten sich 2008 rund 48,4 % der Brasilianer selbst als Weiße, 43,8 als Mischlinge (pardo) und 6,8 % als Schwarze, 1 % als »Gelbe« oder Indigene.

Bevölkerungsdichte: 23,6 Einwohner pro km²; Deutschland: 229 Einwohner pro km²

Lebenserwartung: durchschnittlich 73,02 Jahre, Männer: 69,48 Jahre, Frauen: 76,74 Jahre; Deutschland: durchschnittlich 80,19 Jahre, Männer: 77,93 Jahre, Frauen: 82,58 Jahre

Geburtenrate: 14,97 Geburten je 1000 Einwohner; Deutschland: 8,33 Geburten je 1000 Einwohner

Religion: römisch-katholisch: 64,6 %; protestantisch: 22,2 %, bekenntnislos: 8 %, andere Religionen: 5,2 %

Nationalfeiertag: 7. September (Unabhängigkeitstag)

Landessprachen: Amtssprache Portugiesisch (Muttersprache für 97 % der Bevölkerung). Außerdem 188 verschiedene Sprachen und Idiome der indigenen Bevölkerung, die wichtigsten darunter sind Guaraní, Makú, Tupi und Gês

Staatsform/Regierungsform: parlamentarisch-demokratische Republik Staatsoberhaupt und Regierungschef: Präsidentin Dilma Rousseff

Verwaltungsgliederung: 26 Bundesstaaten und ein Bundesdistrikt um die Hauptstadt Brasília

Hauptstadt: Brasília

Größte Städte: São Paulo (10,8 Mio. Einwohner, Großraum: ca. 21 Mio.), Rio de Janeiro (6,3 Mio., Großraum: ca. 12 Mio.), Salvador (3,8 Mio., Großraum: ca 5 Mio.), Belo Horizonte (2,3 Mio., Großraum: ca. 6 Mio.), Recife (1,59 Mio., Großraum: ca. 4 Mio.)

Bruttoinlandsprodukt (nominal): 2355 Mrd. US-Dollar (2012); Deutschland: 3577 Mrd. US-Dollar (2012)

Pro-Kopf-BIP: 11 700 US-Dollar (2012); Deutschland: 43 670 US-Dollar (2012)

Human Development Index: 0,730 (85. Platz weltweit); Deutschland: 0,920 (5. Platz)

Inflationsrate: 5,4 % (2012); Deutschland: 2,2 %, (Stand: 2012)

Arbeitslosigkeit: 6 % (2012); Deutschland: 6,5 % (2012)

landwirtschaftliche Produkte: Soja, Kaffee, Zuckerrohr, Rindfleisch, Orangen, Reis, Baumwolle, Mais, Bohnen, Maniok

industrielle Produkte: Autos, Flugzeuge, Maschinen, Petrochemie, Textilien, Bergbau

Quellen: Internationaler Währungsfond; IGBE (brasilianisches Statistikinstitut); UNDP, Human Development Index

Lesetipps

Sérgio Buarque de Holanda: Die Wurzeln Brasiliens, Frankfurt am Main 1995.
Gilberto Freyre: Herrenhaus und Sklavenhütte. Ein Bild der brasilianischen Gesellschaft, München 1998.
Jorge Amado: Herren des Strandes, Reinbek 2002.
Ruy Castro: Bossa Nova – The Sound of Ipanema. Eine Geschichte der brasilianischen Musik, Innsbruck 2011.
Ders.: Garrincha. Titel, Tore und Tragödien, München 2006.
Stefan Zweig: Brasilien. Ein Land der Zukunft, Berlin 2013.
Peter Burghardt: Betriebsanleitung für Brasilien, München 2013.
Martin Curi: Brasilien. Land des Fußballs, Göttingen 2013.
Dawid Danilo Bartelt: Copacabana. Biographie eines Sehnsuchtsortes, Berlin 2013.
Andreas Wunn: In Brasilien geht's ohne Textilien. Ein Deutscher in Rio de Janeiro, München 2013.
Wolfgang Kunath: Das kuriose Brasilien-Buch. Was Reiseführer verschweigen, Frankfurt am Main 2013.
Frauke Niemeyer: Ein Jahr in Rio de Janeiro. Reise in den Alltag, Freiburg im Breisgau 2011.
Ruedi Leuthold: Brasilien. Der Traum vom Aufstieg, Zürich 2013.

Internetseiten (letzter Zugriff: 10. 9. 2013)

www.caiman.de (Website des deutschen Journalisten Thomas Milz mit zahlreichen spannenden Reportagen und Fotos aus Brasilien)
www.rio-insider.com (nützliche Website des deutschen Helmut Taubald, der in Rio lebt; er ist auch Autor des exzellenten Reise-Handbuchs Brasilien, erschienen bei DuMont)

Danksagung

Ich danke meiner Frau Adir, die mir den direktesten Weg zum Verständnis Brasiliens geöffnet hat: übers Herz.

Ich danke Heloisa Leuzinger und Regina Prata, die jahrelang im *Spiegel*-Büro in Rio die Stellung hielten und mich mit den Rätseln des brasilianischen Alltags vertraut gemacht haben.

Ich danke meinem Freund und Mitarbeiter Luiz Roberto Costa, der auch dann noch mit einem Jeito aufwartet, wenn nach menschlichem Ermessen nichts mehr geht.

Ich danke dem *Spiegel*, dass er mir die Reisen und Recherchen ermöglicht hat, ohne die dieses Buch nicht möglich gewesen wäre. Einige der in diesem Buch verarbeiteten Texte beruhen auf Geschichten, die ich für den *Spiegel* und *Spiegel Online* verfasst habe, ich habe sie überarbeitet und aktualisiert. Die Reportage über meine Reise zu den Korubo-Indianern wurde in dem Magazin *Spiegel Reporter* (Ausgabe 12/1999) veröffentlicht, Teile des Kapitels »Von Göttern, Entertainern und Wunderheilern – Brasiliens Supermarkt der Religionen« stammen aus einem Beitrag für das *Spiegel Special* »Weltmacht Religion« (Ausgabe 09/2006). Teile des Kapitels über Präsident Lula »Der Triumph des Menschenfischers – Brasilien unter Lula« habe ich einer Titelgeschichte entnommen, die ich für die Schweizer *Weltwoche* verfasst habe (»Messias auf dem Prüfstand«, Ausgabe 31/2003).

Länderporträts im Ch. Links Verlag

Jürgen Neubauer
Mexiko
Ein Länderporträt

224 Seiten, 1 Karte, Klappenbroschur
ISBN 978-3-86153-667-3
16,90 € (D); 17,40 € (A)

»Jürgen Neubauer sind überaus unterhaltsame Momentaufnahmen seiner neuen Heimat gelungen. Der Band hegt keinen Anspruch auf Vollständigkeit und befriedigt dennoch die Neugierde von virtuellen und tatsächlichen Mexiko-Reisenden überaus gründlich.«
Die Literarische Welt

Martin Dahms
Spanien
Ein Länderporträt

200 Seiten, 1 Karte, Klappenbroschur
ISBN 978-3-86153-631-4
16,90 € (D); 17,40 € (A)

»Ein wunderbar kurzweilig geschriebenes Buch. Es ist, als würde uns ein alter Freund zu einem Spaziergang verführen. Nach der Rückkehr von dieser Wanderung bleibt die Gewissheit, Land und Leute nun etwas besser zu verstehen.«
Badische Zeitung

www.laenderportraet.de
www.christoph-links-verlag.de

Ch.Links

Länderporträts im Ch. Links Verlag

Alle Bände 16,90 € (D); 17,40 € (A)

Marcus Hernig
China
ISBN 978-3-86153-689-5

Bernd Kretschmer
Dänemark
Eine Nachbarschaftskunde
ISBN 978-3-86153-510-2

Holger Ehling
England, glorious England
ISBN 978-3-86153-547-8

Rasso Knoller
Finnland
ISBN 978-3-86153-646-8

Günter Liehr
Frankreich
ISBN 978-3-86153-728-1

Eberhard Rondholz
Griechenland
ISBN 978-3-86153-630-7

Susann Sitzler
Grüezi und Willkommen
Die Schweiz
ISBN 978-3-86153-661-1

Markus Bäuchle
Irland
ISBN 978-3-86153-741-0

Ruth Kinet
Israel
ISBN 978-3-86153-714-4

Gianluca Falanga
Italien
ISBN 978-3-86153-574-4

Christian Tagsold
Japan
ISBN 978-3-86153-715-1

Marcus Funck
Kanada
ISBN 978-3-86153-690-1

Ingrid Laurien
Kenia
Ostafrika für Neugierige
ISBN 978-3-86153-601-7

Norbert Mappes-Niediek
Kroatien
ISBN 978-3-86153-659-8

Dik Linthout
Niederlande
ISBN 978-3-86153-699-4

Rasso Knoller
Norwegen
ISBN 978-3-86153-713-7

Norbert Mappes-Niediek
Österreich für Deutsche
Einblicke in ein fremdes Land
ISBN 978-3-86153-682-6

Brigitte Jäger-Dabek
Polen
ISBN 978-3-86153-701-4

Hilke Gerdes
Rumänien
ISBN 978-3-86153-700-7

Manfred Quiring
Russland
ISBN 978-3-86153-471-6

Viktor Timtschenko
Ukraine
Einblicke in den neuen Osten Europas
ISBN 978-3-86153-488-4

Reinhold Vetter
Ungarn
ISBN 978-3-86153-668-0

Ute Mehnert
USA
Vertraute Bilder, fremdes Land
ISBN 978-3-86153-602-4

www.laenderportraet.de
www.christoph-links-verlag.de